LIBERACIÓN
SOBRENATURAL

GUILLERMO
MALDONADO

WHITAKER
HOUSE

Liberación Sobrenatural:
Libertad para su alma, mente y emociones

Guillermo Maldonado
13651 S.W. 143rd Ct., #101
Miami, FL 33186
http://www.elreyjesus.org/
www.ERJPub.org

ISBN: 978-1-62911-598-6
eBook ISBN: 978-1-62911-601-3
Impreso en los Estados Unidos de América
© 2016 por Guillermo Maldonado

Whitaker House
1030 Hunt Valley Circle
New Kensington, PA 15068
www.whitakerhouse.com

Por favor, envíe comentarios o sugerencias para hacer mejoras a este libro a:
comentarios@whitakerhouse.com.

1 2 3 4 5 6 7 8 9 10 11   ᗺᒪ   23 22 21 20 19 18 17 16

CONTENIDO

I

LA REVELACIÓN DEL MINISTERIO DE LA LIBERACIÓN EN EL AHORA

Cuál es el problema más difícil que usted enfrenta? ¿Con qué asuntos ha estado luchando en su vida durante meses o incluso años? Tal vez, crea que entiende a qué se ha estado enfrentando, pero es posible que se trate de algo más de lo que usted ha podido ver. Permítame compartirle mi propia experiencia en cuanto al ministerio de la liberación; la cual está disponible para todo hijo de Dios de manera que pueda vivir en libertad y ser fructífero.

Si bien es cierto que las Escrituras prometen vida abundante y paz, yo luchaba con un fuerte sentido de miedo y de rechazo. Amaba a Dios, oraba y ayunaba, y aun cuando leía en la Biblia que era una nueva criatura en Cristo y que todas las cosas habían sido hechas nuevas en mí, había áreas en las que no me sentía libre. No podía superarlas. Seguía luchando con ciertas influencias negativas de mi pasado.

Estaba comenzando mi ministerio en la iglesia, y me enfrentaba a la realidad de que no todo en mi vida era lo que las Escrituras enseñaban que debía ser. Además, notaba el mismo patrón en los líderes que estaban bajo mi cuidado. Algunos de ellos usaban tranquilizantes y pastillas para dormir, mientras otros sufrían de depresiones recurrentes. Otros incluso vivían en ciclos de pecado que no podían romper, los cuales tenían que ver con diversas formas de inmoralidad, como pornografía, promiscuidad u homosexualidad. Había también quienes padecían enfermedades recurrentes; y aun otros eran afligidos por ataduras a miedos, como lo estaba yo. ¡Algo no estaba bien!

¿Por qué muchos creyentes no experimental la vida abundante?

Durante este tiempo, yo me hacía preguntas para las cuales no hallaba respuestas, como por ejemplo: ¿Por qué cristianos nacidos de nuevo, que aman a Dios y lo sirven, no pueden vivir en libertad o no puede ejercer dominio propio en ciertas áreas de su vida? ¿Cómo puede ser que algunos creyentes, que han sido empoderados por el Espíritu Santo, sean incapaces de superar adicciones a la comida, al cigarrillo, a las pastillas, o aun a drogas ilegales? Si los cristianos son nueva criatura en Cristo Jesús, ¿por qué todavía batallan con fortalezas mentales de miedo, ansiedad y deseos compulsivos? ¿Por qué siguen atados a la mentalidad del mundo y a la inmoralidad sexual, hasta llegar a comportamientos extremos? Si Cristo ya los hizo libres, ¿por qué siguen guardando rencores y amarguras, incapaces de perdonar a quienes los hirieron? ¿Por qué les resulta tan difícil obedecer a Dios y ser libres de la rebelión contra Él y Su forma de hacer las cosas? ¿Por qué sucumben al escapismo y a sentidos de culpa? ¿Por qué tienen pesadillas y lidian con tendencias suicidas?

En la cruz, Jesucristo pagó la pena por nuestros pecados y enfermedades, y Su obra fue completa. Su sacrificio fue una transacción legal en el mundo espiritual que nos libró de la atadura al pecado. Sin embargo, en la práctica, ni mis líderes ni yo habíamos podido entrar por completo en esa libertad. Algo estaba atando nuestra voluntad y nos impedía agradar a Dios en ciertas áreas de nuestra vida.

Yo pasaba horas, días y semanas aconsejando a mis líderes, tratando de liberarlos de esas condiciones de atadura y derrota, pero no veía mejoras. Ellos no podían disfrutar de una vida abundante, en justicia, paz y gozo, que son las características del reino de Dios. (Véase Romanos 14:17). Además, noté otro síntoma que me preocupaba. Sumado a estar de continuo tratando de ayudar a mi gente a ser libre de estos asuntos, tanto el liderazgo como los miembros de la iglesia, no mostraban rasgos de crecimiento en Cristo. Algo los estaba demorando. (Véase Eclesiastés 7:7).

A medida que trataba entender lo que sucedía, y buscaba las soluciones a nuestras necesidades, el Señor comenzó a revelarme la respuesta; que no era otra cosa que el precioso ministerio de la liberación. Éste es un ministerio que Jesús trajo a la tierra para beneficio de todos los creyentes y de otros. El ministerio de la liberación tiene dos partes: (1) Libera a los creyentes de la opresión o demonización en las áreas en las que experimentan una lucha continua. (2) Libera a aquellos poseídos por demonios, o que están atados por el poder del enemigo.

La realidad de la existencia de demonios y espíritus malos

No era que yo no hubiera creído desde antes en la liberación que viene por medio del poder de Jesucristo. Yo sabía que Jesús y los apóstoles habían realizado liberaciones, arrancando a la gente de las garras de Satanás. Sin embargo, lo había creído solo desde una perspectiva intelectual, porque nunca había sido liberado yo mismo ni había ministrado a otros en esta área. No sabía cómo acceder a la liberación en el ahora, hoy. Aún no había recibido la sabiduría divina acerca de la realidad y origen de las ataduras demoniacas. Como resultado, lidiaba apenas con las "ramas" o consecuencias, de los problemas de la gente, en lugar de tratar con la raíz. Es más, había tratado de manejar estos asuntos directamente con la persona que los experimentaba; la aconsejaba y animaba a cambiar su conducta. En realidad, esta gente estaba enfrentando ataques espirituales por parte de entidades espirituales llamadas "demonios". Por lo tanto, la única acción efectiva hubiera sido una respuesta espiritual.

La Biblia dice: "*Porque no tenemos lucha contra sangre y carne, sino contra principados, contra potestades, contra los gobernadores de las tinieblas de este siglo, contra huestes espirituales de maldad en las regiones celestes*" (Efesios 6:12). Otra traducción bíblica escribe este versículo de la siguiente manera: "Porque no tenemos lucha contra gente hecha de carne y sangre, sino contra personas sin cuerpo, gobernadores de maldad en el mundo invisible…" (TLB, traducido).

Cuando me di cuenta de la naturaleza espiritual del problema, el Señor me instruyó a "limpiar" a mi liderazgo y a los miembros de mi iglesia. Espero que la siguiente ilustración ayude a explicar lo que tuvimos que hacer. Cuando un pescador atrapa un pez, lo primero que tiene que hacer es "limpiarlo". En otras palabras, tiene que quitarle las entrañas para evitar que éste despida mal olor. Del mismo modo, los líderes y miembros de mi iglesia necesitaban ser limpiados de las opresiones e influencias demoniacas que los afligían.

Así que tanto el liderazgo (incluyéndome a mí mismo) y los miembros de mi iglesia recibieron liberación. Fueron libres de sus cargas y, a partir de ese día, todos comenzaron a crecer espiritualmente. ¡Se desató un avivamiento en la iglesia, gracias al hecho de que todos habían sido libres!

En mi caso, había sido un hombre lleno de miedos, pero Dios me cambió por completo, a tal punto que me volví osado para evangelizar y predicar. He tenido el valor de dar pasos gigantes de fe. Cuando la venda espiritual se cayó de los ojos de mis ministros y otros líderes, ellos reconocieron y fueron libres de los asuntos con los que lidiaban. Su liderazgo mejoró, y sus mentes fueron abiertas para recibir sabiduría y conocimiento de Dios.

A menudo lidiamos solo con las "ramas"

o consecuencias, de los problemas de la gente,

en lugar de lidiar con la raíces.

Liberación sobrenatural

Quizá usted ama a Dios de manera genuina y está lleno del Espíritu Santo, pero sigue atado o atada a los efectos negativos de su pasado; incluyendo heridas emocionales y falta de perdón. Tal vez, lucha con fortalezas mentales, por lo cual se enfrenta continuamente con la depresión y/o el sentido de rechazo. O, es posible que luche con un pecado sexual. Quizá sufre miedos y fobias; o experimenta una dureza en su corazón, y no entiende por qué. ¡Usted hoy puede ser libre de cualquiera de estas condiciones!

Muchos cristianos nacidos de nuevo han venido a nuestro ministerio con un precioso corazón para Dios. Eran fieles seguidores que buscaban agradar al Maestro, pero debido a su falta de conocimiento acerca de la liberación, estaban atados en ciertas áreas de su vida. Entre ellos hay un evangelista que compartió conmigo el siguiente testimonio.

"Mi nombre es John McCormack. Soy de Irlanda y he seguido a Jesús como misionero en China, por más de quince años; enseñando en escuelas y universidades y en asociaciones comerciales. Si bien conocía a Dios y había predicado el evangelio de Jesús durante tres años, estaba endurecido por dentro. Mi corazón guardaba mucho dolor y desánimo. No podía llorar ni sentir la presencia de Dios, lo cual había hecho que mi relación con Él fuera más distante. Mi entendimiento del Cristianismo estaba en una caja, donde razonaba todo lo que veía y cuestionaba todo, especialmente el propósito de dar diezmos y ofrendas. Razonaba y dudaba, diciendo que tal vez Dios haría algo o tal vez no. Como evangelista en China, empecé a cansarme de decirle a la gente: 'Jesús te ama', 'Jesús es real', o 'recibe a Jesús en tu corazón', para luego no ver ninguna manifestación tangible o que nada sucediera en el campo misionero ni en los servicios de la iglesia. Esto me había agotado físicamente. Me resultaba doloroso.

"Una mañana, mientras miraba videos del apóstol Renny McLean en su sitio en Internet vi, entre los videos sugeridos, una enseñanza de un hombre llamado apóstol Guillermo Maldonado. Miré uno de sus sermones, y mi vida cambió al instante. Lo que oí acerca de la liberación, el poder de lo sobrenatural, y el verdadero amor de Dios expandió mi entendimiento de lo grande que Dios realmente es. Así fue como entré al poder sobrenatural de Dios, el cual rompió en un instante los paradigmas que la religión, el intelectualismo y la cultura habían establecido como mi medio ambiente. En ese momento, en mi habitación, tuve tal encuentro con el Padre que las paredes alrededor de mi corazón se rompieron y fui libre de mis ataduras. Por primera vez en años, lloré en Su presencia. Lo sobrenatural era mucho más grande de lo que yo había creído.

"Poco después de ese encuentro, viajé a Miami, Florida, para recibir ministración en la Escuela Sobrenatural del Ministerio Quíntuple. Fui buscando mayor sanidad y liberación. Durante esa semana, fui transformado en un hombre nuevo; incluso mis cuestionamientos acerca de los diezmos y las ofrendas fueron resueltos. Dios liberó mi mente, enseñándome que no se trata de mí ni de proveer para mí mismo ni de que otros me provean a mí; se trata de mirar a Dios. Aprendí que tenía que estar quieto y conocer que Él es Dios. El Señor quitó el velo de mis ojos —de mi manera religiosa de conocerlo— y me dio la revelación de lo sobrenatural, la revelación del poder de Dios para liberar y amar. ¡No he vuelto a ser el mismo hombre que era antes!"

Un cristiano, ¿puede estar poseído por un demonio?

Muchos cristianos reconocen que el ministerio de la liberación es necesario (o al menos reconocen que era necesario en tiempos del Nuevo Testamento) para desatar las ataduras en aquellos que están poseídos por demonios. Pero la controversia aumenta mucho cuando se trata de si un cristiano nacido de nuevo puede estar poseído por un espíritu malo. ¿Cómo un cristiano podría estar atado por demonios si el reino de Dios no comparte el territorio con el reino de las tinieblas?

Si Jesucristo pagó el precio por completo por nuestra salvación y liberación al morir en la cruz, si Cristo habita en nuestro corazón por fe, y si el Espíritu Santo es nuestro consejero, ¿no deberíamos ser libres de toda influencia demoniaca en el instante en que aceptamos a Jesús como nuestro Señor y recibimos al Espíritu Santo?

Además, si Cristo llevó nuestras enfermedades, tanto como nuestros pecados, en la cruz, ¿por qué parecemos heredar enfermedades y otros tipos de ataduras (como artritis o adicciones) de nuestros padres, abuelos y otros ancestros? Esas enfermedades y ataduras son lo que llamamos "maldiciones generacionales".

Vamos a tratar estos importantes cuestionamientos para que podamos entender la naturaleza del ministerio de la liberación. Primero, ¿puede un creyente estar *poseído* por un demonio? La respuesta es no, porque un cristiano nacido de nuevo le pertenece al Señor Jesucristo. El diablo ya no es más dueño y señor de esa persona. Jesús vive dentro de su corazón o espíritu, el cual es el trono de Dios en la tierra en aquellos que han recibido a Su Hijo. Por el contrario, estar *poseído* por un demonio significa que todo su ser es controlado por un espíritu malo.

Sin embargo, aun cuando un cristiano no puede ser poseído por un demonio, esto no significa que no pueda haber áreas de su vida siendo influenciadas por el poder de un espíritu demoniaco o que no puedan estar habitadas por un demonio. Un espíritu demoniaco puede morar en cualquier parte de un creyente, excepto su corazón o espíritu. Esto es porque hay ciertas áreas del alma y cuerpo del creyente que —sea de manera consciente o no— todavía éste no ha rendido a Dios. Estas áreas vulnerables no están rendidas por completo al señorío de Cristo; por lo tanto, no han sido redimidas por completo. Esto significa que la puerta ha quedado abierta para que sean "demonizadas". Estar demonizado significa estar bajo la influencia o bajo el ataque de un demonio.

Por ejemplo, si alguien guarda falta de perdón, abre la puerta para que un demonio entre y more en sus emociones, una situación que también puede tener un efecto en su cuerpo. Hace poco ministré a un hombre que había sido muy herido por una traición. Él había guardado falta de perdón en su corazón, y sufría de un terrible dolor provocado por artritis. Lo guie a perdonar y luego, reprendí esa opresión en sus emociones. Al instante, fue sanado de artritis.

Hay dos sustantivos griegos que señalan un "demonio" o un espíritu malo o inmundo, que son *daimon* y *daimonion*. "Espíritus malos", "espíritus impuros", y "demonios" son términos intercambiables. En las versiones del Nuevo Testamento, el verbo en griego *daimonizomai* ha sido traducido (entre otras variantes) como "endemoniado", o "poseído por un demonio" (véase, por ejemplo, Mateo 4:24, NVI, RVR; Mateo 9:32; Juan 10:21, NVI); pero yo creo que éstas son traducciones incorrectas que han causado confusión acerca de la actividad de los demonios. Más bien, creo que *daimonizomai* se refiere a la demonización. Una persona no tiene que estar poseída por un demonio para necesitar liberación de un ataque demoniaco.

En mi experiencia, la mayoría de los cristianos necesitan liberación, y no solo una vez. El ministerio de la liberación es una característica del reino de Dios que Cristo vino a darnos. De hecho, yo creo que Jesucristo proveyó el maravilloso ministerio de la liberación como el "pan de cada día" para Su pueblo. Eso significa que está siempre disponible para nosotros, cada vez que lo necesitemos.

Un creyente nacido de nuevo no puede ser poseído por un demonio, pero sí puede ser influenciado y/o atacado por uno.

¿Qué es la liberación?

Liberación es un término rara vez usado en la iglesia de hoy. Se refiere a la expulsión permanente de espíritus demoniacos —entidades de maldad invisibles que no tienen un cuerpo físico—; los cuales engañan, influencian, esclavizan, atan, atormentan y enferman a la gente. En el Nuevo Testamento, leemos: *"Cómo Dios ungió con el Espíritu Santo y con poder a Jesús de Nazaret, y cómo éste anduvo haciendo bienes y sanando a todos los oprimidos por el diablo, porque Dios estaba con él"* (Hechos 10:38). Cuando Jesús trajo el reino de Dios a la tierra, demostró que el ministerio de la liberación siempre acompaña la presencia del reino. La liberación es una manifestación de que el reino de Dios ha llegado a la vida de la gente y a su comunidad, cultura y nación. Cuando ministramos liberación, establecemos el reino de Dios en y entre los seres humanos. En el capítulo 2 de este libro, exploraremos en mayor profundidad la relación que hay entre el reino y la liberación.

Por lo general, cuando los creyentes manifiestan un problema en su mente, voluntad y/o emociones, sus líderes espirituales solo les dan consejería, en lugar de discernir que el origen del mismo puede ser demoniaco y, entonces, necesitan ser liberados echando fuera los demonios o reprendiendo la influencia demoniaca en su vida.

La consejería, la psiquiatría y la psicología han reemplazado el ministerio de la liberación en la iglesia.

Los espíritus demoniacos son la causa principal de muchos de los problemas emocionales, espirituales y físicos con los que lucha la gente. Mientras no discernamos esta realidad, seguiremos ofreciendo mera consejería, psicología y/o psiquiatría, en el intento de tapar sus heridas y aliviar su dolor emocional; pero no habremos lidiado con la causa base de su problema. Este método es como quitar la telaraña sin matar la araña, o cortar las ramas de un árbol que invade su jardín sin arrancar nunca el tronco de raíz. Es como dar golpes en el aire sin alcanzar ningún resultado.

La mayoría de los creyentes ama a Cristo pero, por falta de conocimiento, todavía vive en cautiverio. Yo me he tomado el tiempo de investigar la necesidad de liberación entre el pueblo de Dios, y he llegado a la conclusión de que aproximadamente un ochenta por ciento necesita liberación, porque tiene una o más áreas oprimidas o esclavizadas por espíritus malos.

> *La más grande fortaleza del enemigo es la ignorancia del hombre acerca de sus engaños.*

La importancia y la necesidad de la liberación

Mucha gente asume que después de haber nacido de nuevo y sido llena del Espíritu Santo, no hay manera posible de ser influenciado por un demonio. Semejante idea es completamente falsa. De hecho, el que crea esta mentira está atado por la misma. Yo he visto, oído y experimentado la necesidad de la liberación en cristianos nacidos de nuevo. Sé que incluso después de que una persona es salva, debe también ser libre. Una buena analogía para esto es la experiencia de Lázaro (el hermano de Marta y María), a quien Jesús levantó de la muerte. Cuando Lázaro fue resucitado, recibió vida nueva; pero para poder vivirla, necesitó que lo desataran y le quitaran las mortajas con que lo habían envuelto para su entierro. (Véase Juan 11:43–44).

Para disfrazar sus actividades y ataques, Satanás se ha asegurado de que la mayoría de la gente hoy vea la liberación como una práctica supersticiosa; una idea medieval que solo creen los ignorantes. La trampa de este engaño es que lleva a mucha gente a creer que el diablo no existe. Algunos creen que Satanás es real pero que *ellos* están exentos de sus ardides; es imposible para ellos que él esté ejerciendo algún tipo de efecto negativo en su vida. Entonces, cuando se discute el tema de la liberación, se ofenden, sienten miedo o se muestran a la defensiva.

Para entender mejor por qué es necesaria la liberación, debemos conocer la naturaleza del ser humano y cómo fue creado. El apóstol Pablo escribió: *"Y el mismo Dios de paz os santifique por completo; y todo vuestro ser, espíritu, alma y cuerpo, sea guardado irreprensible para la venida de nuestro Señor Jesucristo"* (1 Tesalonicenses 5:23). Para hacer una persona se necesita espíritu, alma y cuerpo. Dado que cada parte de nuestra hechura es única, debe ser tratada de manera individual, sanada y/o liberada cuando está demonizada.

- El *espíritu* es el hombre interior, o el "hombre espiritual". Es donde Dios viene a habitar cuando nacemos de nuevo; es el asiento de Su presencia.

- El *alma* es el asiento de la voluntad —con la cual tomamos las decisiones—, de las emociones y de la mente (intelecto).

- El *cuerpo* es la habitación del espíritu y el alma, y el medio por el cual estas dos partes invisibles de nuestro ser se expresan en el mundo visible y manifiestan su singularidad y deseos.

El ser humano es un espíritu que tiene un alma y habita en un cuerpo físico.

Cuando nacemos de nuevo, nuestro espíritu —no nuestra alma ni cuerpo— es regenerado en un instante. Para que Dios nos *"santifique por completo"*, nuestro cuerpo suele necesitar sanidad, y nuestra alma todavía necesita ser renovada y liberada de los efectos del pecado y de Satanás. En otras palabras, la salvación y la transformación que suceden en nuestro espíritu son inmediatas, lo cual forma una nueva criatura (véase 2 Corintios 5:17), pero nuestra alma todavía está corrupta por la naturaleza de pecado y necesita ser liberada y transformada progresivamente.

La revelación del ministerio de la liberación

Para entender la doble naturaleza del ministerio de la liberación, debemos recibir la revelación que nos capacite para lo siguiente:

I. Discernir la diferencia entre demonización y posesión demoniaca

Vamos a dejar en claro la distinción entre demonización y posesión demoniaca. Ser demonizado significa estar bajo la influencia de un demonio, o bajo un ataque demoniaco. Ser poseído por un demonio significa estar bajo el total control de un demonio, en espíritu, alma y cuerpo. Por ejemplo, si usted es dueño de una casa, le pertenece, y usted tiene autoridad y control totales sobre la misma.

Hemos visto que un creyente nacido de nuevo no puede estar poseído por un demonio, porque le pertenece al Señor Jesucristo, y el diablo ya no es más amo y señor de su vida. En la mayoría de los casos, si le dicen a un creyente que está poseído por un demonio, su reacción es de enojo, porque sabe que Cristo vive en su interior. Pero, tal vez haya áreas en su vida que todavía estén bajo la influencia de un espíritu malo, porque no las ha rendido al control del Señor. Esto, como dijimos antes, es lo que se llama "demonización".

Por ejemplo, considere los siguientes versículos: *"Entonces una mujer cananea que había salido de aquella región comenzó a gritar y a decirle:*

¡Señor, Hijo de David, ten misericordia de mí! Mi hija es gravemente ator- *mentada por un demonio"* (Mateo 15:22, RVR 95). En este caso *"grave-* *mente atormentada por un demonio"* no significa que estuviera poseída sino demonizada.

En cierta ocasión, vino a Jesús un hombre que era *"mudo, endemo-* *niado"* (Mateo 9:32). La palabra utilizada en este versículo indica que el hombre estaba demonizado, y la evidencia era la mudez. En el instante en que el demonio fue reprendido, el hombre recuperó el habla. Él no estaba poseído por un demonio; en cambio, un área específica de su vida había estado bajo la influencia de un espíritu malo.

Muchos de los que vivían en Palestina, a quienes Cristo hizo li-bres de opresiones demoniacas creían en el Señor Jehová; esperaban al Mesías, el Redentor prometido. A menos que fueran soldados u oficiales del gobierno romano, la mayoría eran granjeros, pescadores o comer-ciantes; no eran criminales, lunáticos, hechiceros ni ningún otro tipo de persona de la que se podría esperar que estuviera bajo la influencia de Satanás o sujeto a su control. De hecho, los judíos tenían prohibido practicar hechicería o envolverse en ningún aspecto del ocultismo. En el Antiguo Testamento, tales prácticas eran castigadas con la muerte. (Véase Deuteronomio 18). Esto significa que, en los días de Jesús, inclu-so algunos religiosos que creían en el Señor estaban demonizados.

Asimismo, cuando hoy en día encontramos a alguien que necesita liberación, no debemos asumir que sea un criminal, un brujo, hechicero, prostituta o idólatra como *"algunas mujeres que habían sido sanadas de* *espíritus malos y de enfermedades: María, que se llamaba Magdalena, de la* *que habían salido siete demonios"* (Lucas 8:2). Si bien hay gente envuelta en tales cosas, que permiten que Satanás las posea y controle, también hay millones de personas "ordinarias" —como educadores, abogados, médicos, artistas, contadores, secretarias, etcétera— que necesitan li-beración de la opresión de espíritus malos, tanto como la gente común que en días de Cristo necesitaba ser libre del poder de Satanás. Como escribí antes, yo creo que la mayoría de la gente en la iglesia necesita libe-ración de la demonización; es el mismo porcentaje de gente que necesita sanidad.

Reitero, la demonización no es lo mismo que la posesión demoniaca, la cual se refiere al total dominio de un espíritu malo sobre una persona. Esto sucede cuando alguien es invadido y controlado por ese espíritu malo; cuando el individuo es completamente dominado en espíritu, alma y cuerpo por un demonio (o demonios). En el quinto capítulo de Marcos, se encuentra el relato de un hombre poseído por un demonio. Hacía cosas terribles, incluso contra su propio cuerpo.

Y cuando salió él de la barca, en seguida vino a su encuentro, de los sepulcros, un hombre con un espíritu inmundo, que tenía su morada en los sepulcros, y nadie podía atarle, ni aun con cadenas. Porque muchas veces había sido atado con grillos y cadenas, mas las cadenas habían sido hechas pedazos por él, y desmenuzados los grillos; y nadie le podía dominar. Y siempre, de día y de noche, andaba dando voces en los montes y en los sepulcros, e hiriéndose con piedras.

(Marcos 5:2–5)

Este hombre estaba poseído, y no solo por un demonio sino por un grupo de demonios llamado *"Legión"* (Marcos 5:9). Cuando los demonios que controlaban su vida vieron a Jesús y oyeron Su orden de salir de aquel hombre, comenzaron a gritar: *"¿Qué tienes conmigo, Jesús, Hijo del Dios Altísimo? Te conjuro por Dios que no me atormentes"* (Marcos 5:7). Hay gente que me ha comentado que, antes de visitar nuestra iglesia, me odiaba. No me conocía (nunca había hablado conmigo), y aunque yo nunca había hecho nada para perjudicarla, me odiaba. Algunos me han confesado que sentían que si me tenían cerca, hubieran querido golpearme. Cuando alguien odia a otro sin razón, hay una evidencia de la presencia de un demonio. Ésta puede ser la razón por la cual ciertas personas se enojan con los ministerios de liberación y los censuran.

Todo aquello anti-natural y compulsivo es demoniaco. La mayor evidencia de actividad demoniaca en una persona es que su alma no tiene descanso.

Cuando Jesús liberaba a la gente del poder de Satanás, lo primero que quería hacer ésta era contarle a su familia y amistades lo que le había ocurrido. Observe lo que hizo el hombre que había estado poseído después de recibir su liberación: *"Y se fue, y comenzó a publicar en Decápolis cuán grandes cosas había hecho Jesús con él; y todos se maravillaban"* (Marcos 5:20). Así respondía mucha gente cuando Cristo la hacía libre.

Sin embargo, observe cómo reaccionaban los que veían de afuera cuando Cristo liberaba a este hombre. Estaban tan asombrados que, en lugar de glorificar a Dios —porque aquel hombre había recuperado sus sentidos y ya no vivía en cadenas o poseído por demonios—, preferían reaccionar "echando" a Jesús ¡fuera de la ciudad! *"Tuvieron miedo….Y comenzaron a rogarle que se fuera de sus contornos"* (Marcos 5:15, 17).

Esta gente se negó a enfrentar la realidad de la liberación divina, cara a cara. Hoy en día, ocurre una situación similar. Algunas personas no sienten vergüenza de consultar adivinos, practicar rituales ocultos excéntricos, o atarse con todo lo que Satanás les ofrece; pero cuando encuentran la oportunidad de ser libres de opresiones o posesiones demoniacas, o de ver a otros ser libres de espíritus malos, les da vergüenza y/o miedo. Cristo instruyó al hombre que había hecho libre para que fuera y les contara a otros todo lo que había recibido de Dios. No le dijo que lo mantuviera en secreto. (Véase Marcos 5:19). Sin embargo, hoy, después de recibir liberación, hay gente que se siente muy avergonzada de sus problemas pasados como para compartir su testimonio con otros. Finalmente, muchos vuelven a la misma situación —o incluso peores— con la que fueron afligidos antes.

Debemos predicar la liberación de la misma manera que Cristo la predicó. Debemos demostrar la verdad de las Escrituras y quitar todo estigma de la liberación, así como el miedo que evita que la gente la busque y la reciba. Si la generación que está actualmente en el liderazgo lo hiciera, la siguiente seguiría su ejemplo, porque la juventud de hoy está cansada de proteger su reputación y de cuidar el decoro religioso. La juventud quiere conocer al verdadero Dios, y experimentar la realidad y la libertad espirituales.

2. Discernir entre los efectos de ataques demoniacos y las acciones de la "carne"

Cuando ministramos a otros —tanto como cuando examinamos nuestra propia vida— es esencial que podamos discernir qué conductas y acciones negativas son originadas por ataques demoniacos, y cuáles vienen por una obra de la *"carne."* (Véase, por ejemplo, Gálatas 5:16). Cuando decimos *"carne"* no es en referencia al cuerpo físico, sino a la corrupción del pecado operando en nosotros para pervertir nuestros pensamientos, deseos y motivaciones.

Discernir entre la obra de los demonios y la naturaleza carnal es muy importante porque, en el mundo cristiano, se han tomado dos extremos en lo que se refiere a este tema. En el pasado, mucha de la gente que ministraba liberación parecía ver un demonio detrás de cada mata; mientras que otra desestimaba la idea de los demonios por completo, atribuyendo todo problema a la naturaleza carnal. No todos los problemas son demoniacos; tampoco todos son resultado de una obra de la "carne". Necesitamos reconocer que ambas fuentes pueden incitar conductas negativas, y que por lo tanto, debemos aprender también a identificar la fuente correcta en cada situación.

Cómo lidiar con un ataque demoniaco

Los demonios trabajan para destruir la vida de la gente. Como leímos antes en Efesios 6:12 (TLB, traducido), los demonios son entidades de maldad "sin cuerpo", por lo que desean ingresar al cuerpo de seres humanos para poder operar en la dimensión física; aunque son capaces de funcionar tanto fuera como dentro de un cuerpo físico. Es más, los demonios tienen personalidad, y evidencian ciertas características similares a las de los seres humanos. Por ejemplo, son conscientes de sí mismos, tienen voluntad, emociones, conocimiento, e incluso poseen la habilidad de pensar y hablar (usando instrumentos humanos). Además, como seguidores de Satanás, su consciencia está cauterizada.

A través de las Escrituras, vemos evidencias de las características demoniacas mencionadas antes. Un demonio tratará de tentar, engañar, esclavizar, atormentar, empujar y corromper al humano para que haga su voluntad. Pero, debemos saber que la voluntad de cada demonio responde a la voluntad de su señor, Satanás. Por favor, entiéndase que la voluntad de Satanás nunca incluirá el bienestar de ningún hombre, mujer o infante. Él siempre querrá usurpar la autoridad del hombre para destruir su especie y la tierra. Quiere burlarse de Dios y aniquilar todo lo que Él ama, especialmente Su creación más preciada, el ser humano.

Los demonios tratan de evitar que la gente reconozca y sepa la verdad acerca de Jesucristo. Tratan de detener a los hijos de Dios para que no cumplan su propósito y llamado. Trabajan para evitar que los creyentes sirvan a Cristo, poniendo obstáculos para bloquearlos y que no logren ser los instrumentos de Dios que se mueven en Su poder sobrenatural. Los demonios tratan de frustrar a los creyentes para que no vivan una vida abundante en Cristo. La solución para tal ataque y opresión demoniacos es la liberación.

Cómo lidiar con la carne

Los impulsos de la carne fueron activados en todos los seres humanos por la caída del hombre. Esto ocurrió cuando nuestros primeros padres, Adán y Eva, oyeron las mentiras de Satanás y desobedecieron a Dios. (Véase Génesis 3). Algunos sinónimos para la "carne" son *naturaleza pecaminosa*" (Romanos 7:18, NVI), el *"viejo hombre"* (véase, por ejemplo, Romanos 6:6), el "yo carnal" (véase, por ejemplo, Romanos 7:14), y la "naturaleza adánica" (véase 1 Corintios 15:22, PDT). En un capítulo posterior, exploraremos el conflicto interno entre el espíritu y la carne, y aprenderemos a tener victoria sobre la carne.

Cuando una conducta pecaminosa tiene su origen en un deseo carnal, en lugar de un ataque demoniaco, la solución es "morir al yo". Sí podemos "crucificar" la carne y llevarla a la sujeción a Cristo. Esto demandará una muerte diaria al "yo", pero es posible ejercer dominio sobre los deseos pecaminosos.

La carne es corrupta en sí misma, pero también atrae demonios, así como un cadáver atrae a los buitres. Mucha gente permite que la naturaleza pecaminosa se entronice en su vida, de manera que vive exclusiva o principalmente para satisfacer sus deseos carnales. Ese estilo de vida produce pecado, complacencia y una ansiosa búsqueda de los placeres mundanos, los cuales son temporales y llevan a la muerte. Por el contrario, cuando alguien persigue la vida del Espíritu, con todo su corazón, experimenta paz y gozo; no solo en la tierra sino también en la eternidad.

> *El remedio para la carne escrucificarla,*
>
> *pero la cura para los demonios es echarlos fuera.*

Para aquellos que viven de acuerdo con su naturaleza pecaminosa, el consejo divino de "crucificar la carne" puede ser efectivo a la hora de ayudarlos a vivir alineados con el Espíritu, si prestan atención al consejo. Pero cuando hay demonios involucrados, se necesita algo más. Los demonios no pueden ser "aconsejados"; deben ser expulsados. El tratamiento usado para la carne no traerá los mismos resultados con los demonios. Sin saberlo, mucha gente está tratando de "echar fuera" la carne y "crucificar" a los demonios. Algo que jamás funcionará. El demonio "aconsejado" se regodeará en el consejo porque sabe que le está haciendo perder el tiempo a usted. Reafirmará su presencia en la vida de la persona, y la usará para burlarse de usted.

Por ejemplo, si le dice a alguien que está bajo la influencia de un demonio en el área de la sexualidad —tal vez, manifestado en adulterio— que se niegue a su carne, la persona terminará frustrada, porque sus esfuerzos serán vanos. Es posible que, por un periodo de tiempo, pueda controlar el impulso de pecado; pero en el instante en que esa resolución se debilite, volverá a caer en el mismo pecado. Estas personas, primero deben ser libres del control demoniaco antes de poder aprender a ejercer dominio propio.

¿Cómo distinguir si se está lidiando con la carne o con un demonio? Por lo general, si se trata de un demonio, usted no podrá ejercer dominio propio, no importa cuánto lo intente. Estará luchando contra un deseo compulsivo que supera sus fuerzas y aun su propio deseo de agradar a Dios y de respetar a su familia. Si usted ha orado, ayunado y sigue cayendo en el mismo pecado, es probable que esté lidiando con un demonio que ha encontrado una entrada para oprimir esa área en su vida.

Los demonios entran en la vida de una persona cuando los muros espirituales de protección están derribados.

Mejor es el que tarda en airarse que el fuerte; y el que se enseñorea de su espíritu, que el que toma una ciudad.   (Proverbios 16:32)

Cuando las murallas de protección de nuestro espíritu están derribadas, estamos indefensos. La oración, el ayuno y el negarse a uno mismo levantan esas murallas nuevamente y nos fortalecen para que podamos gobernar nuestra carne y mantener fuera al enemigo. Alguna gente vive sin protección alguna; por lo tanto, pierde la capacidad de gobernarse a sí misma, y termina permitiendo la entrada de espíritus malos a su vida.

3. Reconocer que la liberación es parte de la obra terminada de la cruz y la resurrección

La liberación es parte de la obra terminada de la cruz y la resurrección, donde Jesús ganó la guerra contra el pecado, la enfermedad y la muerte. ¡La guerra ya terminó! Todo lo que debemos hacer para entrar a esa victoria es apropiarnos de la obra perfecta de Cristo por fe. Imagine que un millonario le escribiera un cheque por una enorme suma de dinero y se lo regalara. Si usted nunca cobra ese cheque, nunca podrá hacer nada con el dinero. Sin embargo, si lo fuera a cobrar, estaría en total libertad de usarlo. Asimismo, cuando Cristo derrotó al enemigo con Su muerte en la cruz y con Su resurrección, Él proveyó todo lo que el ser humano puede necesitar, incluyendo provisión material, recursos financieros, salud y liberación de Satanás. El próximo paso para usted es aplicar los beneficios de esa victoria recibiéndola y "depositándola"; haciéndola efectiva en su propia vida.

4. Entender que la liberación es "el pan de los hijos", la provisión de nuestro Padre celestial

Una vez, Jesucristo describió la liberación como *"el pan de los hijos"* (Mateo 15:26); este término se refiere al alimento diario de una familia. Jesús nunca dijo que la liberación estuviera disponible solo para algunos hijos especiales. Más bien dijo que era para los hijos. Si usted es un hijo de Dios —que ha creído en Cristo y lo ha recibido como su Señor y Salvador—, y necesita liberación, entonces todo lo que tiene que hacer es tomar el pan que Cristo le ofrece.

Si lucha con miedos, ansiedad, ira, resentimiento, odio o celos, ¡puede ser libre! Si está batallando con duda, incredulidad, postergación, depresión, puede ser libre de esas cargas. Si se encuentra con ataduras en el área de su lengua, de modo que miente, difama, habla chismes o blasfema, hoy puede arrepentirse y recibir liberación. Si de continuo sucumbe a la inmoralidad sexual, y se ve envuelto en pornografía, adulterio, homosexualidad, fornicación o masturbación, usted puede ser libre. Si está esclavizado por apetitos incontrolables, si lucha con adicciones a pastillas, alcohol o nicotina, hoy puede tomar el pan de los hijos y ser libre. ¡Puede ser libre ahora mismo!

Hace unos años atrás, el pastor Samson Paul, de Bangalore, India, asistió a una convención en Orlando, Florida. Luego del evento, preguntó dónde podía encontrar una buena iglesia, y un amigo lo llevó a nuestra congregación en Miami, al Ministerio Internacional El Rey Jesús. "Era un viaje en automóvil de cuatro horas, pero valió el esfuerzo", dice el pastor Samson. Aquel domingo, él asistió a dos de nuestros servicios, y se interesó por uno de mis mensajes acerca de la resurrección y el poder sobrenatural de Dios.

Desde aquel día, ha permanecido conectado con nuestro ministerio y ha implementado en su iglesia en India todo lo que ha aprendido acerca del poder sobrenatural. Con osadía, ha establecido los bautismos y liberación, y han sucedido milagros asombrosos. Después de un año y medio, su iglesia creció de 4.500 personas a 6.000, y ha abierto siete iglesias hijas. Incluso, gente no cristiana acude al pastor Samson porque quiere recibir un milagro. Todo esto está sucediendo en una de las naciones más paganas que existen. Los siguientes son dos testimonios del pastor Samson.

En el pueblo del pastor había una "casa embrujada". Cada familia que compraba esa casa terminaba con problemas, bancarrota, discordia, divorcio, desesperanza, sin paz. En cierta oportunidad, un matrimonio la compró, ignorando su historia. Mientras limpiaba la casa, la esposa fue poseída por algo que parecía ser el espíritu de un hombre de 88 años que había muerto y que no quería que nadie más viviera en su casa. Esta pareja fue a la iglesia del pastor Paul buscando ayuda, y mientras él predicaba, aquel espíritu malo comenzó a manifestarse en la mujer, de manera horrible. La gente cuenta que sus ojos se salían de las órbitas y que su rostro se alargaba. Cuando el pastor Paul mencionó el nombre de Jesús, la mujer dijo que ella lo conocía. Su liberación fue muy fuerte. Ella rodaba por el suelo haciendo ruidos extraños y largando espuma por la boca, pero finalmente fue libre por el poder de Dios. La familia se mudó a otra casa, y todo volvió a la normalidad.

Otro testimonio involucra a una mujer que tenía cáncer terminal y estaba en coma en el hospital. Para empeorar el caso, estaba ciega y sorda; prácticamente vivía en estado vegetativo. Los médicos dijeron que no podían hacer nada más por ella, y declararon que moriría de un momento a otro. Un día, mientras el pastor Samson y su esposa visitaban el hospital, el pastor sintió que debían orar por aquella mujer. No se atrevía a hacerlo en el hospital, pero Dios había puesto una gran compasión en su corazón por los pacientes en aquel lugar, que estaban enfermos y sin esperanza. Él sintió el amor y la compasión de Dios por ellos y comenzó a orar. Declaró el amor de Dios por aquella mujer comatosa y echó fuera el espíritu de muerte de su cuerpo. De repente, ella comenzó a reaccionar. Las lágrimas rodaban por sus mejillas y todos se dieron cuenta de que podía oír lo que decían a su alrededor. El pastor continuó orando y, dos semanas más tarde, sucedió otro milagro y la mujer comenzó a ver. Días más tarde, fue dada de alta del hospital y ahora, está totalmente sana, para la gloria de Dios.

Oración de liberación

En este momento, quisiera guiarlo en una oración de liberación. Pero antes de que ore, es importante que usted entienda que, sin un verdadero arrepentimiento, no puede haber liberación. El arrepentimiento no es una emoción; más bien es un cambio de mentalidad. Es una decisión voluntaria de dejar de pecar y desobedecer a Dios. Significa darle la espalda al pecado, a la maldad, a los deseos de la carne, las actitudes mundanas, y todo aquello que desagrada a Dios, con la convicción de que todo eso está mal y es nocivo para su relación con su Padre celestial. Eso incluye todo pacto negativo o "secreto", que haya hecho consigo mismo, como declarar "Yo nunca más confiaré en los hombres", o "Siempre voy a odiar a esa mujer por lo que me hizo". El arrepentimiento incluye tomar una decisión de someterse a Dios, sin reservas, creyendo que es lo correcto. Si usted se arrepiente de sus pensamientos y prácticas pecaminosos, por favor, repita esta oración:

Padre celestial, vengo delante de Tu presencia con un corazón humillado. Reconozco que he pecado contra Ti, y me arrepiento de mis errores. Yo confieso mis transgresiones ahora mismo. Perdono a todos aquellos que me han ofendido, y rompo toda atadura que he tenido con lo oculto y rompo todo votos secretos. Te pido que me perdones y me limpies. Remueve todo pecado de mí, toda iniquidad y transgresión, por el poder de la sangre de Jesús, la cual derramó en la cruz por mí. Ahora, recibo Tu perdón, y aplico la obra completa de la cruz y la resurrección a mi vida. Le ordeno a todo demonio que me ha atormentado e influenciado que se vaya de mí, ahora mismo, y declaro que soy libre, en el nombre de Jesús. ¡Amén!

2

EL REINO DE DIOS TRAE
LA LIBERACIÓN

Antes de que el primer hombre y la primera mujer fueran creados por Dios, sucedió una guerra en el cielo. Un ser llamado Lucifer, a quien Dios había creado y puesto como arcángel, se llenó de orgullo y arrogancia. El Creador le había dado belleza, sabiduría, y lo había puesto a cargo de la adoración de Dios en el cielo, pero él comenzó a desear una posición igual a la de su Creador. Más que eso, quería reemplazar a Dios para convertirse él mismo en el gobernador sobre todo y sobre todos. Su corazón se llenó de iniquidad y se enfrentó a Su hacedor; lo desafió.

Después hubo una gran batalla en el cielo: Miguel y sus ángeles luchaban contra el dragón; y luchaban el dragón y sus ángeles; pero no prevalecieron, ni se halló ya lugar para ellos en el cielo. Y fue lanzado fuera el gran dragón, la serpiente antigua, que se llama diablo y Satanás, el cual engaña al mundo entero; fue arrojado a la tierra, y sus ángeles fueron arrojados con él. (Apocalipsis 12:7–9)

Lucifer promovió la rebelión y sedujo a una tercera parte de los ángeles de Dios para que lo siguieran y renunciaran a su lealtad hacia su Creador. Expulsados del cielo, Lucifer y sus ángeles rebeldes fueron arrojados a la tierra. En las Escrituras, leemos lo siguiente: *"¡Cómo caíste del cielo, oh Lucero, hijo de la mañana! Cortado fuiste por tierra, tú que debilitabas a las naciones"* (Isaías 14:12), y *"Su cola arrastraba la tercera parte de las estrellas del cielo, y las arrojó sobre la tierra"* (Apocalipsis 12:4).

Los versículos anteriores muestran cómo Lucifer, que alguna vez fuera conocido como el *"hijo de la mañana"*, se convirtió en el *"adversario"* (1 Pedro 5:8), también llamado diablo o Satanás. Una vez que Lucifer y los demás ángeles hubieron rechazado a Dios, se convirtieron en un reino rival, uno que se opone de continuo al de Dios. Estos ángeles caídos son lo que ahora llamamos "demonios". Yo considero que su rebelión y su destierro a este planeta provocaron un juicio divino sobre la tierra. Observe la descripción en el primer capítulo de Génesis: *"En el principio creó Dios los cielos y la tierra. Y la tierra estaba desordenada y vacía, y las tinieblas estaban sobre la faz del abismo, y el Espíritu de Dios se movía sobre la faz de las aguas"* (Génesis 1:1–2). El desorden, el vacío y la oscuridad eran debidos a la presencia de Satanás y sus ángeles.

La guerra espiritual en la tierra

En algún momento, luego de este evento, Dios creó la vida en la tierra, incluyendo vegetación, peces, aves y otros animales. Y finalmente, creó a los seres humanos, diciendo: *"Hagamos al hombre a nuestra imagen, conforme a nuestra semejanza; y señoree en los peces del mar, en las aves de los cielos, en las bestias, en toda la tierra, y en todo animal que se arrastra sobre la tierra"* (Génesis 1:26). El Creador puso al primer hombre y a la primera mujer, Adán y Eva, en el huerto del Edén. Ambos fueron creados a Su imagen, y les fue asignado el rol de guardianes de la tierra.

Lo que debemos entender es que, cuando la humanidad fue creada, Satanás ya había sido echado del cielo a la tierra. Por lo tanto, Dios les dio al hombre y a la mujer dominio; es decir, autoridad bajo Su reino, el gobierno del cielo para gobernar el mundo; incluyendo en esto la habilidad de subyugar a Satanás y su reino de oscuridad.

El diablo sabía que no tenía autoridad dada por Dios para gobernar la tierra; él estaba aquí solo como resultado de su castigo. Para operar "legalmente", tendría que usurpar la autoridad que Dios les había dado al ser humano. Así que tentó a Adán, a través de Eva, para que voluntariamente desobedeciera a su Creador. En lugar de ejercer dominio sobre Satanás, y por tanto, subyugarlo —lo cual podría haber hecho—, Adán escogió pecar contra Dios. No usó la autoridad que Él le había dado para gobernar sobre el enemigo. (Véase Génesis 3).

> *La guerra espiritual de la raza humana incluye un enemigo que usurpó su autoridad sobre la tierra.*

Al contrario de lo que leemos en el Nuevo Testamento, en el Antiguo Testamento no encontramos ningún relato del ministerio de la expulsión de demonios. Esto es porque Satanás había ganado la autoridad legal para operar en la tierra gracias a Adán. Como resultado de la desobediencia de Adán, el ser humano perdió su derecho a gobernar la tierra. Ninguna persona tenía la autoridad para echar fuera demonios o para subyugar al diablo, porque Satanás había establecido su gobierno de maldad en este planeta legalmente. Además, la raza humana tenía una naturaleza de pecado y ya no estaba en relación directa con su Creador; por lo cual, se convirtió en una raza súbdita de un enemigo que ejercía poder sobre ella. Y al rendir su autoridad a Satanás, se la rindieron también a sus demonios.

Jesucristo trajo el reino de Dios y el ministerio de la liberación

Cuando el Hijo de Dios, Jesucristo, vino a la tierra y confrontó a los espíritus malos, algunos demonios gritaron: *"¿Qué tienes con nosotros, Jesús, Hijo de Dios? ¿Has venido acá para atormentarnos antes de tiempo?"* (Mateo 8:29). Estos demonios sabían que, según los planes de Dios, finalmente serían lanzados al castigo del fuego eterno. Por Su parte, Cristo no discutió su reclamo acerca de que había venido *"antes de tiempo"*, porque Él era obediente a la voluntad del Padre. Tampoco atormentó a los demonios; lo que sí hizo fue ejercer autoridad sobre ellos. Mientras, Satanás y sus demonios conspiraban para matar al Hijo de Dios, con el fin de frustrar el plan de redención del Padre para el ser humano, y mantener su poder sobre la tierra.

La batalla espiritual de Cristo fue más difícil que la de Adán, porque Él lidió con un enemigo legal.

Jesucristo, el Hijo de Dios, podía echar fuera demonios incluso antes de haber ido a la cruz y derrotar a Satanás, porque el reino de Dios había llegado con Él, y porque estaba en perfecta armonía con el Padre celestial. Cuando fue resucitado de la muerte, luego de morir en la cruz por nuestros pecados, Jesús le quitó aquella autoridad al diablo; por lo tanto, y desde entonces, Satanás volvió a operar en un estado de ilegalidad. Después de desarmar, derrotar y destronar al diablo, Cristo le dio el poder y la autoridad para lidiar con él, a la iglesia. (Véase, por ejemplo, Lucas 10:19; Mateo 28:18–20).

Satanás todavía tiene poder, pero ahora ya no tiene *autoridad*; el uso de su poder en la tierra es ilegal. Él puede ejercer poder sobre nosotros solo cuando le damos una entrada legal a través de nuestra desobediencia a Dios.

Cuando Cristo llegó, trayendo el reino y la liberación consigo, la expulsión de demonios provocaba mucha admiración entre los hombres de ese tiempo. Nunca nadie había visto algo semejante. Algunos preguntaban: "¿Qué nueva doctrina es ésta?". *"Y estaban todos maravillados, y hablaban unos a otros, diciendo: ¿Qué palabra es ésta, que con autoridad y poder manda a los espíritus inmundos, y salen? Y su fama se difundía por todos los lugares de los contornos"* (Lucas 4:36–37). Ni siquiera los grandes patriarcas de Israel —como Noé, Abraham y Moisés— habían liberado a la gente de los demonios. Yo he leído que mucha gente del tiempo de Jesús consideraba a los demonios como una "deidad inferior". Por lo tanto, la gente reaccionaba ante el poder de Jesús para expulsar demonios, con admiración (si creía en Él) o también con desconfianza (si no lo aceptaba). Aquellos que estaban bajo la influencia de un demonio tenían una fuerte reacción negativa hacia este destronamiento del reino de las tinieblas.

> *La expulsión de demonios*
> *es una manifestación*
> *del dominio del reino de Dios.*

La liberación vino por la predicación del evangelio del reino

La prédica de Jesús acerca del evangelio del reino produjo cinco tipos de milagros: Los sordos comenzaron a oír, los ciegos a ver, los mancos fueron sanados, los mudos recibieron el habla, y los endemoniados fueron liberados. (Véase, por ejemplo, Isaías 35:5–6; Mateo 4:23–25). En el Antiguo Testamento, no hay registro de ninguna de estas cinco categorías de milagros. Sí, leemos acerca de ciertos eventos milagrosos que ocurrieron bajo el antiguo pacto —la resurrección de la muerte, provisión sobrenatural, milagros y señales sobre los elementos y la naturaleza—. Sin embargo, no leemos ninguno de los cinco milagros mencionados antes porque, como dije, éstos vinieron con Cristo y Su prédica del reino de Dios.

Jesús usó la expulsión de demonios como señal principal para confirmar que el reino había llegado a determinado lugar, o a la persona que Él estuviera ministrando. Cristo dijo: *"Pero si yo por el Espíritu de Dios echo fuera los demonios, ciertamente ha llegado a vosotros el reino de Dios"* (Mateo 12:28). Cuando los demonios salen de la gente y los lugares, esto es señal de un derrocamiento y de una conquista; el derrocamiento del reino de las tinieblas y la conquista del reino de Dios.

La expulsión de demonios es el mayor de los cinco milagros del reino porque implica la remoción del reino de maldad gobernante.

Predicar este reino sin ministrar liberación constituye una violación de las leyes del ámbito y gobierno de Dios, las cuales demandan la remoción del reino de Satanás. Un anuncio acerca del reino que no vaya acompañado por la expulsión de demonios es un simple mensaje motivacional. Sin embargo, cuando acompañamos su prédica con demostraciones de la conquista del reino de las tinieblas, vemos el dominio del cielo llegar al corazón y a la vida de la gente, liberándola de toda opresión y atadura. El poder del reino de Dios es capaz de confrontar a Satanás y sus demonios, subyugarlos y removerlos de las diferentes áreas que estén atacando, sean éstas la familia, las finanzas, la salud, el ministerio o cualquier otra.

El reino de Dios no viene sin el

derrocamiento de Satanás,

y viceversa.

Solo cuando recibimos la plenitud del reino somos capaces de subyugar a Satanás, porque entonces operamos de acuerdo al gobierno de Dios, con nuestra autoridad original restaurada. Jesús dijo: *"Desde los días de Juan el Bautista hasta ahora, el reino de los cielos sufre violencia, y los violentos lo arrebatan"* (Mateo 11:12).

Por lo tanto, la liberación y el reino van juntos. El hecho de que alguien sea sanado o liberado de cualquier opresión, atadura o aflicción, es el resultado de la llegada del reino de Dios. Así que, si el reino viene sobre una persona, significa que el enemigo ha sido conquistado; ha perdido su poder sobre la vida de dicha persona. En este punto, la única opción de Satanás es permanecer subyugado y en obediencia al nuevo reino. De esto se trata el destronar al enemigo.

La condición para subyugar a Satanás

y a sus demonios es permanecer en

el poder y autoridad sobrenaturales.

Cuando echamos fuera demonios, tomamos autoridad sobre entidades espirituales de maldad en el ámbito invisible; es decir "personas sin cuerpo" (Efesios 6:12, TLB traducido) que atormentan el cuerpo, mente y emociones del ser humano. Como ciudadanos del reino, usted puede ejercer sus derechos y echar fuera al enemigo de su vida y de la vida de otros. Reitero, si usted predica el mensaje del reino pero no lo demuestra echando fuera demonios, entonces el mensaje que está proclamando es incompleto. Es una mala representación del reino de Dios, el cual siempre provoca un choque, colisión, entre el gobierno de la luz y los poderes de las tinieblas. Dicha confrontación termina con la derrota del enemigo y la liberación de aquellos que mantenía en opresión.

¿Es posible que un reino nuevo se instale en el territorio de otro reino si primero no derrota y remueve el reino establecido? La respuesta es "no". En el mundo natural, dos reyes, con sus correspondientes dominios, no pueden reinar sobre el mismo territorio. Jesús dijo: "*Cuando el hombre fuerte armado guarda su palacio, en paz está lo que posee. Pero cuando viene otro más fuerte que él y le vence, le quita todas sus armas en que confiaba, y reparte el botín*" (Lucas 11:21–22). Cada uno debe escoger a qué rey o reino se someterá; el reino de Dios o el reino de Satanás.

> No es bíblico predicar el evangelio
> del reino sin demostrarlo con
> la expulsión de demonios.

La presencia del Rey y Su reino

Una importante porción de la comisión de Jesús en la tierra fue "*pregonar libertad a los cautivos…; poner en libertad a los oprimidos*" (Lucas 4:18), y vemos que esta comisión se cumple en el siguiente pasaje:

> *Recorría Jesús toda Galilea, enseñando en las sinagogas de ellos, predicando el evangelio del Reino y sanando toda enfermedad y toda dolencia en el pueblo. Se difundió su fama por toda Siria, y le trajeron todos los que tenían dolencias, los afligidos por diversas enfermedades y tormentos, los endemoniados, lunáticos y paralíticos, y los sanó. Lo siguió mucha gente de Galilea, de Decápolis, de Jerusalén, de Judea y del otro lado del Jordán.* (Mateo 4:23–25, RVR 95)

Los espíritus demoniacos no pueden soportan la presencia de Jesucristo, el Rey de reyes. Un ejemplo de esto se encuentra en el evangelio según Marcos.

> *Pero había en la sinagoga de ellos un hombre con espíritu inmundo, que dio voces, diciendo: ¡Ah! ¿Qué tienes con nosotros, Jesús nazareno? ¿Has venido para destruirnos? Sé quién eres, el Santo de Dios. Pero Jesús le reprendió, diciendo: ¡Cállate, y sal de él! Y el espíritu inmundo, sacudiéndole con violencia, y clamando a gran voz, salió de él.*   (Marcos 1:23–26)

El hombre en la sinagoga tenía al menos dos demonios que lo afligían —tal vez más—, dado que el *"espíritu inmundo"* habló de sí mismo como *"nosotros"*. Los demonios reconocieron el gobierno de Dios en Jesús, como el que tenía el poder de expulsarlos y castigarlos. Ellos sabían quién era Jesús, ya que lo llamaron *"el Santo de Dios"*.

Hoy en día, en la mayoría de las iglesias, si un miembro de la congregación evidencia la manifestación de un demonio, similar a ésta, es sacado del salón para no interrumpir el servicio. Pero en la situación anterior, Cristo expulsó al demonio, y permitió que el hombre permaneciera en la sinagoga. Él le ordenó al espíritu: *"¡Cállate, y sal de él!"* Es interesante notar que cuando Jesús calmó la tempestad en el Mar de Galilea, Sus palabras fueron muy parecidas: *"Calla, enmudece"* (Marcos 4:39).

Cuando los demonios oyeron el comando de Jesús, provocaron una violenta reacción en el hombre. Trataron de desafiar la orden porque no querían ser expulsados de la persona que estaban afligiendo. Tales manifestaciones son una evidencia tangible de que ha ocurrido una colisión entre dos reinos invisibles, y de que éstos están en batalla. A menudo, veo este tipo de manifestaciones cuando ministro personas demonizadas o poseídas por un demonio.

Al traer el reino de Dios a la tierra, Cristo expuso la existencia del reino de las tinieblas; y al mismo tiempo, demostró la superioridad del reino de Su Padre. Por lo tanto, más allá de la resistencia inicial de los demonios para salir de aquel hombre, en la sinagoga, se vieron forzados a salir. En este relato, vemos la victoria del reino de la luz y la derrota del reino de las tinieblas. Siempre que usted vea demonios salir de la gente, debe saber que el reino de Dios ha llegado.

Cristo dijo: *"He aquí, echo fuera demonios y hago curaciones hoy y mañana, y al tercer día termino mi obra"* (Lucas 13:32). En esencia, Él estaba declarando: "Yo seguiré haciendo lo que el Padre me envió a hacer: predicar, enseñar, sanar y echar fuera demonios; hasta que termine mi ministerio en la tierra". De hecho, Jesús comenzó y terminó Su ministerio haciendo todo esto. Del mismo modo, los espíritus inmundos tienen que someterse a la autoridad que Jesús les ha delegado a los creyentes.

> *Al traer el reino de Dios a la tierra, Cristo expuso la existencia del reino de las tinieblas; y al mismo tiempo, demostró la superioridad del reino de Su Padre.*

Autoridad sobre el enemigo

Como hijos de Dios y ciudadanos de Su reino, los cristianos han recibido la misma autoridad que Cristo tiene, aun sobre los demonios. Hoy, algunos cristianos predican, algunos enseñan y, otros hasta sanan; pero no muchos echan fuera a los demonios. La liberación que Cristo introdujo y demostró ya no es practicada por la mayoría de los creyentes. Paradójicamente, hay tanta gente que necesita liberación; mucha más de la que había en los días en que Jesús caminó sobre esta tierra.

Jesús nunca envió a ninguno de Sus discípulos a predicar el evangelio del reino sin primero darle la autoridad y el poder para echar fuera demonios.

Entonces, llamando a sus doce discípulos, [Jesús] les dio autoridad sobre los espíritus impuros, para que los echaran fuera y para sanar toda enfermedad y toda dolencia. (Mateo 10:1, RVR 95)

Regresaron los setenta [discípulos] con gozo, diciendo: ¡Señor, hasta los demonios se nos sujetan en tu nombre! (Lucas 10:17, RVR 95)

Como creyente, usted está bajo el gobierno de Dios. Por lo tanto, cuando se para en la autoridad de Cristo y le dice a un demonio: "¡Sal, en el nombre de Jesús!", éste no tiene alternativa más que obedecer. No hay lugar donde pueda esconderse. Jesús es el Hijo de Dios y el rey del reino. Cuando los demonios vieron a Jesús, gritaron: *"Sé quién eres, el Santo de Dios"* (Marcos 1:24; Lucas 4:34), porque reconocieron Su gobierno celestial. Esto funciona de la misma manera para nosotros, pero primero debemos apropiarnos de la autoridad dada por Dios. Los demonios no se irán hasta que reconozcan que realmente estamos gobernando bajo el reino y poder de Jesucristo.

Jesús nunca envió a alguien a predicar el evangelio del reino sin primero equiparlo con la autoridad y el poder para echar fuera demonios.

El ministerio público de la liberación

La mayoría de los prodigios que sucedieron durante los días del ministerio de Jesús y de la iglesia del Nuevo Testamento no suceden en la iglesia moderna. Como hemos visto, cuando Cristo echaba fuera demonios ocurrían manifestaciones violentas; la gente gritaba y caía con fuerza al suelo, temblaba y se sacudía. Pero estas cosas nunca impidieron que Jesús ministrara. Él no detuvo esas manifestaciones; no le preocupó mantener el orden ni el decoro religioso. Lo único que le importó fue ayudar a la gente. Y Sus discípulos siguieron Su ejemplo, tanto mientras estaban con Él, como después de Su ascensión al cielo. En el libro de los Hechos, leemos lo siguiente acerca de Su discípulo, Felipe:

> *Y la gente, unánime, escuchaba atentamente las cosas que decía Felipe, oyendo y viendo las señales que hacía, pues de muchos que tenían espíritus impuros, salían estos lanzando gritos; y muchos paralíticos y cojos eran sanados.* (Hechos 8:6–7, RVR 95)

Recordemos que uno de los primeros encuentros de Jesús con demonios no sucedió en las calles sino en la sinagoga; entre la gente que seguía a Dios. Su ministerio incluía echar fuera espíritus malos de aquellos que estaban endemoniados o poseídos por demonios; no era aconsejarlos ni hacerles una evaluación psiquiátrica. Y Cristo ministró liberación en público. No necesitaba un lugar privado ni muchas horas de ministración para resolver una situación de opresión o posesión demoniaca.

Hay líderes en la iglesia de hoy que tienen vergüenza de ministrar liberación en público porque creen que esto asustará a la gente, y hará que se vaya. Pero la liberación es una parte importante del evangelio del reino, por lo cual no tenemos nada de qué avergonzarnos al practicarla. Yo he llegado a la conclusión de que si Cristo liberó a la gente en público, yo también lo voy a hacer. Debemos participar en el ministerio de la liberación tan abiertamente como lo hacemos del ministerio de la salvación o sanidad, o cualquier otro aspecto del reino. Si tengo que elegir entre ofender a Dios o a los hombres, elijo lo segundo. Yo debo estar del lado de Dios. ¡No somos mejores que Jesús!

Otros líderes de la iglesia están atrapados por un "espíritu religioso" que no soporta la liberación. Este espíritu prefiere el viejo orden de cosas, las obras humanas por encima de la unción fresca de Dios y Sus obras sobrenaturales. Sin embargo, así como envió a Sus discípulos y creyentes de la iglesia primitiva a ministrar el reino, Cristo nos envía a nosotros, como ciudadanos de Su reino, hoy en la tierra, a echar fuera demonios, sanar enfermos y resucitar muertos. ¡Solo falta que usted se decida!

El primer paso que debe dar es echar fuera toda influencia demoniaca de su familia, su negocio, sus finanzas, y cualquier área de su vida. Entonces, podrá ministrar liberación a otra gente. ¡En Cristo, usted tiene el poder y la autoridad, ahora mismo, para reprender cada espíritu demoniaco y establecer el reino de Dios en su vida! El siguiente relato es la evidencia del deseo de Dios de liberar a aquellos oprimidos por Satanás.

"Mi nombre es Sally, y mi vida es un testimonio de que Jesucristo tiene el poder para liberar el alma de una persona y cambiar su vida por completo. Su presencia me transformó al punto de poder alcanzar la felicidad que nunca había experimentado.

"Desde que tengo memoria, no puedo recordar un solo momento de felicidad verdadera. Crecí en un hogar disfuncional con padres abusivos, ambos alcohólicos. Además de su abuso, también experimenté el abuso físico, mental, psicológico y sexual por parte de otra gente. En la escuela, mis compañeros se burlaban de mí y me acosaban sexualmente, y muchos hombres me tocaron de manera inapropiada. Así, al llegar a la adolescencia, ya había decidido que no quería seguir viviendo.

"Siempre busqué el amor en los lugares equivocados; en novios y en cosas materiales. En realidad, mi alma necesitaba paz y libertad. No veía salida. A los catorce años, me diagnosticaron depresión y ansiedad, y los médicos me recetaron unos medicamentos que me provocaron adicción. Durante años, sentí que había perdido mi mente. Traté de suicidarme varias veces; me lastimaba haciendo cortes en mis brazos y otras partes de mi cuerpo. Tres veces, mis padres recurrieron a una ley llamada "Baker Act", por la cual podían llamar a la policía para que ésta me ingresara en un hospital psiquiátrico, donde me mantenían drogada durante setenta y dos horas, hasta que los médicos decidían entre enviarme a la cárcel, dejarme en el hospital o permitirme volver a casa.

"Durante ese periodo, por una u otra razón, me la pasé yendo de un funeral al otro. Hubo dieciséis muertes en mi familia, en un espacio de cinco años. Además, mi novio me dejó y caí en otra profunda depresión. Estaba prácticamente sumergida en el pecado y la oscuridad; ¡todo era tristeza, dolor y abandono! Por eso no quería seguir viviendo.

"Ya en la secundaria, conocí un profesor llamado José que me habló de la iglesia El Rey Jesús; pero no le presté mucha atención. Sin embargo, la semilla había sido plantada y, con el tiempo, como último recurso, decidí acercarme a Dios y obedecer Sus mandamientos. Desde entonces, he recibido liberación y sanidad interior. Dios me ha restaurado, parte por parte. Me ha hecho libre de la oscuridad y el pecado que me habían mantenido en depresión y tristeza constante. A partir del instante en que comencé a caminar con Cristo, mi vida fue transformada. Ahora, tiene sentido; tiene dirección y propósito. ¡Y soy feliz! Dios puso en mi corazón tal compasión y amor por la gente, que quiero servirlo ayudando a cada persona que se encuentra en la misma situación en la que yo estaba. Dios es todo para mí, y quiero declararle al mundo que Jesús es mi Señor y Salvador. La depresión había tomado el control de mi vida, un sentido de soledad y pensamientos compulsivos de muerte me rodeaban sin cesar, pero Dios llegó en el momento justo y me rescató. Hoy soy una persona nueva".

Éste es un testimonio poderoso de lo que puede hacer el ministerio de la liberación en una vida. Es un ministerio de reino que todo cristiano tiene el derecho de recibir y aplicar a su ser. El cuerpo de Cristo en América, Europa, Asia, y en todo el mundo necesita este precioso ministerio. Cuando viajé a Ucrania a predicar de lo sobrenatural en una conferencia, el país vio una demostración poderosa de esta revelación. Las sanidades, milagros, liberaciones e imparticiones del "fuego" de Dios fueron más que evidentes.

Un pastor llamado Vlad Grebenyuk compartió su testimonio acerca del cambio que ocurrió en su ministerio después de recibir la revelación de la liberación. A pesar de que llevaba veinte años en el ministerio, ésta era la primera vez que tenía un encuentro con el poder sobrenatural de la liberación, con la manifestación de la expulsión de demonios, y fue confrontado con la realidad del ámbito sobrenatural. Espantado al ver al menos dos personas manifestando una influencia demoniaca, decidió irse a la iglesia a orar.

Más tarde, esa misma noche, Dios le dijo que él entraría al ministerio de la liberación. Entonces, supo que seguiría viendo manifestaciones demoniacas, como Jesús, pero que caminaría en la misma autoridad que Jesús para echar fuera todo espíritu malo. Una noche, después de una reunión, el pastor Vlad le estaba hablando a un joven de su congregación acerca del arrepentimiento. El joven, nuevo creyente, le preguntó si podía arrepentirse de sus pecados, uno a uno. Cuando comenzó a hacerlo, su cuerpo empezó a convulsionarse, mientras él gritaba con todas sus fuerzas. Con la revelación que había recibido acerca del poder del nombre de Jesús, el pastor Vlad reprendió a los demonios y los echó fuera.

Esa fue la primera vez que Dios lo usó para liberar a alguien de una demonización. Este incidente generó un hambre entre los miembros de su iglesia por ver más manifestaciones sobrenaturales de liberación. Así que hicieron un "ayuno de Daniel", por una semana entera, con 24 horas ininterrumpidas de oración. Una noche, mientras el pastor Vlad conducía su vehículo alrededor de la ciudad, declaró que ésta le pertenecía a Jesús.

Escuchando grabaciones de mis prédicas, oyó un testimonio acerca de romper el poder de la influencia demoniaca. Al instante, el Espíritu Santo le reveló que había dos fuertes influencias que controlaban la ciudad: brujería y homosexualismo. Entonces, él comenzó a orar contra el *"hombre fuerte"* (véase Lucas 11:21–22) de estos poderes, esperando ver un cambio. En las siguientes semanas, un joven que había sido invitado a una casa de paz (reuniones hogareñas) en la casa del pastor, comenzó a comportarse de forma muy extraña. Lo llevaron a otra habitación y le ministraron liberación, llevándolo a renunciar a todo espíritu inmundo. De inmediato, el pastor Vlad recibió instrucciones del Espíritu Santo de echar los espíritus uno por uno. Aquel joven tenía una larga línea de maldiciones generacionales, con prácticas de Vudú, y fue libre por primera vez en su vida. ¡Gloria a Dios! el pastor Vlad testificó: "Creo que fue una lección de Dios para enseñarme la realidad de lo que sucede en el mundo espiritual". En los siguientes dos días, el pastor pasó tiempo en la presencia de Dios, deseando conocerlo más. En ese pequeño espacio de tiempo, Dios le reveló más acerca de la liberación de lo que él había aprendido en sus veinte años de iglesia y religión.

Recientemente, un sábado por la noche, el pastor recibió una llamada telefónica de un miembro de la iglesia que le pidió que orara por un joven poseído por un demonio. Este joven estaba tan hundido en el pecado que el diablo había tomado control de su cuerpo. Él apretaba sus palmas contra sus oídos, tan fuerte, para evitar oír al pastor Vlad, que sus orejas se ponían rojas. También llegó a hablar en un dialecto inusual, imposible de entender. Aquel joven estaba fuera de sí mismo y de su sano juicio.

Más tarde, aquella noche, este hombre fue libre, y a la mañana siguiente, se levantó con una actitud completamente diferente; por fin, sentía paz en su cuerpo, espíritu y alma. Estaba muy asombrado y no sabía lo que le había sucedido.

"Éste es solo un ejemplo de lo poderoso que es el Dios que servimos, y cuánto poder tenemos como hijos de Dios. Mi deseo es que mi gente eslava en Ucrania pueda tomar la revelación que enseña el apóstol Maldonado acerca de la liberación, y que ésta sea impartida a los corazones hambrientos de la gente en todo el mundo".

¡En Cristo, usted tiene el poder y la autoridad, ahora mismo, para reprender cada espíritu demoniaco y establecer el reino de Dios en su vida!

Oración de liberación

Para concluir este capítulo, por favor, repita la siguiente oración en voz alta:

Señor Jesús, yo creo que Tú eres el Hijo de Dios y Rey del reino. Además, confieso que Tú eres mi Señor y Salvador. Cuando moriste en la cruz por mis pecados y fuiste levantado de la muerte, derrotaste por completo a Satanás y sus demonios. Yo reconozco que el reino de la luz es absolutamente superior al reino de la oscuridad. Como hijo de Dios y ciudadano de Su reino, he recibido la autoridad sobre todo poder del enemigo. Así que, en el nombre y autoridad de Jesús, echo fuera cada influencia demoniaca de mi familia, mi trabajo, mis finanzas, mi ministerio, mi salud y cualquier otra área de mi vida. Reprendo todo espíritu demoniaco y le ordeno que salga, ahora mismo. ¡El reino de Dios está establecido en mi vida! He sido libre, en el nombre de Jesús. ¡Amén!"

3

EL CONFLICTO INTERNO ENTRE LA CARNE Y EL ESPÍRITU

En nuestro ministerio, es normal escuchar testimonios de transformaciones genuinas en la vida de la gente. Hace poco, durante un servicio, un hombre pasó al altar a testificar acerca del poder de Dios en su vida. El testimonio de Josué me impactó de manera especial por la restauración que Jesús había hecho en él y la transformación radical que había ocurrido en su corazón.

Josué nos contó que, a pesar de que había crecido sido criado hijo de un pastor, nunca había querido seguir las "reglas" de la religión. Así que se había rebelado y se había ido al mundo, donde su estilo de vida incluía el uso de drogas. Ya en la universidad, empezó a andar de fiesta en fiesta hasta que terminó en la cárcel. Su padre lo visitó y le llevó una Biblia, insistiendo en que necesitaba un cambio.

Josué pasó más de una semana en prisión, pero su mente seguía enfocada en la vida loca; y estaba listo para volver al mundo. En su último día allí, un cristiano fue asignado a la celda que estaba frente a la de él, y este hombre le habló de Jesús. En un instante, Josué fue lleno del Espíritu Santo, tuvo un encuentro con el Señor y rompió en llanto. "De repente me puse feliz y supe que, una vez afuera, tenía que volver a Dios", dijo.

A partir de ese encuentro con el Señor, Josué no ha vuelto a tocar las drogas ni ha regresado a sus viejos caminos. "¡Dios me ha usado para hablarles a mis antiguos amigos, y presentarles la verdad del evangelio!", exclamó. Además, testificó que Dios ha restaurado también su familia, de manera progresiva. Su madre, que llevaba veintiún años con esquizofrenia, fue sanada y liberada por completo. Su hermana, que luchaba con pensamientos suicidas, también fue libre. A través de Jesucristo, Josué fue reconciliado con el Padre celestial. Ahora siente que el pecado ya no tiene poder sobre él. Es un nuevo hombre, gracias a la restauración de Cristo en su vida.

La intención original de Dios

Por favor, quisiera que se entienda que, cada vez que hablo de restauración en este libro, me refiero a nuestro regreso a la intención original de Dios para nosotros; el estado original en el cual fuimos creados. Todo en Dios comienza con un propósito, el cual nunca cambia. El primer ser humano, Adán, representa el plan de Dios para la humanidad. Sin embargo, aunque Adán fue la primera persona creada, también fue la primera en perder el propósito del Creador para su existencia. Por otro lado, Jesús, el "segundo Adán" (véase 1 Corintios 15:45), representa la restauración de la intención original de Dios para el ser humano, la cual el primer Adán no cumplió.

¿Cuál fue el propósito de Dios para la raza humana? Ese propósito fue que el hombre reflejara Su *"imagen"* y *"semejanza"* (Génesis 1:26). A través de las Escrituras, podemos ver que la intención de Dios fue, en esencia, replicarse a Sí mismo en un ser creado que tuviera Su "ADN espiritual". Este ser creado se identificaría por las siguientes características: Tendría una íntima comunión con Dios, gobernaría y regiría sobre todo lo creado, y sería fructífero, se multiplicaría y llenaría la tierra. (Véase Génesis 1:28). Una vez que capturamos esta verdad, podemos ver que, en realidad, no podemos hablar de ser restaurados a menos que sea en el contexto del propósito original de nuestro Creador.

La palabra *"imagen"* en Génesis 1:26 se traduce del término hebreo *tsélem*, cuyo significado es "parecido, similitud"; denota "figura representativa". También significa "naturaleza esencial". El ser humano fue creado con la naturaleza esencial o cualidades de Dios.

Basado en las diversas definiciones que arrojan los diccionarios, acerca de "imagen", así como en la revelación que he recibido acerca de este concepto, yo creo que los siguientes significados también echan luz en lo que realmente quiere decir ser hechos a imagen de Dios: (1) una "sombra", en el sentido de ser "una imitación de algo" o una "copia"; (2) "la representación de una sustancia", "un duplicado, semejanza o réplica". Estas palabras representan una apariencia externa; en este caso, la de Dios. Cabe decir que, cuando Jesús vino a la tierra, lo hizo específicamente en la forma de un hombre, en lugar de cualquier otra forma o como cualquier otro ser creado, porque solo el ser humano representa la naturaleza de Dios.

La palabra *"semejanza"* en el relato de la Creación viene del término hebreo *demút*, que puede significar "semblanza", "similitud" o "forma, figura, patrón". *The Living Bible* [La Biblia Viviente] es la que mejor captura el sentido de esta palabra cuando dice: "Y Dios hizo al hombre como su Hacedor. Como Dios hizo Dios al hombre" (Génesis 1:27, traducido). Dios creó al hombre como Él mismo. Esto explica por qué nos dio poder y autoridad para gobernar y liderar sobre toda Su Creación. El ser humano pertenece a la tierra como Dios al cielo.

Si somos hechos a *"semejanza"* de Dios, nuestro "patrón" es Él mismo. Un ejemplo de esto es la naturaleza trina del Creador: Él es Dios Padre, Dios Hijo y Dios Espíritu Santo. Como vimos antes, el hombre también es tripartito: Es un espíritu, que tiene un alma y habita en un cuerpo físico: *"Y el mismo Dios de paz os santifique por completo; y todo vuestro ser,* **espíritu**, **alma** *y* **cuerpo**, *sea guardado irreprensible para la venida de nuestro Señor Jesucristo"* (1 Tesalonicenses 5:23).

El origen de la "carne" o naturaleza pecaminosa

Sabemos que, trágicamente, el ser humano se apartó de la intención original de Dios para él. Cuando Satanás tentó a Adán y Eva a desobedecer a Dios, ellos sucumbieron a esa tentación y cayeron, y las consecuencias fueron muy claras. Su espíritu murió, su alma fue corrompida por esta naturaleza de pecado, y su cuerpo pasó a estar sujeto envejecimiento, enfermedad y muerte. Fueron arrojados del huerto del Edén, el huerto de la gloria de Dios. Más tarde, Adán y Eva tuvieron hijos, a quienes transfirieron también su naturaleza pecaminosa por "la ley de la herencia generacional"; y por lo tanto, sus hijos traspasaron la misma naturaleza a sus descendientes. Esto ha sido así de generación en generación, hasta hoy. Así que la ley de la herencia generacional aplica no solo a la genética física, sino también a la espiritual. Cada ser humano nace con una naturaleza de pecado porque "fue concebido en pecado." (Véase Salmos 51:5).

La decisión de Adán de desobedecer a Dios trajo muerte a su espíritu, y corrupción a su alma y cuerpo.

Como descendientes de Adán, todos los seres humanos nacemos con una naturaleza rebelde contra Dios, por herencia. Esto nos lleva a actuar independientemente de Él y a vivir por propósitos egoístas (en su mayoría); del mismo modo que Satanás, que se separó de Dios para ir en pos de sus deseos egocéntricos. El más grande problema para la mayoría de la gente hoy es que vive *"conforme al príncipe de la potestad del aire, el espíritu que ahora opera en los hijos de desobediencia,...haciendo la voluntad de la carne y de los pensamientos,...por naturaleza hijos de ira"* (Efesios 2:2–3).

> *La carne, o naturaleza pecaminosa,*
> *se originó a partir de la caída de Adán.*

Cristo vino a restaurar a la humanidad

En la cruz, el "segundo Adán" pagó la deuda completa por la rebelión y el pecado del hombre. Y lo hizo para restaurar al ser humano al diseño original de Dios. Esto significa que, por medio de la obra de Cristo, si nos arrepentimos, podemos ser reconciliados con el Padre celestial. Sin arrepentimiento, no puede haber reconciliación, porque un rebelde no puede ser restaurado mientras resista a Dios. Sin arrepentimiento, solo podemos dar una apariencia externa de cristiandad, pero eso no es una transformación genuina. La verdadera reconciliación nos restaura a una relación íntima con nuestro Padre celestial, la misma que disfrutaron el primer hombre y la primera mujer. Es más, nos da poder y autoridad para gobernar la tierra y ser fructíferos para Dios.

> *La verdadera reconciliación con el Padre, a través de Jesús, reaviva nuestro espíritu, transforma nuestro corazón y restaura nuestra relación con Él.*

Nuestra lucha continua contra el pecado

El apóstol Pablo escribió lo siguiente a los cristianos del primer siglo en Roma:

> *De hecho, no hago el bien que quiero, sino el mal que no quiero. Y si hago lo que no quiero, ya no soy yo quien lo hace sino el pecado que habita en mí. Así que descubro esta ley: que cuando quiero hacer el bien, me acompaña el mal. Porque en lo íntimo de mi ser me deleito en la ley de Dios; pero me doy cuenta de que en los miembros de mi cuerpo hay otra ley, que es la ley del pecado. Esta ley lucha contra la ley de mi mente, y me tiene cautivo. ¡Soy un pobre miserable! ¿Quién me librará de este cuerpo mortal?* (Romanos 7:19–24, NVI)

Estos versículos describen la batalla interna entre la carne y el espíritu que experimentaba Pablo, uno de los grandes apóstoles en la historia del Cristianismo. Pero ¿por qué Pablo, un creyente redimido, experimentaba este conflicto? Jesús venció al pecado, la carne, el diablo y el mundo con Su muerte en la cruz y con Su resurrección; Su obra para restaurarnos a Dios está completa. Por tanto, ¿qué tipo de conflicto era el que planteaba el apóstol Pablo en Romanos 7?

El conflicto que describe Pablo era la batalla entre la carne y el espíritu. Como expliqué antes, cuando alguien acepta a Jesucristo en su corazón, el espíritu es el que renace; el espíritu es también el lugar donde el mismo Espíritu de Dios viene a morar en un creyente. Sin embargo, el alma de la persona (mente, voluntad y emociones) todavía necesita ser liberada, renovada y transformada. Como veremos, el alma es el área que permanece corrupta por la carne, y desde donde los deseos carnales a menudo toma el control en nuestra vida. *"Porque el deseo de la carne es contra el Espíritu, y el del Espíritu es contra la carne; y éstos se oponen entre sí, para que no hagáis lo que quisiereis"* (Gálatas 5:17).

Pablo trató el tema de la gracia más que cualquier otro escritor del Nuevo Testamento, pero también habló mucho acerca de crucificar la carne. Él se refirió a una muerte diaria (véase 1 Corintios 15:31), a despojarse del *"viejo hombre"* (véase Efesios 4:22; Colosenses 3:9), a morir a las cosas del mundo (véase Gálatas 6:14; Colosenses 3:5), y a negarse al "yo carnal" (véase Tito 2:12). ¡Éstos no son conceptos que se mencionen muy a menudo en la iglesia moderna! Sin embargo, para crecer espiritualmente, debemos no solo recibir la gracia de Dios de continuo, sino también negarnos a nuestra carne, de manera continua, para que no gobierne nuestra vida. Negarse a la naturaleza de pecado es un proceso diario y continuo.

La primera confrontación espiritual de un nuevo creyente, por lo general, tiene que ver con el conflicto interno entre la carne y el espíritu. Antes de que su espíritu fuera renovado, la persona seguramente no estaba consciente de este conflicto, sobre todo porque su consciencia estaba cauterizada por el pecado. La dolorosa batalla que se levanta en el interior de un nuevo cristiano puede tomarlo por sorpresa, y producir culpa y confusión. Por eso, debemos entender la verdadera naturaleza de este conflicto.

¿Ha sentido usted este conflicto interno entre la carne y el espíritu? ¿Se ha desanimado porque quiere agradar a Dios pero siempre parece hacer lo opuesto de lo que Él le pide? Tal vez usted quiera orar más, aprender a ayunar, buscar a Dios con pasión, comprometerse más con Él, y adorarlo con mayor libertad, pero a su carne no le gusta nada de esto, y parece que no logra progresar en estas áreas. Tal vez, tiene deseos impíos que no puede vencer, anhelos pecaminosos que parecen incontrolables —no importa cuánto trate de reprimirlos—. Quizá no puede suprimir una emoción negativa que se levanta en su interior, por ejemplo la ira, y eso le impide tener éxito en su trabajo o en sus relaciones. Puede ser que batalle con pensamientos de venganza, inmoralidad sexual o incredulidad. O tal vez, esté luchando con ansiedad o baja autoestima. Si es así, quiero que sepa que hay una clave para pelear esta batalla entre su carne y su espíritu, que le permitirá salir victorioso. Descubriremos esta clave a medida que avancemos en este capítulo.

La definición bíblica de la "carne" es todo aquello que carece del control y la influencia del Espíritu Santo.

La naturaleza tripartita del ser humano

Pablo escribió: *"De modo que si alguno está en Cristo, nueva criatura es; las cosas viejas pasaron; he aquí todas son hechas nuevas"* (2 Corintios 5:17). Al principio, puede parecer que este versículo contradice la idea del conflicto entre la carne y el espíritu, pero cobra sentido cuando entendemos nuestra naturaleza trina como seres humanos, así como lo que sucede en el nuevo nacimiento. Ahora, vamos a explorar estos tres aspectos de nuestra composición: El espíritu, el alma y el cuerpo.

El espíritu

La palabra *"espíritu"* se traduce del griego *pneuma*, que significa literalmente "aliento, briza o viento", y figurativamente, indica "espíritu". El espíritu es la parte del creyente que Dios redime por completo en la salvación; es la que estaba muerta en pecado, pero es restaurada a la vida en Cristo. El espíritu es el centro de una persona, el hombre interior. Es el verdadero "yo". Es el corazón espiritual, donde viene a habitar el Espíritu de Dios y, por tanto, Su presencia. Allí toma lugar nuestra relación con el Padre celestial, incluyendo nuestra comunión con Él. (Véase 1 Corintios 6:17). Es el asiento de nuestra intuición o percepción espiritual, donde "sentimos, oímos y capturamos" las cosas espirituales; por ende, allí es donde recibimos la revelación sobrenatural, donde Dios revela Su mente y corazón. También, es el asiento de la consciencia, la voz de nuestro espíritu que nos convence de lo malo y nos afirma en lo que es bueno y recto.

El alma

La palabra griega para *"alma"* es *psujé*, un vocablo que denota "vida". En este caso, se refiere a la vida del alma —mente, voluntad y emociones— o "el asiento de la personalidad". Como mencioné antes, al contrario del espíritu, el alma no fue redimida de manera instantánea en la salvación; ésta debe pasar por un proceso continuo de transformación para volver a la semejanza de Cristo Jesús, dado que ha sido corrompida por la naturaleza de pecado. Por eso necesitamos recibir la liberación en nuestra mente, voluntad y emociones. La Palabra de Dios es esencial en este proceso porque ésta puede penetrar nuestro ser, discernir entre nuestro espíritu y alma, y revelar nuestras verdaderas motivaciones. La Palabra "*es viva y eficaz, y más cortante que toda espada de dos filos; y penetra hasta partir el alma y el espíritu, las coyunturas y los tuétanos, y discierne los pensamientos y las intenciones del corazón*" (Hebreos 4:12). La liberación nos capacita para caminar en esa transformación progresiva y continua.

"*El hombre* **natural** *no percibe las cosas que son del Espíritu de Dios, porque para él son locura, y no las puede entender…. En cambio el* **espiritual** *juzga todas las cosas*" (1 Corintios 2:14–15). A la persona que no ha nacido de nuevo, o un creyente que permanece atado en su alma y no ha comenzado a ser transformado, se la llama "natural", "almática" o "carnal". En cambio, un creyente controlado por su espíritu es llamado "espiritual". La palabra griega para "*natural*" en el versículo anterior, a veces, se traduce como "*animal*" (Santiago 3:15). Las decisiones de una persona natural o carnal están dirigidas por su alma corrupta; por lo tanto, toda su vida es controlada por esa alma corrupta.

> *La persona "almática" es independiente y rebelde contra el espíritu.*

En las Escrituras, los hijos de Abraham, Ismael e Isaac, simbolizan la oposición entre la carne y el espíritu. El Ángel del Señor le dijo a la madre de Ismael que su hijo sería un "*asno salvaje*" (Génesis 16:11–12, NVI). Éste es un animal caracterizado por la testarudez. Una persona carnal es obstinada, orgullosa, egoísta, egocéntrica, independiente (tanto de Dios como de Su pueblo) y rebelde. Estas características describen el alma que no ha sido transformada, liberada de las ataduras, o sanada de las heridas. Por otro lado, el Señor le dijo a Abraham que confirmaría Su "*pacto perpetuo*" (Génesis 17:19) con Isaac, el hijo de la promesa. El pacto de Dios con nosotros, a través de Jesucristo, es lo que nos da acceso a la libertad de vida en el Espíritu.

Las siguientes tres expresiones son representativas del alma, ya sea carnal o transformada: "Yo pienso" (mente), "Yo quiero" (voluntad), "Yo siento" (emociones). Éstas son las tres motivaciones primarias del alma. Todos los cristianos deben: (1) Renovar su mente de acuerdo a los pensamientos de Cristo, (2) someter su voluntad a Dios, y (3) ceder sus emociones a los deseos del Señor. Hacer esto nos empodera para reflejar la imagen de nuestro Padre celestial.

La mente

La mente es el intelecto; incluye los procesos por los cuales razonamos, así como la suma de nuestros pensamientos conscientes e inconscientes. Nuestro intelecto ha sido establecido y formado por las diferentes influencias a lo largo de nuestras vidas, tales como: información e impresiones que hemos adquirido; conocimiento que hemos tomado de la educación y otros medios; las opiniones que hemos desarrollado gracias a las experiencias vividas; las opiniones a las que hemos sido expuestos; las características de la familia, sociedad y nación en las que crecimos; y la cultura en la que vivimos en la actualidad.

Una persona que opera con una disposición "natural" o "almática" no discierne ni entiende lo sobrenatural o espiritual. Ésta percibe solo el mundo natural, o lo que puede razonar con su intelecto. Si bien, esa gente puede tener un alto nivel de educación, no tiene manera de entender lo sobrenatural, porque opera de acuerdo a la extensión del conocimiento humano limitado. Lo sobrenatural está por encima y más allá de la razón y las leyes naturales; solo puede ser entendido por los sentidos espirituales, como la fe o el discernimiento.

Una persona almática no reconoce que sus sentidos espirituales están muertos (en el caso de alguien que no haya nacido de nuevo en Cristo), o dormidos (en el caso de un creyente que aún no ha aprendido a morir a la corrupción de su alma). Para tal persona, lo sobrenatural es un mundo o ámbito extraño, el cual su razón o intelecto no acepta.

Cuando encuentra algo que no puede explicar o definir según las normas del mundo natural, lo considera ilógico o tonto. Su conclusión al respecto será que la situación o evento no es real y, por lo tanto, no merece su atención. Lo rechaza por completo.

Dado lo anterior, entendemos que la mente no redimida acepta falsas ideas y desarrolla patrones de pensamientos errados, que llevan a la formación de fortalezas mentales en las cuales las perspectivas están fundadas en el error. Así que, si bien nuestro espíritu nace de nuevo en Cristo, nuestros patrones mentales vuelven repetidamente a conceptos e ideas que van contra la mente de Dios, y podemos experimentar una batalla continua en nuestra mente, entre lo correcto y lo erróneo.

Como veremos, la solución para una mente corrupta es la renovación de la misma por medio de la revelación que viene de la palabra de Dios. Debemos romper viejos patrones mentales, falsos paradigmas y hábitos de pensamiento negativos, y reemplazarlos con los pensamientos de Cristo, hasta que Su mente sea formada por completo en nosotros. (Véase Romanos 12:2; Gálatas 4:19).

> *El hombre almático o natural no cree*
> *lo que su intelecto no puede explicar.*

La voluntad

La voluntad es nuestra capacidad de elegir. Se refiere a las decisiones que tomamos y que nos llevan a un curso de acción. Nuestra fortaleza personal está en nuestra voluntad, y lo que decidimos hacer determina la calidad de nuestro carácter. La persona almática está dirigida por una voluntad manchada por el pecado, no una alineada con el Padre celestial y Su Palabra. Aunque tenga las mejores intenciones de hacer la voluntad de Dios, no puede mantener el poder para hacer lo correcto por el solo ejercicio de su voluntad. En algún punto del camino, su determinación se debilitará. Más adelante, en este capítulo, veremos cómo ceder nuestra voluntad a la de Dios para que podamos reflejar y buscar Sus propósitos.

Las emociones

Las emociones son el órgano del alma que nos mantienen en contacto con nosotros mismo y con la gente a nuestro alrededor. En las Escrituras, vemos que Dios es un Ser con emociones tales como amor, tristeza e ira; y las expresa. Dado que hemos sido hechos a Su imagen y semejanza, también tenemos emociones. Por lo tanto, no debemos tener miedo de expresar nuestras emociones, ya sea en público o en privado, mientras éstas sean sanas y no destructivas, como los celos o la ira irrefrenable.

Hablamos acerca de cómo la mayoría de la gente va por la vida con innumerables y repetidas heridas emocionales. Un alma herida se proyecta al mundo de manera negativa, generando heridas en sí misma y en los demás. La solución para las emociones heridas es la sanidad interior y la liberación. Nuestras emociones deben ser sanadas de sus heridas y liberadas de opresiones demoniacas, para que podamos ser libres de expresarlas de manera saludable.

Yo he notado que nuestra sociedad está motivada, principalmente, por las emociones y sentimientos, en lugar de principios, valores y convicciones de justicia. La carne se expresa por medio de emociones, las cuales están sometidas a una atadura espiritual. Todos hemos oído frases hechas como: "Si te hace sentir bien, hazlo". "Si te hace feliz, cómpralo o tómalo". "No te niegues a algo que deseas. Tú lo mereces". Cuando el alma corrupta gobierna su vida, y cuando las emociones tienen mayor influencia sobre usted que sus convicciones, usted necesita liberación. La meta es llegar al punto de unirse con Dios en contra del "yo pecaminoso", para ser transformado en el verdadero "yo", que es la persona hecha a la imagen de Dios. Tiene que llegar el momento en que usted lleve sus emociones a la cruz para que la vida de Jesús pueda crecer dentro de usted.

Si bien todo creyente debe pasar por un proceso de sanidad interior y liberación en su alma, porque allí se origina la mayoría de los problemas, hay gente que la necesita con mayor urgencia. Ésta es la que ha pasado o está pasando por: Un aborto o la intención de realizar uno; abandono paterno o materno, orfandad, una infancia difícil, ser hijo o hija adoptado; abuso, sea en la niñez, adolescencia o adultez; enfermedades crónicas y/o hereditarias; hábitos incontrolables o compulsivos; miedos persistentes; estar plagado de sentimientos de rechazo, depresión, soledad, frustración o pensamientos de suicidio; pensamientos recurrentes de culpabilidad y condenación; un espíritu rebelde; deseos obsesivos de dañar a otros; pensamientos o planes de cometer asaltos u homicidios. Otros casos incluyen a quienes tienen pensamientos o deseos de naturaleza homosexual o bisexual; los que están envueltos en inmoralidad; quienes traen una historia de perversión sexual; los que han sido expuestos a la pornografía; que han participado en prácticas de brujería u otras formas de ocultismo; aquellos que han usado mantras o han seguido la filosofía del Yoga, meditación trascendental o religiones orientales, como el Budismo; los que sufren de Esquizofrenia; los adictos al alcohol, drogas, sexo o dinero; y los que mienten o chismean compulsivamente. También recomiendo que los veteranos de guerra reciban liberación de las memorias angustiantes o traumáticas causadas por las experiencias vividas en el campo de batalla o en otras circunstancias o aspectos de su servicio.

La voluntad debe rendirse,

la mente renovarse y

las emociones sanarse.

El cuerpo

Ahora, vamos a pasar a la tercera parte de la naturaleza trina del ser humano: El cuerpo físico. Dios nos colocó en un mundo físico que opera de acuerdo a parámetros y propiedades naturales. La esencia del ser humano es espiritual; sin embargo, sin un cuerpo no podría operar en esta tierra. Dios creó el cuerpo como un medio para que el espíritu y el alma se expresen o proyecten al mundo, de modo que podamos gobernar la Creación —sobre la cual nos ha puesto como administradores—. Cuando Jesús vino a la tierra, nació con un cuerpo; operó en este mundo dentro de sus límites físicos y vivió como cualquier ser humano lo hace, con la excepción de que no tenía pecado. Y aun así, manifestó continuamente lo sobrenatural en la tierra y nos enseñó a vivir en el poder del Espíritu.

El cuerpo que Dios le dio a Adán, al principio, era glorioso, incorruptible y eterno; pero el pecado arruinó la complexión física de la humanidad, sujetándolo a enfermedad, decadencia y corrupción. Hoy, nuestro cuerpo necesita ser redimido —así como nuestra alma—. El cuerpo de una persona satisfará los deseos de la parte de su ser que esté en control; sea el alma corrupta o el espíritu renacido. Si es el alma corrupta, el cuerpo será indulgente con los deseos de la carne; si es el espíritu renacido, el cuerpo se someterá al proceso de purificarse y fortalecerse hasta convertirse en un vaso de honra para su Creador, y recibir la vida de Cristo.

Para que nuestro cuerpo reciba purificación, fortaleza y renovación, debemos presentárselo a Dios como *"sacrificio vivo"* (Romanos 12:1). Además, debemos adorar a Dios, orar y ayunar. Tenemos que sujetar nuestro cuerpo a lo que el espíritu quiere, en lugar de permitirle dedicarse a satisfacer los deseos de la carne.

La redención completa de nuestro espíritu, alma y cuerpo tomará lugar cuando Jesús vuelva por Su iglesia. (Véase, por ejemplo, 1 Corintios 15:51–53). Por lo tanto, anticipemos Su venida avanzando en la transformación de todo nuestro ser, lo cual ocurre *"por fe y para fe"* (Romanos 1:17) y *"de gloria en gloria"* (2 Corintios 3:18).

El cuerpo fue creado para
ser el templo del Espíritu Santo.

Cómo vencer la naturaleza carnal

Gálatas 5:19–21 enumera diferentes obras de la carne: "*Y manifiestas son las obras de la carne, que son: adulterio, fornicación, inmundicia, lascivia, idolatría, hechicerías, enemistades, pleitos, celos, iras, contiendas, disensiones, herejías, envidias, homicidios, borracheras, orgías, y cosas semejantes*". Estas manifestaciones son representativas. Repasemos otras que ya hemos discutido antes: falta de perdón, resentimiento, amargura, ira injusta, auto-lástima, miedo, ansiedad, orgullo, mentira compulsiva, búsqueda de la atención, rebelión, codicia, glotonería, pasión sexual incontrolable, y más. La carne se manifiesta a través de las emociones no disciplinadas, deseos impuros y pensamientos pervertidos, a los cuales les permitimos reinar libremente en nuestra vida.

En su máxima expresión, la naturaleza carnal es la conjunción del cuerpo y el alma de una persona para actuar independientemente de Dios. Esa independencia abre la puerta al pecado, el cual termina dominando a la persona, hundiéndola en esclavitud, culpabilidad y condenación. El enemigo siempre atacará su vida si descubre que la naturaleza pecaminosa está activa; si ve que hay algo en usted que le dé acceso legal a su vida, como la desobediencia o la rebeldía. Tenemos que llegar al punto de poder decir de Satanás lo que Jesús dijo: "*Él nada tiene en mí*" (Juan 14:30).

> La carne no crucificada es siempre
> una puerta abierta a los demonios.

Aquí está la clave para vencer la naturaleza carnal. El apóstol Pablo escribió: "*Con Cristo estoy juntamente crucificado, y ya no vivo yo, mas vive Cristo en mí*" (Gálatas 2:20). Vamos a analizar la afirmación de Pablo "*Con Cristo estoy juntamente crucificado*". Ésta es una declaración de muerte a la naturaleza de pecado. La condición de estar crucificado con Cristo debe ser una realidad en nuestra vida. *"Ya no vivo yo, mas vive Cristo en mí"*. Es un hecho que cuando el "yo carnal" muere, el hombre nuevo, que ha resucitado con Cristo, puede pasar a tomar el dominio para gobernar sobre el alma (mente, voluntad y emociones), y sobre el cuerpo, el cual obedecerá de forma progresiva al espíritu, cada vez más.

Estar crucificado con Cristo no significa que nuestra personalidad desaparece. Significa que estamos muertos al pecado y a nuestra vieja manera de conducirnos, los cuales eran contrarios a principios de Dios; y que vivimos de acuerdo a nuestro "nuevo hombre", el cual ha sido resucitado con Cristo. Sometemos nuestra voluntad a Dios, en lugar de gobernarnos a nosotros mismos. Ya no actuamos de acuerdo con lo que piensa, quiere o siente la naturaleza pecaminosa, sino con lo que Jesús piensa, quiere y siente. Por eso Pablo dijo: *"Y lo que ahora vivo en la carne, lo vivo en la fe del Hijo de Dios"* (Gálatas 2:20).

Permítame darle una perla de sabiduría acerca de lo que es "vivir en la fe del Hijo de Dios". Significa que está disponible en el ahora; pero para que sea una realidad en el ahora, el "yo carnal" debe ser crucificado. Para muchos creyentes, este versículo es mera teoría; no es parte de su experiencia actual. La carne los domina, y por eso no sucede la transformación en su vida, o es mínima. Legalmente, en el ámbito espiritual, Jesús los ha redimido, pero Su obra quedará en un estado potencial hasta que ellos tomen la decisión de rechazar la carne, para vivir de acuerdo a la vida de Cristo y recibir la transformación diaria. Del mismo modo, mucha gente trata de creer en su sanidad, milagros, provisión sobrenatural y otras bendiciones en el ahora, pero no puede porque aún no ha crucificado la carne.

Donde no se ha crucificado el "yo carnal", vemos manifestaciones de las obras de la carne. Donde el "yo carnal" está crucificado, y Cristo vive dentro, vemos manifestaciones del reino de Dios, aquí y ahora.

Consecuencias de vivir de acuerdo a la carne

Es esencial entender que vivir de acuerdo a la carne no es una buena decisión; tiene serias consecuencias, como las cinco siguientes:

1. Exponerse a los poderes demoniacos

Si cedemos continuamente a nuestra naturaleza carnal, estamos invitando a fuerzas de maldad a nuestra vida. Pablo aconsejó: *"Ni deis lugar al diablo"* (Efesios 4:27). Hay un punto en el que una persona puede cruzar la línea entre complacer una obra de la carne y ser oprimido por un espíritu impuro en un área de su vida, porque ha dejado la puerta abierta a semejante operación. Esa línea se puede cruzar con la repetición de un acto pecaminoso. Si una persona practica regularmente una obra de la carne en particular, tarde o temprano, terminará demonizada.

La única área en la que el enemigo puede ganar terreno es en aquella en la que la carne no ha sido crucificada.

2. Se multiplica el poder de la carne

Cuando nos rendimos a Cristo y morimos a nuestro "yo carnal", la unción de Dios aumenta y se multiplica. Pero también es posible el efecto opuesto. Cuando no crucificamos la carne, su poder aumenta y ésta comienza a vivir para sí misma. Cuanto más consentimos la carne, más nos dominará.

3. Trae una maldición

"Así ha dicho Jehová: Maldito el varón que confía en el hombre, y pone carne por su brazo, y su corazón se aparta de Jehová" (Jeremías 17:5). Este versículo describe a la persona que confía en su propia naturaleza carnal, que depende de su propia fuerza, capacidades, talentos, sabiduría, dinero, posición o bondad, en lugar de depender de Dios. Cuando su corazón se aparta de Él, cae en una maldición.

El apóstol Pablo se refirió a una situación similar en el segundo y tercer capítulos de su carta a los gálatas. Los creyentes de Galacia habían comenzado viviendo de acuerdo al Espíritu, y Dios se había movido entre ellos con milagros, señales y maravillas; por lo que vemos, lo sobrenatural se había convertido en un estilo de vida para ellos. Pero entonces, llegaron unos cristianos legalistas a persuadirlos de volver a ciertos aspectos de la ley del Antiguo Testamento para alcanzar justicia, en lugar de la fe y la gracia. (Véase Gálatas 2:11–16). Esto los llevó a caer bajo la maldición de confiar en sí mismos. (Véase Gálatas 3:10–13). Cuando los miembros de una iglesia en Galacia sucumbieron a vivir de acuerdo a la ley, el fluir del poder sobrenatural de Dios en sus vidas se detuvo. En el amor de Cristo, Pablo les enseñó a retornar a la vida por gracia. (Véase Gálatas 3:11–29).

Características de quienes viven en legalismo

Vivir bajo la ley afecta a la gente de la siguiente manera:

Se enfoca en los actos externos en lugar de la transformación interna. Yo creo que el legalismo es uno de los grandes problemas de la iglesia en Occidente, así como una de las más grandes piedras de tropiezo para los nuevos creyentes. Esta mentalidad es una expresión de carnalidad, porque lleva a la gente a confiar en su propia capacidad para cumplir las leyes de Dios. La mentalidad legalista se enfoca en los actos externos en lugar de la transformación interna. Por eso, las iglesias legalistas instituyen diferentes reglas para sus miembros, como "No uses maquillaje", o "No dances". Estas iglesias también promueven actos de obediencia a Dios alineados con las Escrituras, pero las motivaciones que promueven para obedecer no suelen ser el amor y el agradecimiento a Dios o una dependencia de Su gracia, sino un sentido de obligación, miedo al castigo, y una búsqueda de la perfección humana.

Cuando alguien es legalista, trata de hacer lo que cree que agradará a Dios y de no hacer lo que cree que lo ofenderá. Su conducta externa puede engañar, tanto a sí mismo como a los demás; porque si bien puede parecer justo, su esfuerzo es en realidad vacío, una obra muerta. Cada vez que una persona trata de santificarse y justificarse a sí misma ante Dios por el solo mérito de cumplir reglas, lo único que logrará será agradar a su propio ego. ¡Está viviendo en la carne! Además, el legalismo produce una atadura al perfeccionismo. Si usted quiere ser justificado por vivir de acuerdo a las leyes de Dios, deberá cumplirlas perfectamente y al 100%; de lo contrario, caerá en maldición. (Véase, por ejemplo, Deuteronomio 27:26).

Si su enfoque está en cumplir leyes y regulaciones, su fe no estará en operación y se condenará a sí mismo. La razón es que su confianza estará puesta en su propia capacidad o en su organización o denominación, o sus propios planes, reglas, talentos, intelecto, diplomas y demás. Esta manera de vivir no transformará su corazón; tampoco le será contado por justicia.

Pero hay otra manera de vivir, un camino de gozo y libertad. Es vivir por fe y por gracia. Como Pablo les recuerda a los gálatas: *"El justo por su fe vivirá"* (Gálatas 3:11), y como les enseñó a los efesios: *"Porque por gracia sois salvos por medio de la fe; y esto no de vosotros, pues es don de Dios"* (Efesios 2:8).

Se vuelve carnal. El legalismo y la carnalidad van de la mano. Todas las obras que hace una persona dentro del marco mental de la carne, por más buenas que sean, no son para Dios; más bien, son con el fin de satisfacer las demandas del "yo". Esas son *"obras muertas"* (véase Hebreos 6:1; 9:13–14); no tienen valor para el Señor. Es más, como hemos visto, es imposible alcanzar la perfección usando el esfuerzo y la fuerza humanos. Aun si tal perfección se pudiera alcanzar, nada en nuestro ser carnal puede sustituir la obra de Cristo en la cruz, para limpiarnos por completo y darnos Su justicia. Cuando Él murió, pagó el precio que nuestra carne nunca hubiera podido pagar, y nunca podrá.

4. Nos volvemos incapaces de agradar a Dios

La siguiente es una declaración muy fuerte, pero es verdad: Todo aquel, incluyendo al creyente, que camine en su naturaleza carnal no puede agradar a Dios. (Véase Romanos 8:8). Si usted quiere agradarlo, debe tomar la decisión de "matar" las obras de la carne en su vida y vivir por el Espíritu. La naturaleza carnal no puede producir nada que agrade a Dios. Usted puede ser muy religioso, pero nunca agradará al Señor mientras siga tratando en sus propias fuerzas.

5. Lleva a la muerte

La consecuencia final de vivir de acuerdo a la carne es la muerte. *"Porque el ocuparse de la carne es muerte, pero el ocuparse del Espíritu es vida y paz"* (Romanos 8:6). De una forma u otra, vivir de acuerdo a la carne lleva a la muerte emocional y/o espiritual, e incluso física. En un pasaje tremendo de la Escritura que leímos antes, Pablo llama a la naturaleza rebelde *"este cuerpo de muerte"* (Romanos 7:24). Es mentira pensar que uno puede vivir en la carne sin sufrir consecuencias mortales. Pero siempre hay esperanza en Cristo Jesús.

En nuestra última conferencia anual de jóvenes, escuchamos testimonios de mucha gente que había vivido en rebelión y testarudez, a su manera y en el mundo, antes de llegar a la salvación. Uno de ellos era un joven llamado Giancarlo.

Cuando Giancarlo era niño, sus padres no creían en Dios ni iban a la iglesia. Sin embargo, poco después de mudarse a Florida, les presentaron el evangelio y comenzaron a asistir a una iglesia, donde sus vidas fueron transformadas por Cristo Jesús. Pero al convertirse en líderes de jóvenes, para Giancarlo se hizo más difícil mantener su imagen cristiana delante de su familia y los demás. Iba a los servicios de día, pero de noche, hacía lo suyo; estaba llevando una doble vida.

"A mí no me importaba lo que la iglesia, mis padres o Dios tuvieran que decir de mí", decía Giancarlo. Se tatuó el cuerpo y se colocó muchos piercings en el rostro. A los doce años, empezó a probar el homosexualismo. A los diecinueve, fue diagnosticado con el Virus de Papiloma

Humano (VPH). Este virus puede convertirse en cáncer, pero los médicos lo detectaron temprano. Le hicieron una cirugía y le dijeron que se abstuviera de relaciones sexuales con hombres por un periodo de tiempo, para que el virus desapareciera de su estómago. Pero Giancarlo no siguió las indicaciones, y el virus reapareció. Sus síntomas eran dolor de estómago, calambres, dificultad para comer y ansiedad.

Tratar de cubrir el hecho de que tenía este virus se convirtió en una difícil carga para Giancarlo, en su doble vida. Así llegó a nuestra conferencia de jóvenes. Allí, sintió la presencia de Dios y el Espíritu Santo le habló. Cuando el pastor de jóvenes hizo el llamado al altar, supo que era su tiempo para ser sano. Él comparte: "Sentí una sensación quemante que viajaba por todo mi cuerpo. Me sacudió hasta la médula. Supe que había sido sanado del virus. A partir de ese día, el dolor se fue, puedo comer normalmente, y ya no hay nada que temer". Mientras testificaba en la conferencia, decidió quitarse todos los piercings como señal de que dejaba atrás su vieja vida y que aceptaba a Dios en su corazón. "Me siento cambiado. Me siento nuevo. Fui libre del homosexualismo. Ya no miro a los hombres de la manera seductora en que solía hacerlo. Los veo como hijos de Dios y mis hermanos en Cristo".

> *Lo opuesto de confiar en la carne es confiar en la gracia sobrenatural de Dios, la cual nos empodera para hacer lo que no podemos hacer en nuestra propia fuerza.*

Cómo caminar en el Espíritu

¿Cuál es el proceso por el cual dejamos atrás la naturaleza carnal, de modo que podamos agradar a Dios y vivir en libertad? Jesús les dijo a Sus discípulos: *"Si alguno quiere venir en pos de mí, niéguese a sí mismo, tome su cruz cada día, y sígame. Porque todo el que quiera salvar su vida, la perderá; y todo el que pierda su vida por causa de mí, éste la salvará"* (Lucas 9:23–24). Los siguientes son cuatro principios para caminar en el Espíritu.

1. Negarse a uno mismo y tomar su cruz

En el pasaje bíblico anterior, *"todo aquel que pierda su vida"* no se refiere a una muerte física sino a dejar atrás la "vida" de la naturaleza pecaminosa que opera en el alma corrupta. Debemos perder esa vieja vida para poder ganar la vida del Espíritu y seguir a Jesús.

Negarse a la carne es una necesidad diaria. Jesús ganó la victoria completa sobre el pecado, y es una realidad en el ámbito eterno; pero hasta que Él vuelva y nos transforme por completo, tenemos que apropiarnos de Su victoria y ejecutarla en el ámbito temporal de la tierra, de manera progresiva, haciéndola real en nuestra vida. Cada día, cuando usted se levanta, tome la autoridad en el nombre de Jesús sobre su alma (mente, voluntad y emociones) y ordénele sujetarse a la voluntad de su "hombre nuevo" en Cristo Jesús. Usted es el único que puede hacer esto. Una vez que haya tomado la autoridad, Dios le dará Su gracia sobrenatural para que pueda negarse al "yo carnal".

Tomar su cruz es una decisión personal; no es algo que Dios le impone. ¿Qué significa tomar su cruz? Tiene que ver con someter a Dios todo aquello en lo que su voluntad se cruza con la de Él; todo aquello en lo que sus pensamientos rebeldes se cruzan con los de Él, o sus emociones no están alineadas con el fruto de Su Espíritu. Tomar su cruz es una ofrenda de sacrificio voluntaria a Dios. Es un rechazo a la operación del alma caída, que nos separa de Dios. Y es la elección de recibir la vida eterna del Espíritu, la cual lo lleva a ser uno con Él. Entonces, usted será libre para buscar los propósitos de Dios.

Tomar su cruz es una decisión personal; no es algo que Dios le impone; es una ofrenda de sacrificio voluntaria a Dios.

Entonces, *"no proveáis para los deseos de la carne"* (Romanos 13:14). En cambio, elija voluntariamente crucificar la carne cada día. En otras palabras, no la alimente para que no se active. No trate de justificar o defender ninguna acción egoísta o rebelde. Cuando lo hace, le cede terreno a la naturaleza pecaminosa. Por el contrario, lleve la carne a la cruz, porque *"los que son de Cristo han crucificado la carne con sus pasiones y deseos"* (Gálatas 5:24, ver también Efesios 4:22; Colosenses 3:5).

> *Crucificar la carne significa aplicar la cruz de Jesús al "yo carnal" como una decisión de nuestra voluntad.*

2. Ejercer disciplina personal y dominio propio

La naturaleza carnal tiene un apetito pervertido e insaciable; siempre quiere todo en exceso: Comida, bebida, sexo, sueño y más. Por lo tanto, debemos dominar y subyugar nuestra naturaleza carnal. Otra vez, cuando usted no puede gobernar su yo carnal, está viviendo más en la carne que en el Espíritu; el "viejo hombre" se ha levantado a gobernar. Usted debe crucificarlo. Lleve su carne a la sumisión a Jesucristo y comience a tomar mayor autoridad sobre su vida, *"Porque no nos ha dado Dios espíritu de cobardía, sino de poder, de amor y de dominio propio"* (2 Timoteo 1:7).

3. Rendir nuestro ser total a Dios

Cuando usted se rinde a Dios, rinde sus derechos ante Él. Esto incluye los "derechos" que demanda el "yo carnal". Debemos dejar de lado la vida natural del alma para vivir en lo sobrenatural. Por lo tanto, rinda a Dios su incredulidad, sus miedos, sus dudas, sus inseguridades, su amargura, su auto-desprecio, sus debilidades y cualquier otra manifestación de la naturaleza de pecado. Ríndalo todo a Él.

"*Cristo ha padecido por nosotros en la carne...para no vivir* [nosotros] *el tiempo que resta en la carne...sino conforme a la voluntad de Dios*" (1 Pedro 4:1–2). Para dejar un pecado en particular, debemos seguir negándonos a la carne hasta que ésta muera; entonces, tendremos la libertad para hacer la voluntad de Dios en esa área de nuestra vida. En este proceso, nuestra carne sufrirá porque le serán negados sus deseos y control. Ésta puede ser una experiencia dura de pasar, pero lo cierto es que solo tenemos dos caminos en cuanto a negarse a la carne se refiere: El corto o el largo.

El camino corto consiste en crucificar la carne en el momento en que sabemos que hay algo en nuestra vida que no agrada a Dios. El camino largo es seguir haciendo lo malo, sabiendo que es dañino y contrario a la voluntad de Dios, con la idea de agradar nuestra carne, solo para llegar a darnos cuenta, al correr del tiempo, de que para permanecer espiritualmente vivos, esa carne debe morir. El segundo camino trae mucha aflicción y pérdida de tiempo valioso, en el que podríamos servir a Dios en libertad.

Una buena ilustración de la segunda forma se puede ver en el siguiente ejemplo. Suponga que una joven cristiana, que ama a Dios y quiere agradarlo, conoce a un joven atractivo que no cree en Dios y a quien no le importa pecar contra Él. Si ella quiere agradar a Dios, no iniciará una relación con él, aunque su "yo carnal" quiera hacerlo. Escogerá hacer sufrir su carne para que su alma sea renovada y fortalecida. Ésta es la opción más corta y menos dolorosa. El camino largo sería que ella inicie una relación con el joven para, más tarde o más temprano, tener que reconocer la gran diferencia entre ambos. Si escoge el camino largo permitirá que una relación no saludable la separe de Dios por un tiempo, con la posibilidad de causar un largo periodo de malas consecuencias; hasta que finalmente, se verá forzada a dejar esa relación y lidiar con un dolor mucho mayor que si se hubiera negado a su carne de inmediato, al principio.

Debemos rendir nuestra mente, voluntad y emociones a Dios cada día, así como Jesucristo rindió Su vida por completo al Padre. (Véase, por ejemplo, Lucas 22:42). Entonces, debemos pedirle al Espíritu de

Dios que nos ayude a elegir lo correcto en cada situación. Cuando escogemos el camino de Dios, Él nos empodera con Su Espíritu para vivir en libertad e integridad. Repito, cada decisión implica una acción, y cada acción tiene consecuencias. Hoy, usted podría estar escogiendo entre el cielo y el infierno. Si usted pone su confianza en Dios y le rinde su voluntad a Él en fe, para amarlo y servirlo, Dios hará realidad esa decisión en su vida, por medio de Su poder.

La rendición de nuestra vida a Dios es continua y progresiva.

Una mujer llamada Alana, de Trinidad Tobago, llevaba una vida independiente de Dios, siguiendo las obras de la carne, hasta que le entregó su vida al Señor, arrepentida. El siguiente es su testimonio.

"Yo crecí en una iglesia, pero nunca había visto ningún cambio en mi vida. Iba a la iglesia y me sentaba allí, esperando que el servicio terminara. Con veintidós años, creía que podía controlar mi vida, y me fui de mi casa. Conocí a un muchacho que parecía muy bueno, pero terminó llevándome a vivir los peores seis años de mi vida. Por él, empecé a beber alcohol y hacer cosas obscenas, desagradables ante Dios, hasta el punto que contraje cáncer cervical. Había olvidado mi valor como mujer y había perdido el amor por mí misma. Finalmente, volví a casa de mi madre. Ella oró por mí y me invitó a un servicio en el Ministerio El Rey Jesús. Fui, pero algo me ofendió y volví al mundo a complacer los deseos de mi carne. Mi vida entró en una espiral de perdición. Luchaba con depresión y con la escasez económica. Le pedí a Dios que me ayudara, y le prometí que haría lo que fuera, incluso volver a la iglesia.

"Conseguí un trabajo, pero nunca cumplí mi promesa a Dios; y al cabo de un tiempo, lo había perdido todo. También había perdido la fe y la esperanza; así que regresé a las fiestas como un modo de escape. No me importaba la vida; me volví más agresiva y peleaba con mi madre y con quien fuera.

"Durante una fiesta de Halloween en South Miami, encontré un grupo de evangelistas que estaban allí predicando. Al principio, no quería oírlos, pero entonces, uno de ellos comenzó a profetizarme y yo sentí la presencia de Dios. Recibí una fuerte convicción por mis pecados y empecé a llorar; sentí el dolor de Dios y pude ver las consecuencias de mi pecado. Esa noche, dejé la fiesta y tomé la decisión de abandonar el mundo. Esa misma semana, volví a "casa", a la iglesia, con mi madre. Dios sanó mi corazón, me liberó, y me rescató de la vida que es para la carne. Me volví obediente a la dirección de Dios en mi vida, y Él se convirtió en mi fuente de prosperidad. Me sanó del cáncer cervical, de manera sobrenatural, y canceló una deuda de ¡$2.000 dólares en facturas médicas! Las palabras no pueden expresar lo feliz que soy hoy. Ahora soy una nueva criatura en Él. Lloro de gozo y le agradezco a Dios haberme salvado. ¡Él es Bueno!"

Rendirse al Espíritu es dejar

a Dios ser Dios.

4. Escoger vivir para el Espíritu y no para la carne

Uno es guiado por el Espíritu Santo o es controlado por la carne; si no vivimos de acuerdo a la guía y carácter del Espíritu, entonces estamos dejando que la carne nos domine. Solo podemos llevar una de dos vidas: La vida de la fe o la vida de la carne. Por lo tanto, usted vivirá la vida abundante hasta el grado que esté dispuesto a morir a su "yo carnal". Mi consejo, ¡elija la bendición, no la maldición!

Caminar en el Espíritu lo empoderará para ser libre del pecado, para que pueda hacer la voluntad de Dios. Y cuando usted camina en el Espíritu, puede vivir completamente libre de condenación. (Véase Romanos 8:1). Para caminar en el Espíritu, usted debe vivir en el Espíritu. Esto significa vivir de acuerdo al fluir sobrenatural del poder y la presencia de Dios. Nuestro Padre celestial nos da este flujo sobrenatural continuo como una expresión de Su relación con nosotros, Sus hijos. *"Porque todos los que son guiados por el Espíritu de Dios, éstos son hijos de Dios"* (Romanos 8:14).

La transformación sobrenatural del creyente está basada en un intercambio de vida. Usted mengua para que Jesús pueda crecer en su interior.

El desafío final

Debemos aceptar el hecho de que pasaremos muchos sufrimientos en lo que se refiere al pecado. Podemos sufrir "muertes" temporales, negándonos al pecado mientras estamos en la tierra, evitando que reine en nuestra vida; o podemos sufrir muerte eterna, al elegir seguir con la vida de pecado durante nuestro tiempo aquí. Para ponerle fin al control del pecado sobre nosotros, debemos afrontar el dolor de no complacer los deseos de la carne. Si usted obedece a Dios, negándose a sí mismo y tomando su cruz, recibirá la vida de Cristo. Pero si lo desobedece y sigue consintiendo su carne de continuo, estará en la vía hacia la muerte eterna.

¿Está dispuesto a "perder su vida" —la operación de la naturaleza pecaminosa en usted— para ganar la vida del Espíritu y ser restaurado al diseño original de Dios para usted? ¿Está dispuesto a "crucificar" su carne a diario? ¿Está dispuesto a negarse a todo lo que desagrade a Dios? Piense acerca de las áreas de su vida que el enemigo ataca de continuo.

¿Cede a menudo al orgullo, rebeldía o auto-lástima? ¿Todavía se conduce de acuerdo a motivaciones almáticas? La única manera de vencer al "viejo hombre" es llevándolo a la cruz de Jesús, para que su "nuevo hombre", resucitado en Cristo, pueda gobernar su vida.

La elección está delante de usted hoy. Dígale "no" a su carne y "sí" a la vida del Espíritu, para seguir a Jesús en Su muerte y Su resurrección.

Oración de liberación

Cada día, después de adorar a Dios y tener comunión con el Padre celestial, yo hago una oración como la siguiente, para romper el dominio de la carne sobre mí. Yo lo animo a orarla diariamente, también.

Señor, voluntariamente, yo crucifico mi carne y me niego a mí mismo. Tomo mi cruz y te sigo. Declaro que el "viejo hombre" no controla más mi vida. Someto mi carne a la obra terminada de Jesús en la cruz, y recibo Su gracia para vivir rectamente delante de Ti. Hoy escojo ceder el lugar a Tu Espíritu en lugar de mi naturaleza carnal. Todo lo oro en el nombre de Jesucristo, amén.

4

LIBERACIÓN DE LOS ESPÍRITUS DE REBELIÓN, SEDICIÓN Y BRUJERÍA

Quiero iniciar este capítulo identificando los días que estamos viviendo. Somos parte de una generación de avanzada, la cual ha desarrollado el mayor progreso que la tierra haya visto. Lo que antes parecían imposibles se han convertido en algo normal. Muchos procesos que antes habían sido complicados se han simplificado; ahora todo se hace más fácil, más rápido y mejor. La abundancia del conocimiento, los avances de la ciencia y la tecnología han causado que el mundo esté más conectado. Hoy casi todo está al alcance de nuestra mano. Sin embargo, a pesar de tantas innovaciones y aceleraciones, yo creo que esta generación es la más rebelde contra Dios que el mundo haya visto alguna vez.

Un ambiente de desorden y rebelión

Éste es un tiempo profético en el que la guerra espiritual entre el reino de la luz y el reino de las tinieblas se ha intensificado. Entre las marcas principales de nuestra generación están la falta de orden, la falta de respeto ante la ley, un rechazo a los límites y a sujetarse a la autoridad establecida por Dios. Yo creo que nos hemos expuesto a espíritus de maldad del reino de Satanás que nunca antes habían operado sobre la faz de la tierra. Estos espíritus malignos han sido soltados porque estamos en los últimos tiempos. Esta situación cumple la predicción de las Escrituras donde dice que habrá un aumento de la maldad y la rebeldía en los últimos días. (Véase, por ejemplo, 2 Timoteo 3:1–5).

Si usted quiere ser un vaso poderoso por medio del cual Dios pueda salvar, sanar y liberar a otros, primero tenemos que ser libres de espíritus de rebelión que se han entronizado en nuestra generación y se han infiltrado en la vida de la gente, incluso la de Dios. Debemos identificar este espíritu de rebelión y tomar acción para ser libres de su influencia.

El espíritu de rebelión del Anticristo

El apóstol Juan escribió: *"Hijitos, ya es el último tiempo; y según vosotros oísteis que el anticristo viene, así ahora han surgido muchos anticristos; por esto conocemos que es el último tiempo"* (1 Juan 2:18). Muchos de los sistemas en los que opera nuestro mundo hoy han sido infiltrados por *"el espíritu del anticristo"* (1 Juan 4:3). El espíritu del anticristo está preparando el camino para la eventual aparición de la persona del Anticristo, donde éste tomará forma corpórea. Satanás sabe que su tiempo es limitado, y como *"príncipe de este mundo"* (Juan 12:31; 14:30; 16:11), ha desatado este espíritu destructor. Cuando observamos la operación del espíritu del anticristo, vemos que estamos lidiando con el carácter intrínseco del mismísimo Satanás. Su naturaleza está gobernando los poderes de maldad y los principados están trastocando nuestra sociedad.

Hoy estamos presenciando los efectos del espíritu del anticristo ante nuestros ojos. Este espíritu no se sujeta a la autoridad dada por Dios; la rechaza. Está en contradicción directa con los principios espirituales y las leyes del reino. Cuando hablo de "leyes" en este contexto, no me refiero al legalismo religioso que traté en el capítulo anterior, sino a los principios de la Biblia y a las leyes morales que las naciones han dictaminado para proteger a sus ciudadanos, de modo que vivan recta y honestamente. El espíritu del anticristo no tiene ley; por lo tanto, busca distorsionar las buenas leyes de las naciones y generar leyes corruptas que lo favorezcan.

> *Las características más prominentes del espíritu del anticristo es que se rebela contra las leyes de Dios.*

¿Alguna vez se ha preguntado porqué su vida parece siempre llena de conflictos? Conozco a mucha gente que se ha hecho esta pregunta. Si no tienen problemas en un área, los tienen en otra. Muchas parejas parecen estar en constante lucha en su matrimonio, en su relación con los hijos, en su relación con sus padres, o en su relación con sus hermanos —por lo general, por temas de herencia o algún otro tema familiar—. Y si no están peleando con otro ser humano, están luchando con problemas de dinero, salud u otra área de la vida. Así también, muchos empresarios parecen estar lidiando con conflictos en el manejo de sus compañías o el estado de sus finanzas. Además de todo esto, muchos países están siendo golpeados por una crisis tras otra, van de los desastres naturales o económicos a las revueltas políticas o a los ataques terroristas, y más.

Si bien es cierto que los conflictos y luchas han sido parte del mundo desde la caída del hombre, yo creo que el espíritu del anticristo está aumentando la intensidad de estas batallas en nuestros días. Por la misma razón, vemos un aumento de la rebelión en el hogar, en la sociedad toda, e incluso dentro de la iglesia. Cuando la gente se opone a las autoridades que han sido delegadas por Dios, y cuando se rehúsa a someterse a las buenas leyes y el orden apropiado, es porque está bajo la influencia del espíritu del anticristo.

El plan de restauración de Dios

Cuando Dios creó el mundo, estableció una belleza y un orden en él. Antes, vimos que el arcángel Lucifer se llenó de orgullo y arrogancia, y llegó a desear ser igual a Dios. Sedujo a la tercera parte de los ángeles del cielo para que renunciaran a su lealtad al Creador y luego, los guio en una rebelión contra Él. Acto seguido, Dios echó fuera a Lucifer y a sus ángeles, y los lanzó a la tierra. Estos ángeles rebeldes se convirtieron en un reino rival —aunque inferior— que se opone al reino de Dios hasta hoy. Es más, la rebelión y destierro de Lucifer resultó en un juicio divino sobre el mundo, por lo cual la tierra se convirtió en un lugar *"desordenado y vacía"* (Génesis 1:2). Por lo tanto, podemos decir que el espíritu de rebelión iniciado por Satanás causó la devastación de la tierra.

Dios permitió que esto ocurriera, pero no era Su propósito para el mundo que había creado; Su plan era la redención y la restauración. Comenzando con el mandato de *"Sea la luz"* (Génesis 1:3), restableció el orden por el cual funciona la tierra, fundándola en Su propia naturaleza. Creó al ser humano y le dio la posición de gobernador y administrador de la tierra, con la capacidad de subyugar a Satanás y a sus ángeles, de mantener y establecer un mundo en orden que reflejara Su carácter.

Los primeros dos seres humanos fueron creados en gran libertad, así como con límites saludables para regir su vida. (Véase Génesis 2:15–17). Sin embargo, después de ser tentados por Satanás, Adán y Eva cayeron en pecado y pasaron a estar sujetos a corrupción y muerte. Desde ese tiempo, cada miembro de la raza humana nace con una naturaleza caída, en esencia, rebelde contra Dios. Además, cuando Adán y Eva desobedecieron a Dios cedieron su autoridad, dándole a Satanás el derecho de gobernar sobre la tierra. Y fue así hasta que Cristo lo venció en la cruz.

> *Cuando Dios creó el universo,*
> *estableció un orden, leyes y límites.*

Cuando Jesús obtuvo la victoria sobre el pecado y la muerte, restauró a la humanidad a su dominio sobre la tierra, devolviéndole su poder para "atar y desatar"; para contener las actividades de Satanás y para liberar a Su pueblo de su poder, derrotando así al enemigo. (Véase Mateo 16:19; 18:18). Si bien Satanás retiene su poder hasta el regreso de Cristo, ya no tiene autoridad sobre la tierra a menos que el ser humano le ceda ese derecho por medio de su propia rebeldía y desobediencia contra Dios. En cambio, él ahora tiene que usar las mismas tácticas que usó en el huerto de Edén. Esas tácticas son para atrapar, engañar y seducir al ser humano para que se rebele contra su Creador. Y usa todas sus argucias contra nosotros, una y otra vez. Nuevamente digo, yo creo que estamos ante la mayor manifestación del espíritu de rebelión que el mundo haya visto.

La razón por la cual la vida siempre está tan llena de conflictos es que estamos en medio de una guerra espiritual, la cual se pelea sobre el territorio en el que vivimos, la tierra. El origen de esta guerra fue el levantamiento de Satanás en los cielos contra el reino de Dios. En el principio, esta guerra fue entre Dios y Satanás, pero se convirtió también en nuestra. Si queremos vencer sobre los conflictos que enfrentamos, si queremos lidiar con las crisis y conflictos que afectan a nuestros familiares, sociedad y mundo, debemos discernir el espíritu de rebeldía que Satanás ha desatado y aprender a vivir bajo la autoridad puesta por Dios.

La raíz de la rebeldía es la inmadurez espiritual,
la cual se hace evidente por el orgullo y la arrogancia,
tal como le sucedió con Lucifer.

Las autoridades humanas son puestas por Dios

Las Escrituras enseñan que Dios pone las autoridades humanas en su lugar para representar Su justicia en la tierra, y que Él toma esa autoridad muy en serio.

> *Sométase toda persona a las autoridades superiores; porque no hay autoridad sino de parte de Dios, y las que hay, por Dios han sido establecidas. De modo que quien se opone a la autoridad, a lo establecido por Dios resiste; y los que resisten, acarrean condenación para sí mismos.* (Romanos 13:1–2)

Dios es quien ha ordenado y establecido cada autoridad en el cielo y en la tierra. Por ejemplo, en la iglesia universal, la mayor autoridad es Jesús, y Él señala líderes humanos bajo Su autoridad para edificar y fortalecer la iglesia. (Véase Efesios 4:11–12). Jesucristo también estableció autoridades en otros ámbitos de la vida. En Su plan para la familia, señaló al esposo/padre como la autoridad. En el lugar de trabajo, el dueño de la empresa o jefe es la autoridad; en un país, el líder —presidente, primer ministro, rey o reina, cuerpo de legisladores gobernante, y demás—, es la autoridad. Quienquiera que resiste estas autoridades se opone a Dios y al orden que Él ha establecido.

Los cristianos que viven bajo la autoridad de líderes o leyes de maldad, tienen serios asuntos que considerar, con respecto a la manera apropiada de responder. Pero guardar un espíritu de ira y rebeldía nunca es una solución. El apóstol Pablo vivió bajó persecución, pero instruyó a los creyentes del primer siglo para que oraran por todas las autoridades humanas, para que los cristianos *"vivamos quieta y reposadamente en toda piedad y honestidad"* (1 Timoteo 2:2).

El espíritu de rebeldía

Dios no bendice a quienes viven en un estado de rebeldía. En mi experiencia, el espíritu de rebelión se manifiesta de tres maneras: (1) por rebelión abierta, (2) por sedición y (3) por "brujería" —cuyos significados describiré en breve—. Cada uno de esos aspectos es una expresión del espíritu que se rebela contra Dios y contra las autoridades que Él ha establecido en la tierra.

Debemos ser capaces de identificar estas tres manifestaciones del espíritu de rebelión para ser libres de las mismas y evitar que tomen lugar en nuestras vidas.

Rebelión abierta

El diccionario define "rebelión" como "la oposición a una autoridad o dominio", y "resistencia o reto abierto, armado y, por lo general no exitoso, a un gobierno establecido". Desde una perspectiva espiritual, la definición de rebelión es muy similar, pero el gobierno que busca resistir y desafiar este espíritu es el del reino de Dios. La rebelión contra este reino siempre se puede rastrear hasta una obra de la carne o la actividad de un espíritu demoniaco.

El espíritu de rebelión se opone a cada forma de autoridad y no responde a ninguna ley. Su deseo es hacer lo que le plazca sin que le digan que está mal. Su propósito es destruir y arruinar a toda persona cuya humanidad él usa para desafiar a la autoridad; lo cual ocurrirá si la persona no reconoce su error, si no se arrepiente y recibe liberación.

Cuando alguien se encuentra en un estado de rebelión contra Dios, Su Palabra y las autoridades que Él ha establecido en la tierra, su corazón se ha pervertido. Debemos estar alertas para detectar cualquier operación del espíritu de rebelión en nuestro interior, porque la Biblia dice: *"Engañoso es el corazón más que todas las cosas, y perverso; ¿quién lo conocerá?"* (Jeremías 17:9). Trágicamente, es posible que aquellos que antes caminaban en el Espíritu terminen andando en la carne, como consecuencia de la rebeldía en su corazón; con lo cual toman el camino directo hacia su propia destrucción.

> *La espiritualidad en rebeldía contra la autoridad establecida por Dios es una espiritualidad pervertida.*

Un ejemplo bíblico del espíritu de rebelión es el grupo de gente que edificaba la torre de Babel. En lugar de honrar a Dios, su deseo era hacerse de un nombre para sí mismos, desafiando a Dios y al propósito que Él les había dado para llenar la tierra. Ellos no estaban dispuestos a seguir el plan de Dios, y terminaron *"esparcidos"* por toda la tierra. (Véase Génesis 11:1–9).

La rebelión es una actitud que viene de la inmadurez espiritual y los deseos carnales. Si la persona no la reconoce y se arrepiente, terminará causando división y destrucción, ya sea en la familia, la iglesia, el lugar de trabajo o cualquier otro sitio. Debemos saber que la rebelión no se manifiesta de repente; más bien, es algo que se desarrolla progresivamente en una persona, sea a sabiendas o no.

Veamos un ejemplo de cómo se puede desarrollar un espíritu de rebelión. Muchas veces, la rebelión se arraiga en la gente que posee grandes dones y que cree que sus capacidades la pone "por encima de la ley", o en un nivel donde ya no responde a ninguna autoridad. Sin embargo, es Dios quien nos ha dado todas las capacidades y talentos. Nosotros no hemos hecho nada para ganarlos, merecerlos u obtenerlos, y no nos eximen de someternos a Él o a las autoridades que Él ha puesto.

El carácter necesita ser cultivado y es lo que somos por dentro, los dones nos fueron dados y apuntan a lo que podemos hacer.

Cuando la gente confunde dones con carácter, a menudo, surgen problemas; porque los dones tienen que ver con lo que usted puede hacer, y el carácter se refiere a lo que usted es. Su verdadera naturaleza es quién es usted por dentro, aunque no sea evidente para los demás. Y mientras los dones son algo inherente al ser creado, el buen carácter debe ser cultivado a lo largo del tiempo. Cuando el carácter de una persona es inmaduro, el espíritu de rebelión encuentra un área vulnerable para explotar; entonces la persona pasa a estar gobernada por su ego corrupto y dominado por su carne. Un carácter inmaduro es el ambiente ideal para el espíritu de rebelión.

Permítame darle una palabra de precaución: Usted puede tener muchas habilidades; puede hacer milagros, profetizar y echar fuera demonios; pero si usted no está sujeto a la autoridad de Dios, está alimentando la corrupción de su alma —la condición que presenté en el capítulo anterior—. Todo aquel que se convierta en su propia autoridad, que deje de rendir cuentas a alguien más, que viva en independencia de Dios y confíe exclusivamente en su propio conocimiento, sabiduría y capacidades, caerá en engaño y error; hasta llegar finalmente a la destrucción.

La espiritualidad pervertida suele nacer en un corazón rebelde que carece de un carácter maduro para sujetarse a la autoridad puesta por Dios.

Cuando observamos a otra gente, es más fácil reconocer sus dones que su verdadero carácter. Por lo general, ese carácter se evidencia cuando la persona está bajo presión. Los problemas, ansiedades, injusticias y crisis hacen que éste salga a la superficie. Cuando viene la prueba, el verdadero "yo" sale a la luz. Si ese carácter es débil, y la persona se deja gobernar por él, puede derribar todo lo que ella ha edificado con sus dones.

El carácter inmaduro no es algo para tomar livianamente. En nuestra sociedad, una persona dotada a menudo recibe una posición de influencia sobre otros, solo por la fuerza de sus habilidades. Sin embargo, si no tiene un carácter maduro, el uso de esos dones puede resultar en un desastre. Yo he experimentado eso con algunos líderes en mi ministerio. Al principio, identifiqué sus dones y potencial, los adopté como parte de mi familia espiritual; me invertí en entrenarlos y guiarlos a la madurez. Sin embargo, cometí el error de ponerlos en posiciones de liderazgo basado en sus dones, solo para luego darme cuenta de que les faltaba fuerza de carácter. Al principio, no me di cuenta de lo grave de esas deficiencias; porque su inmadurez estaba escondida tras sus dones. Pero esa inmadurez dio lugar a un espíritu de rebelión.

Lo triste es que llegaron a herir a mucha gente y terminaron manchando la obra del ministerio, a la vez que causaron división en la iglesia. El espíritu de rebelión en una congregación trae mucha falta de unidad, y la lleva a una división cuando el líder rebelde se separa de la casa para comenzar un nuevo ministerio. Hoy en día, parece haber un gran número de ministerios nacidos de un espíritu de rebelión. Debemos estar conscientes de que un ministerio que aparentemente está creciendo hoy puede caer de repente mañana, si ha sido fundado en la rebelión a una autoridad anterior.

Por ejemplo, suponga que los miembros de una iglesia no están contentos con el pastor principal. Entonces, hablan mal de él y siembran descontento entre los demás integrantes de la congregación antes de irse a comenzar una nueva iglesia. El espíritu de rebelión es destructivo, y no permite que la gente pueda sostener lo que ha edificado. El destino de aquellos que han causado división en una iglesia u otro grupo es experimentar la misma desunión y división en su propio ministerio; a menos, claro, que se arrepientan, pidan perdón, se reconcilien con aquellos a quienes traicionaron y se vuelvan a sujetar a una autoridad apropiada. La única razón por la cual Dios puede bendecir una obra así y sostenerla por un tiempo es el crecimiento espiritual de los creyentes y la protección de Su pueblo.

Pero la obra nacida de una rebelión no durará ni se mantendrá fuerte. Llegado el tiempo, será dividida desde adentro y se terminará. Tarde o temprano, el espíritu de rebelión se activará sobre la nueva congregación; con lo cual, la semilla que dio a luz ese ministerio dará su fruto destructivo y terminará por envenenarlo. Por ejemplo, un nuevo líder que se ha rebelado contra la autoridad de su líder anterior se encontrará con que sus líderes también se rebelan contra él, porque toda semilla se reproduce según su género. Una persona rebelde que nunca se arrepintió dará a luz a otros rebeldes. Cuando la nueva iglesia comience a crecer, alguien con espíritu de rebelión se levantará dentro del liderazgo, y muchos de ellos de aquellos que ese líder entrenó se irán, llevándose una porción de la congregación con ellos. En este sentido, un líder rebelde siempre, inevitablemente, levantará a sus propios adversarios.

> *Una obra nacida de una rebelión no durará*
> *ni se mantendrá fuerte. Llegado el tiempo,*
> *será dividida desde adentro y se terminará.*

Toda familia, iglesia, empresa, nación o entidad tiene su propio carácter, el cual es establecido por la persona o personas que lideran. Por ejemplo, en el Ministerio Internacional El Rey Jesús, yo he recibido la responsabilidad de ser el líder espiritual para esa congregación. Por tanto, el ministerio tiene mi "ADN espiritual"; de modo que cuando la gente ve la iglesia ve mi carácter reflejado en ella. El carácter es algo que se debe monitorear de cerca. Gracias a experiencias lamentables, como la que acabo de describir, he aprendido a establecer a mis líderes en el ministerio de acuerdo a su carácter espiritual y personal, y no solo basado en sus dones. Ahora, todos nuestros líderes en el ministerio son puestos de acuerdo a la madurez de su carácter. Si nuestra iglesia estuviera fundada solamente sobre los dones de la gente, nunca hubiéramos podido afrontar las diferentes crisis que hemos pasado ni retener lo que Dios nos ha dado por Su gracia.

> *Toda familia, iglesia, empresa, nación o entidad tiene su propio carácter, el cual es establecido por la persona o personas que lideran.*

Por tanto, si usted edifica únicamente en base a los dones de un líder, y su carácter aún es débil, la obra se desmoronará cuando ese carácter inmaduro salga a la luz. Tarde o temprano, vendrá una crisis que demostrará la inmadurez del carácter detrás del talento. En cambio, cuando una obra se ha establecido sobre el carácter maduro de alguien, el Espíritu Santo la hace crecer y dar fruto. El carácter de Dios en el líder sostiene la obra.

> *El espíritu bajo el cual nace una obra determinará su grado de pureza y duración.*

Si usted tiene un espíritu de rebelión y no trata con él, llegará a hacerle mucho daño, y hasta puede convertirse en la causa de su caída. Por dicha razón, la única respuesta apropiada para la rebelión es ponerle un alto, removerla y destruirla. A nuestra rebeldía debemos hacerle exactamente lo mismo que Dios le hizo a Satanás cuando éste se rebeló; vencerla y echarla fuera.

Dios no habita donde no hay ley ni orden, donde la gente se rebela contra la autoridad que Él mismo ha puesto. Su Espíritu no puede unirse a la iniquidad que se desata cuando la rebelión toma el corazón de una persona, iglesia o nación. Pregúntese a sí mismo: "¿Estoy en rebeldía contra una autoridad puesta por Dios?". "El ministerio o iglesia que lidero, ¿es producto de una rebelión?". Si la respuesta a cualquiera de las dos preguntas anteriores es afirmativa, ¿está dispuesto a arrepentirse y ser reconciliado con aquellos a quienes ha traicionado? Usted necesita dar estos pasos para ser libre del espíritu de rebelión y sus consecuencias.

La rebelión que usted no trata es la misma que lo destruirá.

Sedición

Una segunda expresión del espíritu de rebelión es la sedición la cual es una forma sutil, no abierta. De acuerdo con el diccionario, sedición es "una incitación a la resistencia o insurrección contra una autoridad legal". Recuerde que Satanás incitó a la tercera parte de los ángeles de Dios a rebelarse con él en contra del Creador.

Otro claro ejemplo bíblico de sedición es el traicionero acto de Absalón, el hijo de David. Absalón guardó ira y un deseo de venganza en su corazón, a causa del trágico incidente donde su medio hermano Amnón violó a su hermana Tamar. Para Absalón, no existía otro castigo posible para su hermano que la muerte; pero David le había perdonado la vida. Así que Absalón conspiró en secreto y mató a Amnón; tras lo cual huyó a otra región, y estuvo allí por espacio de tres años hasta que David le permitió regresar. (Véase 2 Samuel 13 y 14).

La reacción de Absalón ante la tragedia de Tamar, permitió que la iniquidad se plantara en su corazón, abriendo así la puerta para que un espíritu de sedición contra su padre echara raíces en él, durante años. Metódicamente y con astucia, Absalón se dio a la tarea de ganar el corazón del pueblo de Israel, en lo que sería su preparación para usurpar el trono de su padre. (Véase 2 Samuel 15:2–6).

Ni la rebelión ni la sedición son algo tolerable en el reino de Dios. Hablando espiritualmente, estos son actos criminales. ¿Qué le sucedió a Lucifer después de permitir que el orgullo y los celos crecieran en su corazón hasta manifestarse en forma de sedición y resistencia a la autoridad? Con el deseo de querer ser igual a Dios, se levantó en contra de su Creador e intentó usurpar Su trono. A raíz de esto, Dios lo desterró del cielo; a él y a sus ángeles. Lucifer perdió su posición en el reino y el propósito para el cual había sido creado. La sedición, por lo general, trae exilio y muerte. Por ejemplo, después de que Absalón tratara de usurpar el trono de David, fue asesinado. (Véase 2 Samuel 18:14–15).

Una persona sediciosa se separa con el fin de crear discordia contra su líder. Busca a otros descontentos, otros que esconden el mismo espíritu de rebelión (o que pueden ser incitados a lo mismo), mientras conspira para debilitar la autoridad legítima. Una persona con un "espíritu de Absalón" está llena de enojo, y usa a otros para llevar a cabo su propia agenda. Piensa constantemente en sus propios derechos, mientras ignora los derechos y necesidades de los demás.

En el lado opuesto de este espíritu rebelde está el corazón de un líder con espíritu de servicio. Éste siempre está pensando en cómo asistir a otros y ayudarlos a alcanzar el éxito. Incluso cambia su propia agenda para servir al pueblo. Usted sabe que está siendo influenciado por la rebeldía cuando su corazón es motivado por el egoísmo y le falta el deseo de ayudar a satisfacer las necesidades de los demás.

Una persona sediciosa siente que el líder a cargo le "debe" algo. En el caso de un ministro, éste puede sentir que su padre espiritual no le ha dado lo suficiente o no lo ha promovido tan pronto como cree merecerlo; por lo tanto, estará convencido de que no ha sido tratado justamente. En ocasiones, tal persona no está satisfecha hasta que ve a su padre espiritual arruinado y sin nada. Pero recuerde, toda vez que alguien da lugar a la rebelión, también da lugar a su propia ruina. Repito, debemos aprender a discernir a quién ponemos en liderazgo. Ya es suficientemente malo que haya gente rebelde en la congregación. Ahora, tener un rebelde en el equipo con planes clandestinos de usurpar la autoridad es aún más peligroso.

Como escribí antes, en mi iglesia he tenido líderes que causaron disensión y han dejado el ministerio. Afortunadamente, éste solo ha sido un mínimo porcentaje del total del liderazgo. Algunos de ellos llegaron sin nada; yo los recibí en mi casa, los ayudé a restaurar su vida personal, familiar y financiera, y los empoderé para el ministerio. Creí en ellos y los ayudé a encaminarse a su destino espiritual. Los envié al ministerio con todo mi respaldo y apoyo. Compartíamos una relación de confianza, y juntos extendíamos el reino de Dios. Sin embargo, luego de un tiempo, evidenciaron un espíritu de sedición y trataron de reclutar para su propio ministerio —de mi congregación— a todo el que se le cruzó por delante. Después de que les había dado mi corazón, mis recursos, mi tiempo y energía, así como impartición, revelación y unción, sus corazones se corrompieron.

Otros se rebelaron dentro de la iglesia, incluso antes de ser enviados. Reclutaron a otros en secreto, y se fueron llevándose cientos de miembros con ellos. Un líder sedujo a la mayor parte de los músicos para que dejaran la iglesia. En aquel tiempo, teníamos cinco servicios por domingo; y de un día para el otro nos quedamos casi sin equipo de alabanza. Pero Dios fue bueno, y pronto nos suplió con excelentes músicos que tomaron su lugar.

El siguiente es un ejemplo de cómo la sedición crece en el corazón de un líder en entrenamiento. Suponga que está en el equipo ministerial de una iglesia en crecimiento. Él ve el crecimiento numérico de la iglesia, las cruzadas, la abundancia financiera, la unción, milagros y señales, y comienza a desear competir con el pastor, o incluso reemplazarlo, porque cree que está listo para hacerlo solo, que podría hacerlo mejor que su mentor. Tal vez el pastor principal ha visto que este líder no ha terminado su proceso de crecimiento y madurez para iniciar su propio ministerio; pero éste interpreta que el rechazo del pastor a sus planes es por falta de visión —en lugar de ver la inmadurez y rebelión de su propio corazón—. Si no logra que el pastor haga lo que él quiere o que deje su liderazgo, comienza a sembrar descontento, división y sedición entre la congregación.

La sedición deshonra la autoridad establecida; siempre tiene una agenda propia, y no siente gratitud alguna hacia el liderazgo actual. Por eso, cuando este ministro confía en sus propias habilidades en lugar de seguir la dirección de Dios, encuentra muy difícil comprometerse con la visión del ministerio; en cambio, se mantiene al margen, porque es fiel a su propia manera de pensar, hacer y liderar. Su próximo paso suele ser abrir su propio ministerio para poder "hacer la voluntad de Dios" a su manera.

> *La sedición deshonra la autoridad establecida; siempre tiene una agenda propia, y no siente gratitud alguna hacia el liderazgo actual.*

El líder en entrenamiento se ha rebelado porque se puso celoso de la gracia que Dios le dio a su mentor para cumplir su llamado. Además, no entiende que, si bien sus dones vienen de Dios, la mayoría han sido impartidos o activados a través de su autoridad, quien ha venido a ser su padre espiritual. Aun cuando es posible que el hijo espiritual pueda llegar a alcanzar mayor éxito que su padre, esto no significa que sea mejor que él o que pueda descartarlo cuando se le dé la gana. Si lo hace, habrá fallado en reconocer la "ley espiritual de la prioridad", por la cual un hijo jamás tendrá mayor autoridad que su padre. El padre siempre está primero, y Dios respeta eso.

Después de más de un cuarto de siglo en el ministerio, puedo decir que los "Timoteos" (hijos en la fe) que Dios me ha dado, han sido muchos más que los "Absalones" que me han traicionado. Además, he sido cuidadoso para no dejar que las experiencias negativas me lleven a cerrar mi corazón a tal punto que no pueda seguir entrenando nuevos líderes. Gracias a eso, he podido recibir a más hijos e hijas en la fe de todo el mundo, a quienes he formado, equipado y entregado una herencia espiritual. Hoy, sus ministerios son de los más poderosos en sus naciones, y sus familias han sido restauradas y fortalecidas. Me honran y trabajan hombro a hombro conmigo para expandir el reino.

La rebelión y sedición son la raíz de todos los problemas de la humanidad.

Brujería

Vamos a examinar una tercera expresión del espíritu de rebelión que lleva a la gente a desafiar a la autoridad: La brujería. Este espíritu busca robarle la gloria a Dios y los méritos de Su obra y poder. Cuando algo que Dios ha hecho por Su poder y gracia es atribuido al esfuerzo y mérito humanos, podemos decir que ha comenzado a operar un espíritu de brujería. Eso fue lo que sucedió entre los creyentes en Galacia, a quienes Pablo les reclamó: *"¡Oh gálatas insensatos! ¿Quién os fascinó para no obedecer a la verdad, a vosotros ante cuyos ojos Jesucristo fue ya presentado claramente entre vosotros como crucificado? ¿Tan necios sois? ¿Habiendo comenzado por el Espíritu, ahora vais a acabar por la carne?"* (Gálatas 3:1, 3).

Existen dos tipos de rebelión que yo coloco bajo el título de brujería. El primero es el demoniaco, practicado por gente fuera de la iglesia que está bajo la influencia o control de Satanás. Yo le llamo a esto "brujería satánica". El segundo es practicado por gente dentro de la iglesia, para el cual uso el término "brujería cristiana". Si bien voy a explicar cada uno por separado, me enfocaré más en la segunda, ya que es más sutil y es un tipo de rebelión para la cual debemos estar especialmente atentos y en guardia.

Brujería satánica

La brujería satánica es un poder demoniaco que manipula y domina a la gente por medio de maldiciones, maleficios, hechizos, conjuros, música, drogas, sangre o pactos del alma, y otras prácticas o recursos más de ocultismo. Este tipo de brujería está incluida en ciertas religiones; está en todas partes del mundo y toma diferentes formas. La meta de este espíritu infernal es controlar ya sea áreas geográficas, aspectos de la naturaleza (como clima o cosechas), o seres humanos, con el propósito de establecer la voluntad del reino de las tinieblas. Recuerde que los espíritus malos buscan poseer o controlar seres humanos para operar en el plano físico. Como entidades espirituales, pueden influenciar a la gente y funcionar en el mundo hasta cierto grado, pero para ejercer autoridad sobre la tierra, necesitan la voluntad y el cuerpo de un ser humano.

Brujería cristiana

Cuando Satanás no puede dividir o destruir una iglesia por medio de la rebelión abierta o de la sedición, intenta un modo más sutil para infiltrarse en la congregación. Suele trabajar a través de líderes de influencia para controlar y manipular al pastor y/o congregación. Ésta es una forma de brujería y puede ser reconocida porque no proviene de una fuente que asalta la iglesia desde afuera sino que opera desde adentro; a través de los mismos cristianos.

La rebelión, sedición y brujería vienen de la misma fuente, la iniquidad, motivaciones egoístas y resistencia a Dios. Todo poder ejercido fuera de la sumisión a la autoridad de Dios es ilegítimo. Por tanto, el líder o creyente que obre influenciado o controlado por el espíritu de brujería gobierna con un poder ilegal que viene de Satanás. Dado que las actividades del diablo son constantes, esto es algo a lo cual todos estamos expuestos, en un momento u otro.

La brujería es un medio demoniaco de lograr que los demás hagan lo que uno quiere.

La brujería cristiana, por lo general, es una obra de la naturaleza carnal, aunque también puede ser un espíritu demoniaco. Si alguien hace la "obra de Dios" a su manera, para su propio beneficio, el Espíritu Santo no está operando en esa persona, sino su alma corrupta. En el capítulo 3, tratamos el tema de la operación de un alma controlada por la carne, y vimos que la naturaleza carnal busca controlar a los demás para alcanzar metas egoístas. Ningún deseo que nos lleve a controlar a otros proviene de Dios. El Espíritu Santo no permitirá que nadie lo use para propósitos egoístas. Si una causa o emprendimiento no se origina en Dios, el Espíritu Santo no participa en su cumplimiento. Jesús dijo, con respecto a aquellos cuyo servicio era solo superficial y cuyos corazones no estaban con Él: *"Nunca os conocí; apartaos de mí, hacedores de maldad"* (Mateo 7:23).

A veces, la operación de la brujería no viene solo de una obra de la carne sino de un espíritu demoniaco que ha ganado la entrada a un individuo, por medio de la rebelión de su naturaleza carnal. Ese espíritu busca, a través de la manipulación y el control, usurpar o reemplazar una autoridad establecida por Dios. *"Porque como pecado de adivinación es la rebelión, y como ídolos e idolatría la obstinación. Por cuanto tú desechaste la palabra de Jehová, él también te ha desechado para que no seas rey"* (1 Samuel 15:23). En esta Escritura, la rebelión se pone a la misma altura de la brujería; mientras que la obstinación, que también es una obra de la carne, está en la misma categoría que la iniquidad y la idolatría. Debemos ser extremadamente cuidadosos en esto. Aquellos que practican la idolatría y la hechicería no heredarán el reino de Dios. (Véase, por ejemplo, Gálatas 5:19–21).

La rebelión dice: "No lo haré". La sedición dice: "Lo haré, pero mejor que tú, y me llevaré a otros conmigo". La obstinación o testarudez dice: "Lo haré, pero a mí manera". Cada vez que usted actúa en ella y quiere hacer las cosas a su manera, se expone a influencias demoniacas de rebelión.

La persona obstinada a menudo hace un ídolo de su propia opinión o manera de pensar; porque toda obstinación está basada en el egocentrismo.

Algunas manifestaciones del espíritu de brujería

Como dije al comienzo de este capítulo, vivimos en una sociedad rebelde en la cual mucha gente rechaza de manera deliberada a la autoridad, para complacer sus deseos carnales, incluyendo el controlar a otra gente. Por tanto, nuestra sociedad ha sido invadida por el espíritu de brujería. Ésta es la razón por la que cada vez que libero a una persona de la rebelión, también debo echar fuera el espíritu de brujería. Los siguientes son algunos ejemplos de cómo la brujería satánica y la cristiana se practican en nuestro mundo.

Brujería en los medios de comunicación. En los comerciales televisivos y otras publicidades, hay mucha brujería oculta, porque la mayoría de los anuncios apelan a dos cosas en el espectador: La vanidad y la codicia. Si bien la mayoría de la gente en ese negocio no entiende bajo qué espíritu está operando, los expertos en comunicación desarrollan planes psicológicos y trazan estrategias para captar la atención de la gente, a menudo con el propósito de manipularla y llevarla a desear lo que no necesita y comprar lo que no puede pagar.

Brujería en el hogar. Algunos esposos y padres usan la intimidación, ira y violencia para controlar a su familia. Si un padre se conduce de esta manera, el resto de la familia piensa: "Es mejor que hagamos lo que dice". No obedecen por amor, sino por miedo a las consecuencias de no hacerlo.

Algunos hombres manipulan a sus esposas con los celos. Por ejemplo, si la esposa no respeta los límites que él le ha impuesto —tal vez pasando más tiempo con sus amigas o en otras actividades—, el esposo se enfurece con ella. Así ella se priva de pasar tiempo con personas fuera del hogar por miedo a que él pierda la calma y se ponga violento.

Por lo general, las esposas que quieren controlar a los esposos o hijos lo hacen a través de la manipulación, en lugar de la intimidación. Usan las emociones (incluyendo el llanto), la auto-lástima, o fingen enfermedad o cansancio para recibir atención y que los demás hagan lo que ella quiere. Tal manipulación puede ser manifiesta o sutil, pero detrás de la misma puede haber un espíritu demoniaco incitando una compulsión por el control. Este espíritu inhibe a los demás miembros de la familia para que no ejerzan su libre voluntad ni crezcan más allá de la sombra de la persona controladora.

Cierta gente manipula a su cónyuge negándole las relaciones sexuales. Tratar de controlar a la pareja de esta manera debilita la unidad del matrimonio, y puede volverse en contra del manipulador, alejando a su cónyuge de él o ella. El apóstol Pablo les advirtió a las parejas casadas acerca de los peligros de negarse las relaciones sexuales, el uno al otro, a menos que fuera de acuerdo, por un corto periodo de tiempo y por motivos espirituales. *"El marido cumpla con la mujer el deber conyugal, y asimismo la mujer con el marido. No os neguéis el uno al otro…para que no os tiente Satanás a causa de vuestra incontinencia"* (1 Corintios 7:3, 5).

La gente que busca controlar a su familia también puede usar el recurso de la culpa. Quizá el esposo no ha sido atento o le ha hablado de manera inadecuada a la mujer. Entonces, cada vez que ella quiere manipularlo, solo le recuerda las veces en que él la ha tratado mal. Estos recordatorios ni siquiera tienen que ser hablados, porque el espíritu de culpa se puede activar de manera no verbal. Toda vez que forcemos a la gente a actuar de acuerdo con nuestra voluntad egoísta, estamos operando bajo un espíritu de brujería, manifestando un tipo u otro de manipulación. El Espíritu Santo nunca nos hace sentir culpables. En cambio, nos trae convicción de pecados y nos guía al arrepentimiento, perdón y transformación. Permítame decirle que si usted lucha con la culpa, esa no es una obra del Espíritu Santo, es una obra de un espíritu inmundo que quiere oprimirlo y mantenerlo separado de Dios.

A veces, los padres manipulan a los hijos, presionándolos y llevándolos a ser demasiado dependientes, cuando deberían estar madurando y creciendo hacia la adultez. Le ponen condiciones a su amor, con frases como: "Si me amaras no harías eso…", "…no irías allí", "…no estudiarías eso", "…no te mudarías", y demás. Esto lleva a los hijos a creer que el amor de sus padres depende de su comportamiento, ya sea beneficioso o no. Ningún hijo o hija debería verse en una situación donde sienta que debe "ganarse" el amor de un padre o madre. El amor del Padre celestial es incondicional, y es la demostración de ese amor lo que hace que los hijos se sientan seguros y puedan desarrollar confianza, auto-disciplina e integridad.

No solo los adultos manipulan a otros. Los niños también suelen manipular a sus padres, hermanos o compañeros. Con respecto a sus padres, a veces los manipulan con conductas testarudas y berrinches; se tiran al piso llorando hasta que obtienen lo que quieren. Imagine que un niño quiere ir a la casa de un amigo, o al cine, o salir a jugar, y sus padres dicen que no. El niño mostrará su resistencia ya sea gritando, llorando o quedándose muy callado y huraño. En esos momentos, en lugar de corregir al niño, muchos padres ceden, y permiten que un espíritu de brujería controle a su hijo en su propio hogar.

Brujería en la iglesia. Hay gente que usa la brujería cristiana para manipular a otros creyentes. Yo he visto predicadores manipular a la gente con la culpa para que de dinero, diciendo cosas como: "Si usted no me envía una ofrenda, los niños en África morirán de hambre". Otros manipulan a sus congregaciones para que éstas den dinero torciendo las Escrituras, ofreciéndoles cosas que Dios nunca prometió; y por lo tanto, usando Su nombre en vano. Incluso otros usan tácticas para in-fundir miedo, como decir: "Si deja esta iglesia, caerá bajo una maldición y nunca prosperará". Para "corregir" o "dirigir" a otros, algunos pastores usan falsas palabras proféticas o visiones, sueños o mensajes fabricados, supuestamente dados por Dios.

Algunos pastores usan la oración para manipular a la gente para que llegue a lugares de liderazgo o salga de ellos; cuando deberíamos saber que el propósito de la oración no es controlar a los demás sino manifes-tar el reino en la tierra. Usar la oración como un medio de manipulación pervierte el espíritu, carácter y poder de la misma.

> *Estas cuatro palabras describen la operación de la brujería: Manipulación, control, intimidación y dominación.*

Señales de la rebelión, sedición y brujería

Si bien algunas expresiones del espíritu de rebelión pueden ser sutiles, también hay otras que son claras indicaciones de que alguien está operando en rebelión, sedición o brujería:

+ Un espíritu de independencia, incluyendo la carencia de un corazón de siervo

+ Una fuerte ambición por recibir reconocimiento personal

+ Una actitud de crítica hacia la gente en autoridad

+ La siembra de discordia entre la gente con el propósito de dañar la imagen del líder

+ Una inclinación hacia aquellos del grupo que están descontentos —sobre todo los ingenuos, inmaduros y necios, o sea, faltos de entendimiento— con el propósito de promover la rebelión contra el líder

+ Una constante justificación de actitudes de división y acciones en oposición al líder

+ Una ruptura con la autoridad para empezar su propio grupo sin haber sido enviado propiamente

Consecuencias de la rebelión, sedición y brujería

Éste es un patrón que encontramos en las Escrituras: Cada persona que se ha rebelado contra Dios o contra quien Él ha puesto en autoridad ha sufrido graves consecuencias. Los siguientes resultados del espíritu de rebelión son una advertencia para que renunciemos al mismo, para que nos arrepintamos de la idolatría y la obstinación, y para que sometamos nuestra voluntad completamente al señorío de Jesucristo.

1. Aquellos que se oponen a la autoridad de Dios están bajo juicio o condenación.

El apóstol Pablo escribió: *"De modo que quien se opone a la autoridad, a lo establecido por Dios resiste; y los que resisten, acarrean condenación para sí mismos"* (Romanos 13:2). Todo aquel que resiste una autoridad humana puesta por Dios, lo que realmente está haciendo es resistir a Dios mismo. Resistir a la autoridad es traer juicio, o condenación, sobre uno mismo. Por ejemplo, cuando alguien rechaza la autoridad de un líder de ministerio en la iglesia —un apóstol, profeta, evangelista, pastor o maestro— resiste a Jesús, que es quien lo puso en autoridad. (Véase Efesios 4:11). Cuando una esposa resiste la autoridad de su esposo, resiste a Dios, quien lo puso a él como cabeza de su hogar. (Véase Efesios 5:23). Cuando un empleado resiste la autoridad de su supervisor, resiste a Dios, que fue quien puso a ese jefe en su posición. (Véase, por ejemplo, Colosenses 3:22–23). Lo mismo sucede en otras áreas de la vida.

Si usted sigue a una persona rebelde, el espíritu de destrucción irá con usted. Yo he visto gente rebelde volver al mundo, divorciarse y sufrir otras consecuencias. Nadie puede jugar con Dios. Cuando Él escoge a alguien y pone Su manto sobre esa persona, no se la puede tocar sin sufrir las consecuencias. (Véase 1 Crónicas 16:22). David honró este principio, y por eso le perdonó la vida al rey Saúl, incluso cuando éste quería matarlo a él. (Véase, por ejemplo, 1 Samuel 26:6–9).

El origen de toda autoridad es Dios. Todo el que se opone a la autoridad resiste a Dios mismo.

2. El rebelde nunca llega a prosperar

"Dios…saca a los cautivos a prosperidad; mas los rebeldes habitan en tierra seca" (Salmos 68:6). Yo he observado que la gente no logra prosperar cuando se rehúsa a sujetarse a la autoridad puesta por Dios. Es

estéril en su vida familiar, su vocación, su ministerio y demás. Está des-
tinada al fracaso porque no tiene el favor de Dios.

Es imposible vivir en rebelión contra Dios y no sufrir las consecuencias. La gente rebelde siempre vive en "*tierra seca*" donde no hay fruto ni
prosperidad. Cuando alguien habla contra el manto de unción bajo el
cual Dios lo ha puesto, es incapaz de dar fruto, porque no puede sacar
fruto de un manto al que ha ofendido. Todo lo que sembramos, cosecha-
mos. (Véase Gálatas 6:7).

3. Dios resiste, derriba y destruye todo lo que un rebelde edifica

"*Dios resiste a los soberbios, y da gracia a los humildes*" (Santiago 4:6).
Esto significa que Dios resistirá el corazón orgulloso de la persona rebelde. Aquellos que tengan tal corazón no pueden volver acercarse a Él
hasta que se hayan arrepentido.

Dios también destruirá lo que el rebelde quiera establecer. Puede
que éste comience a edificar o a producir algo en el hogar, el trabajo o en
la iglesia pero, dado que vive en un estado de rebelión, todo lo que cons-
truya será consumido; desaparecerá como si fuera parte de un acto de
magia. Puede estar por cerrar un contrato y, en el último minuto, se le
cae. Puede estar listo para iniciar un negocio y, de repente, todo se traba.
Todo su esfuerzo es en vano. Cuando algo así le sucede a una persona
rebelde, lo más seguro es que no sea un ataque del enemigo; más bien, es
Dios consumiendo lo que el rebelde ha planeado lograr.

En el Antiguo Testamento, los israelitas se la pasaban murmurando y
quejándose contra Dios —la suprema autoridad— y contra Moisés —la
autoridad humana señalada por Dios para ellos—. (Véase, por ejemplo,
Números 16). Cada vez que se rebelaban contra Moisés, se desataba el juicio sobre ellos. En una oportunidad, la hermana y el hermano de Moisés,
Miriam y Aarón, se quejaron contra él, porque creían merecer el mismo nivel de honra que el libertador señalado por Dios. El resultado fue que cuando "*la nube se apartó del tabernáculo,...he aquí que María estaba leprosa como
la nieve; y miró Aarón a María, y he aquí que estaba leprosa*" (Números 12:10).

Yo creo que, de la misma manera, hay maldiciones de enfermedad que pueden venir sobre la gente de hoy como resultado de su rebelión. Si usted está enfermo, y han orado por su causa varias veces sin que vea mejoría, pídale al Espíritu Santo que le revele si está bajo condenación debido a su propia rebelión o a la de sus padres o ancestros. Si ese es el caso, arrepiéntase de esa rebelión y será libre.

Todo pecado está basado en el orgullo.

Libertad de la rebelión, sedición y brujería

I. Liberación de su propia participación en rebelión, sedición y brujería

Si usted ve que ha estado operando conforme a un espíritu de rebelión, sedición o brujería en su relación con Dios o con miembros de su familia, su jefe, un hermano en la fe, o cualquier otra persona, debe ser liberada de la condenación y ser restaurada al Padre celestial, para que pueda volver a recibir Sus bendiciones. Lo primero que debe hacer para salvarse es arrepentirse y pedir perdón. Tome la firme decisión de vivir de acuerdo a la manera de Dios y no en rebelión. Solo a través del arrepentimiento es que usted puede ser libre de su naturaleza carnal, así como cerrar la puerta a todo espíritu inmundo, incluyendo el de rebelión.

Luego, debe renunciar a toda relación con el espíritu malo de rebelión para poder arrancarlo de su vida y enviarlo de vuelta al infierno, donde pertenece. Luego, necesitará recibir sanidad interior y liberación en su alma y cuerpo; para entonces pedirle a Dios que lo limpie y transforme a Su imagen. La cultivación de la madurez de su carácter debe convertirse en una prioridad para usted, de modo que renueve su mente

de continuo en la Palabra de Dios. Además, debe obedecer voluntariamente a Dios y sujetarse a Sus autoridades humanas, para que el espíritu
de rebelión no pueda hallar ninguna rendija por donde entrar a influenciar o dominar su vida.

2. Libertad de la rebelión pública o abierta

Si usted es un líder, y está enfrentando una rebelión contra su autoridad, debe reconocer que la rebelión no puede ser "aconsejada" para
que se comporte mejor, ni recibir una palmada; debe ser eliminada. Lo
mejor es que la persona rebelde se arrepienta y busque liberación del
espíritu demoniaco que opera en ella. Vaya a esta persona y apele a ella,
siguiendo la guía de Mateo 18:15–17. Si no lo oye, yo he visto que la
única manera de lidiar con la rebelión obstinada en un líder es exponerlo
públicamente, matando así la raíz de la rebelión. No podemos mantener
ese tipo de rebelión en privado. Un rebelde, por lo general, hace su obra
pública para tratar de usurpar el lugar del líder o de cualquier otra autoridad. Asimismo, su rebelión debe ser reconocida y renunciada. Yo he
tenido que dar a conocer los nombres de personas rebeldes a mi equipo
de liderazgo, incluso a la congregación a veces, así como la causa de esa
rebelión; con el fin de evitar que se lleven más gente con su ambición
egoísta y sus mentiras.

3. Liberación de un ataque de brujería

¿Qué hacer si alguien está usando brujería satánica contra usted?
Debe rechazar y reprender el poder que el espíritu de brujería pueda
estar ejerciendo sobre usted. Un hijo de Dios debe operar por fe, gracia
y sumisión a las autoridades delegadas por Dios, no ser controlado, manipulado ni vivir en temor. Tal vez la familia en la que usted fue criado
practicaba la brujería. En ese caso, debe renunciar a la raíz de rebelión
en su línea sanguínea y sus relaciones familiares, y así poder ser libre de
cualquier influencia de maldad que pueda operar hoy en sus relaciones,
salud, trabajo, economía o cualquier otra área, que puede estar impi-
diéndole sujetarse a la autoridad correcta.

Es más, usted debe tomar una decisión personal de sujetarse solamente a la autoridad dada por Dios, que es saludable. La gente manipulada por los demás, a menudo cae en la trampa emocional de una "atadura del alma". Ha sido seducida en sus emociones, y ese lazo no saludable debe ser roto. Si usted quiere ser libre, reconozca esa atadura destructiva del alma y renuncie al espíritu de rebelión que está detrás del mismo. Arrepiéntase de dejarse manipular o seducir; pídale perdón a Dios y rompa esas ataduras por el poder de la sangre de Jesús.

Aquellos que han sido atacados con brujería satánica, e incluso aquellos que se han metido a fondo en prácticas de brujería, pueden hallar libertad y una nueva vida, como lo demuestran los siguientes testimonios.

"Mi nombre es Guerda. Yo fui libre de un espíritu de brujería cuando vine a Cristo. Crecí en las Bahamas, donde mi hermana y yo fuimos criadas por nuestra madre, soltera, que era una bruja vudú. El espíritu de brujería me seguía, así que comencé a practicarla, también. Hacía rituales, canalizaciones, maldiciones y embrujos; también trabajé para un espíritu malo llamado 'Jezabel'. Ella venía en persona y me guiaba en lo que se suponía que tenía que hacer con los hombres, y cómo seducirlos para controlarlos y que hicieran lo que yo quería. Incluso le ofrecía sacrificios a ella, vistiendo ciertos atuendos y colores en su honor. Mi madre me esclavizó a este espíritu cuando ella murió, así que ella siempre me servía y enseñaba cosas.

"Mi asignación era destruir matrimonios y activar a los hombres para el mal. Yo destruí seis matrimonios importantes. Mi tarea era activar a los hombres en la lujuria —incluso con niñas pequeñas— llevándolos a la brujería. Las cosas empeoraron y comencé a operar bajo falta de perdón e inmoralidad sexual. Hubo un incidente con un hombre casado, y esto me llevó a dejar la isla donde había nacido. Así, me mudé a Miami. La esposa de este hombre también estaba en brujería, así que íbamos y veníamos con los hechizos. Ella trataba de matarme a mí y yo a ella. Una noche, ella envió una maldición sobre mí, me asignó un hechizo tan fuerte que tuve un terrible accidente de automóvil; tan terrible que casi pierdo a mi hija. Eso fue demasiado para mí; ya no tenía la fuerza para seguir peleando, por lo que escapé a Miami. Una vez allí, conocí a un nuevo hombre,

Denis, mi esposo hoy en día. Yo había huido de las Bahamas, pero seguía practicando brujería, aunque nadie lo sabía. En ese tiempo, Denis y yo solo estábamos saliendo.

"Finalmente, hice una nueva amistad que me habló del Ministerio El Rey Jesús. No fui a la iglesia de inmediato, pero un jueves al salir del trabajo, decidí ir a un servicio. Nunca olvidaré la prédica de ese día. Al final del mensaje, el pastor dijo: 'Si usted quiere darle su vida a Cristo, corra al altar'. Yo tomé sus palabras literalmente; me puse de pie y corrí al altar. Allí experimenté el poder de Dios. Aprendí acerca del conflicto entre el reino de las tinieblas y el reino de Dios, y de la batalla que se libraba por mi alma. Mi liberación sucedió cuando asistí a un retiro. Expuse todos los demonios y obras de la carne, confesé los hechizos y trabajos que había hecho y todo el dolor y mal que había causado, y me arrepentí de mis pecados por completo, con todo mi corazón. Le di mi vida a Cristo y nací de nuevo. No podía creer que yo pudiera ser libre; la brujería siempre me había enseñado que no podía salir, porque si lo hacía moriría. Vivía con ese paradigma en mi mente, el cual me hacía pensar que era imposible irme de eso. Me hacía creer las mentiras del diablo. Hoy, soy una nueva mujer, restaurada y completa. Ya no sirvo al miedo, el odio, la intimidación o la culpa. Nací de nuevo por la sangre de Jesucristo".

Oración de liberación

Para ser libre de la rebelión, sedición y brujería, repita la siguiente oración en voz alta:

Amado Señor Jesucristo:

Yo creo que Tú eres el Hijo de Dios, que moriste en la cruz por mis pecados, y que te levantaste victorioso de la muerte. Me arrepiento de cualquier pecado de rebelión, sedición y brujería que haya gobernado mi vida; con o sin mi conocimiento o consentimiento. Me arrepiento del pecado de rebelión contra Dios y Sus autoridades delegadas. Me separo del mismo y lo rechazo.

Renuncio a cualquier deseo de controlar a otra gente para que haga lo que yo quiera. Reconozco que está mal, y que es una manifestación del espíritu de brujería. Te pido que me perdones y, por fe, recibo ese perdón ahora. También reprendo cada espíritu de rebelión, sedición y brujería, y le ordeno que se vayan de mi vida, ahora mismo. En el nombre de Jesús, me declaro libre. Ahora, Espíritu de Dios, te pido que llenes las áreas de mi vida que estos espíritus dejaron vacías. Dame la gracia para someterme a Ti y a las autoridades que has señalado. Ayúdame a crecer y madurar en el carácter de Cristo, para que el espíritu de rebelión no halle lugar en mí. En el nombre de Jesús, amén.

5

LOS PUNTOS DE ENTRADA PARA LOS DEMONIOS

Al ministrar liberación a mucha gente, por las experiencias que he vivido, sé que un demonio puede hablar a través de una persona oprimida. En ocasiones lo he oído decir cosas como: "Yo no me voy porque él me ha dado derecho legal de estar en su cuerpo". Ya hablamos de cómo un demonio puede entrar a alguien, solo cuando la persona le ha dado acceso por medio de su desobediencia a Dios. Y es fácil entender por qué quitarles a los demonios el derecho legal de operar; es el fundamento para una liberación efectiva y duradera. Para hacer esto, primero debemos entender los "puntos de entrada", o áreas de desobediencia, por medio de las cuales los demonios pueden ganar un lugar en nuestra vida. Si no se lidia con esos puntos de entrada enteramente, no puede ocurrir la liberación. En cambio, una vez que una persona demonizada se arrepiente, el demonio puede ser echado fuera. Lo que sigue en este capítulo no solo hará posible que los creyentes reciban liberación, sino que los ayudará a ministrar liberación a otros, con mayor efectividad.

El primer punto de entrada que discutiremos es la práctica habitual del pecado. La mayoría de los pecados se pueden practicar de forma habitual; y a lo largo de este capítulo, veremos algunos ejemplos específicos. Pero comencemos con un vistazo general de lo que es el pecado continuo, para que podamos entender cómo esos patrones y hábitos pecaminosos nos hacen vulnerables a las obras de Satanás.

I. La práctica habitual de pecado

El pecado es una violación o transgresión de las leyes y mandamientos del Señor. Es una rebelión contra Él, que puede traer consecuencias, tanto terrenales como eternas. La gente peca de dos maneras: Por hacer lo malo o incorrecto, y por no hacer lo que es bueno o correcto. Cometer un pecado no necesariamente crea un punto de entrada para un demonio. La Palabra dice que todos pecamos, y que *"si decimos que no tenemos pecado, nos engañamos a nosotros mismos, y la verdad no está en nosotros. Si confesamos nuestros pecados, él es fiel y justo para perdonar nuestros pecados, y limpiarnos de toda maldad"* (1 Juan 1:8–9).

También debemos saber que, si cometemos un pecado de continuo o de forma repetida, nos estamos entregando a él, y eso nos esclaviza al pecado. (Véase Romanos 6:16). Es decir que, todo aquello a lo que nos rindamos de continuo, será también a lo que nos conformemos. El pecado que nos domina forma nuestro carácter; nos da forma. Es más, la práctica continua de un pecado —del que no nos arrepentimos ni confesamos a Dios— abre una brecha por donde el enemigo puede entrar a nuestra vida. Le da derecho legal a los poderes demoniacos para controlar el área donde ocurre la desobediencia.

La práctica habitual o continua de cualquier pecado

es un punto de entrada para los demonios.

Pregúntese a sí mismo: ¿Qué pecado he cometido de continuo? ¿A qué cosas malas le doy lugar de continuo? ¿Me dejo llevar regularmente por la preocupación, miedo, fobias, ira, chisme, queja, celos, falta de perdón o algún otro pecado? Si usted está envuelto en un pecado continuo, es vulnerable a la demonización. Una vez que el espíritu gana acceso a su vida, aumenta la presión para que siga pecando; así usted experimenta la tentación desde su interior. Antes, la tentación venía de afuera, pero ahora vive dentro de usted. El pecado continuo acumula y forma iniquidad, la cual, así como la lujuria, demanda ser alimentada con más pecado. (Véase Santiago 1:14–15). ¡Se convierte en un "Goliat" en su interior! El ataque de un espíritu demoniaco es más poderoso cuando está dentro de usted; por lo tanto, es más difícil ser libre. Sin embargo, tenga por seguro que sí puede ser libre.

> *Cuando alguien ha pecado repetidamente en un área de su vida, los demonios parecen elegir el momento de mayor debilidad para entrar y controlar esa área.*

En ciertos casos, un solo pecado es decisivo para abrir la puerta a un demonio. Eso fue lo que pasó con Judas Iscariote. Luego de tomar la decisión de traicionar a Jesús, Satanás entró en él. (Véase Lucas 22:1–6; Juan 13:2, 18–30). Por lo que vemos en el recuento bíblico del destino que sufrió Judas, aprendemos que no podemos jugar con el pecado —haya sido sin pensar o de manera habitual— porque nos puede costar la vida física y la salvación eterna. (Véase Mateo 27:1–5).

Para cerrar un punto de entrada que hemos abierto a los demonios con un pecado continuo, necesitamos humillarnos ante Dios, arrepentirnos, confesar y renunciar al pecado; pedirle perdón a Dios, rechazar y reprender todo espíritu malo en el nombre de Jesús, y luego pedirle al Espíritu Santo que nos llene. El demonio será expulsado y la entrada cerrada. A partir de allí, necesitamos vivir en continua obediencia a Dios, arrepintiéndonos de cualquier pecado futuro de manera inmediata.

La clave para la liberación de demonios que han entrado por nuestro pecado siempre son el arrepentimiento y la confesión.

Jesús vino a hacernos libres, pero nosotros debemos conocer la verdad o la raíz de cada problema, para poder aplicar el poder de la cruz de Cristo allí. (Véase Juan 8:31–32). Ahora veremos algunas áreas específicas de pecado continuo, y otros puntos de entrada para los demonios, donde además le compartiré el conocimiento que Dios me ha revelado acerca de cómo cerrar las puertas de acceso a los demonios en su vida.

2. Los celos

Los celos son una obra de la carne, así como también pueden ser un espíritu malo, que cuando se consiente de continuo, abren una puerta a un demonio de asesinato. Este fue el caso de Saúl, que llegó a sentir terribles celos del éxito de David en el campo de batalla y de su popularidad entre el pueblo. Él creía que David le iba a quitar el reino. (Véase 1 Samuel 18:7–10). Los celos que se despertaron en el rey Saúl por las alabanzas del pueblo a David eran tan fuertes que, a partir de ese momento, se dedicó a tratar de matar a David. La envidia del rey le dio lugar un espíritu de asesinato. Algo similar sucedió con Caín, cuando Dios no recibió su ofrenda con agrado, y aceptó bien la de Abel, su hermano. Lleno de celos e ira, Caín mató a su hermano. (Véase Génesis 4:1–8). Al final, los celos siempre quieren matar al objeto de su ira.

Los celos causan ira y son la semilla del asesinato.

Entonces, el punto de entrada del espíritu de asesinato en Saúl fueron los celos. Saúl nunca se arrepintió de ese pecado, y cometió grandes actos de desobediencia a Dios en otras áreas también. Por ejemplo, se rehusó a seguir instrucciones específicas que el Señor le había dado a través del profeta Samuel (véase 1 Samuel 13:1–14; 15:1–22), e incluso llegó a consultar una médium (véase 1 Samuel 28:3–19).

Debemos reconocer que el espíritu de asesinato incluye no solo un deseo de extinguir la vida física de otra persona, sino también de destruir su carácter, reputación e influencia. Cuando usted siente celos de alguien, no necesariamente va a querer verlo muerto, pero puede comenzar a difamarlo o "matar" su influencia y éxito, incluso de manera sutil. Y la Biblia dice que odiar a una persona o enojarse con ella sin causa, equivale a asesinato. (Véase, por ejemplo, Mateo 5:21–22).

Hágase las siguientes preguntas: ¿Estoy celoso de alguien? ¿Siente envidia de los dones de una persona o de la gracia de Dios sobre ella, o de las bendiciones que recibe, o porque parece más exitosa, más ungida o más bonita que usted? Si usted está en una posición de liderazgo, ¿siente envidia de alguien en autoridad sobre su vida? ¿Tiene celos de alguien bajo su autoridad que parece especialmente talentoso? Si está en el ministerio, ¿siente celos de otro pastor que tiene una iglesia u organización más grande? ¿Será posible que un demonio de celos esté influenciando su vida?

Más allá de cuál sea la razón específica para la envidia, permítame advertirle que los celos recurrentes abrirán una puerta al espíritu de asesinato. ¡Arrepiéntase y huya de la maldición de Saúl! Tome la decisión de echar fuera el espíritu malo, ahora mismo, y cierre este punto de entrada de manera permanente. ¿Cómo? Siendo obediente a Dios y desarrollando el fruto del Espíritu en su vida. (Véase Gálatas 5:22–23).

3. La falta de perdón y la ofensa

Las ofensas vienen a todos y cada uno de nosotros (véase, por ejemplo, Mateo 18:7), pero cómo respondemos a ellas es crucial. Ofenderse es desarrollar una actitud negativa ante la afrenta recibida; lleva a desarrollar amargura y resentimiento hacia la persona. No estoy hablando de una molestia pasajera por el comportamiento o los comentarios del otro, después de lo cual lo soltamos rápido o lo llevamos a Dios en oración. Me refiero a algo que permanece en nuestro corazón y nos lleva a guardar falta de perdón.

Jesús dijo: "*Porque si perdonáis a los hombres sus ofensas, os perdonará también a vosotros vuestro Padre celestial; mas si no perdonáis a los hombres sus ofensas, tampoco vuestro Padre os perdonará vuestras ofensas*" (Mateo 6:14–15). Perdonar a quienes nos ofenden es vital para mantener una buena relación con Dios y ser obedientes a Él. Y guardar falta de perdón abre un punto de entrada a los demonios para que éstos invadan nuestra vida.

Antes, vimos que Absalón guardó falta de perdón hacia su padre, porque David no vengó la violación de su hermana, Tamar. Entonces, Absalón tomó el asunto en sus propias manos. Hizo matar a Amnón, y luego se dedicó a usurpar el trono de su padre. La falta de perdón abre un punto de entrada para diferentes espíritus malos, incluyendo el espíritu de sedición, por el cual operaba Absalón. Cuando una persona actúa de acuerdo a un demonio de sedición, comienza a conspirar contra su líder para debilitar su autoridad y "asesinar" su carácter.

El siguiente testimonio demuestra lo destructivo que uno puede llegar a ser, para sí mismo y para los demás, cuando guarda ofensas, y vive en ira y falta de perdón. Pero también muestra la misericordia y el poder para sanarnos espiritual, emocional y físicamente.

"Mi nombre es Bárbara. Mi esposo Roland y yo vivimos en Francia. Nuestros primeros siete años de matrimonio fueron terribles. Éramos cristianos y conocíamos a Dios, pero solo de manera religiosa. Creíamos en un Cristo histórico que fue crucificado, pero sin poder o autoridad, y en especial, sin amor. Yo no amaba a mi familia; no existía comunicación entre nosotros; ni entre mi esposo y yo, ni con nuestros hijos. Cuando hablábamos solo había odio y resentimiento; la atmósfera de nuestro hogar era muy negativa y violenta.

"Mi esposo bebía mucho y era muy irresponsable. Mi hijo sufría una severa depresión y autismo; se mordía a sí mismo y se daba golpes contra la pared. En cuanto a mí, tenía una muy baja autoestima y estaba deprimida; todo lo que quería era suicidarme.

"Un día, alguien le habló a mi esposo de una iglesia nueva, con un pastor diferente. Decidimos buscarlo y, así, conocimos al pastor José Murillo, hijo espiritual del apóstol Guillermo Maldonado. El pastor Murillo nos oyó y ministró el amor de Dios sin juicio. Nos enseñó a amarnos entre nosotros como familia, y también acerca del ministerio de la liberación.

"Poco tiempo después, viajamos a conocer al apóstol, que estaba de visita en Madrid. Llevamos a nuestro hijo autista, y él nos dio aceite ungido para que lo ungiéramos y nos instruyó a declarar su sanidad. Yo lo hice, y hoy mi hijo está completamente normal. ¡Habla con claridad, pone atención a los servicios, y ya no se lastima a sí mismo! ¡Su nivel de aprendizaje en la escuela es normal!

"De la misma manera, Dios intervino en nuestro matrimonio. Su amor nos restauró, nos transformó, nos liberó y nos trajo paz. Jesús nos dio identidad y propósito. Ahora estamos envueltos en la visión de El Rey Jesús, en Francia, y vamos a los eventos del apóstol Maldonado. Estamos agradecidos con Dios porque Él nos mostró la raíz de nuestros problemas y nos reveló Su poder para liberar. Autismo, depresión, alcoholismo, ira, odio y deseos de suicidio, ¡todo fue arrancado de nuestras vidas por Su grandioso poder!"

4. La inmoralidad sexual

Fuera del contexto del matrimonio, cualquier tipo de relación sexual es pecado, y siempre se convierte en un punto de entrada para espíritus malos. El pecado sexual ha sido uno de los mayores problemas de la sociedad y de la iglesia, a lo largo de los siglos. Hoy, existe una evidencia estadística de que la práctica de la inmoralidad sexual es muy alta en nuestra sociedad; no solo fuera de la iglesia sino también dentro. Como pastor, ésta es el área en la cual más liberación he ministrado.

Las siguientes prácticas sexuales son puntos de entrada para los demonios.

Fornicación: Esto sucede cuando dos personas solteras mantienen relaciones sexuales, sea que viva con ella o no (véase, por ejemplo, 1 Corintios 6:18); es decir, fuera del vínculo sagrado del matrimonio. Hoy, mantener relaciones sexuales así es algo común y generalmente aceptado por la sociedad. Sin embargo, siempre ha sido un pecado ante los ojos de Dios porque Él considera la relación de "una sola carne" algo santo; solo es apropiado en el contexto de un matrimonio, porque el mismo representa la realidad espiritual de la unidad de la iglesia con Jesucristo y es el reflejo de una completa fidelidad a Él. Salirse de los límites puestos por Dios es abrir un punto de entrada para los demonios.

El sexo fue diseñado de modo que, dentro del pacto del matrimonio, un esposo y una esposa se hagan uno en cuerpo y alma. (Véase, por ejemplo, Génesis 2:24). Esto se conoce como una ligadura espiritual, por la cual todo lo que le sucede a una persona afecta a la otra. Cuando esa ligadura ocurre fuera del matrimonio, es lo mismo que un fraude, y las almas de aquellos involucrados se contaminan. Cuando la gente practica sexo con diferentes parejas, la situación empeora, porque deja la persona parte de sí misma con cada pareja y toma partes de ellas, y se las lleva en sí misma. Esto produce la fragmentación del alma. Además, las "partes" que la persona recibe de la otra pueden incluir espíritus demoniacos.

Cuando usted se envuelva en relaciones sexuales ilícitas, le da un derecho legal a los demonios para que operen en su vida, y además, efectúa una peligrosa desintegración de su propio ser, que puede llegar a ser fatal. Cuanto más se envuelva en una relación ilícita, o cuantas más relaciones sexuales tenga, mayor fuerza tendrá el demonio o los demonios en su alma; lo cual lo llevará a un estado de fuerte demonización.* Para salir de todo esto, usted debe lidiar con este pecado; ir a la presencia de Dios para confesarlo y arrepentirse. Si no lo hace, las consecuencias serán cada vez más graves.

---

* Para más información sobre este tema, por favor, vea el libro *La Inmoralidad Sexual* del apóstol Guillermo Maldonado.

> *Los espíritus demoniacos pueden transferirse*
> *a través de las relaciones sexuales ilícitas.*

Adulterio: Esto significa mantener relaciones sexuales con alguien diferente al esposo o esposa de uno, o con alguien casado con otra persona. Cometer adulterio es irrespetar el pacto matrimonial con infidelidad. (Véase Mateo 5:28; 19:17–18). Las consecuencias que detallé en la sección de sexo fuera del matrimonio aplican también al adulterio. Pero aún más, cuando un cónyuge comete adulterio está violando un pacto, sagrado para Dios, y esto trae muerte espiritual. Así Satanás adquiere un derecho legal para destruir el matrimonio, los hijos y las futuras generaciones. También puede traer enfermedades y fuerzas de maldad que arruinarán su familia, espiritual, emocional y hasta físicamente.

Homosexualismo y lesbianismo: La práctica del sexo con otra persona del mismo género está claramente prohibida por Dios, tanto en el Antiguo como en el Nuevo Testamento. Por ejemplo, Levítico 18:22 dice: *"No te echarás con varón como con mujer; es abominación"*; y aún más claro se puede ver en Romanos 1:26–27. Tales prácticas conllevan varias consecuencias. Por ejemplo, las estadísticas muestran que el SIDA se ha transmitido mayormente por la inmoralidad sexual, especialmente entre miembros de la comunidad homosexual. Además de las consecuencias físicas, también invita espíritus inmundos a su vida.

Hay diferentes razones por las que un hombre puede sentir tendencias homosexuales, incluyendo las siguientes: Rebelión contra los padres, rechazo de su sexualidad, elección, dolor emocional y confusión psicológica a raíz de un abuso sexual, dominación paterna o materna, maldiciones generacionales, o incluso un ataque demoniaco en el vientre de la madre. El homosexualismo a menudo parte de un pecado previo, ya sea que fuera cometido por la persona o por alguien más, y es una maldición.

Muchos homosexuales dicen que sienten que nacieron así. Pero un niño de tres años que siente inclinaciones hacia el sexo opuesto, sin haber sido abusado ni maltratado, puede ser que haya nacido homosexual, pero Dios no lo creó homosexual; la desviación puede haber sido producto de un ataque espiritual en el vientre de la madre. Cuando no está la cobertura del pacto matrimonial, o es un embarazo fuera de un matrimonio, se abre la puerta a este tipo de ataques en el vientre. También se puede caer en eso mientras se crece. Dios no creó a nadie homosexual; ésta es una manifestación de la caída del hombre. ¿Cuál es la solución? La solución es nacer de nuevo; lo cual trae un cambio biológico, físico y espiritual. En el momento de nacer de nuevo, Dios nos cambia por completo. La iglesia debe usar sabiduría al tratar este tema. Dios nunca está en contra del pecador, por tanto no podemos atacar a la persona. Dios odia el pecado, pero ama infinitamente al pecador. A Jesús le llegó todo tipo de persona, incluyendo prostitutas, y a ninguna echó fuera, sino que perdonó su pecado. Cuando hablamos del homosexualismo, debemos tratar también todo el resto de los pecados de inmoralidad sexual.

La buena noticia es que Jesús murió en la cruz por nuestros pecados para que pudiéramos ser limpiados, perdonados y liberados. Solo tenemos que arrepentirnos de nuestros pecados, de todo corazón. En el Ministerio El Rey Jesús, hemos visto cientos de homosexuales recibir a Jesús en su corazón y ser completamente libres del homosexualismo; han sido restaurados a su masculinidad después de haber recibido sanidad interior y liberación. Hoy en día, esos hombres restaurados por Dios están felizmente casados con mujeres, y tienen hijos saludables. Asimismo, nuestro ministerio ha visto cientos de mujeres, que habiendo vivido por años en relaciones lésbicas, han sido libres. Han recuperado su femineidad y su atracción hacia los hombres; además, la imagen de sí mismas que Satanás había distorsionado, ha sido restaurada.

Pornografía: Ésta es la representación de actos sexuales en videos, películas cinematográficas, revistas, libros, Internet y sexo en vivo. La gente que participa en pornografía puede sufrir consecuencias profundas, especialmente en su relación con su cónyuge e hijos. Puede destruir su vida porque se convierte en un punto de entrada para demonios. Yo he ministrado tanto hombres como mujeres adictos a la pornografía, y los he ayudado a encontrar la liberación. Si usted tiene problemas con la pornografía, arrepiéntase y confiese su pecado a Dios; reciba el perdón y busque la ayuda de un líder cristiano confiable o un hermano en la fe que lo pueda ayudar a permanecer a cuenta, de modo que pueda resistir la tentación.

Sexo oral y anal: La intención y diseño de Dios es que el hombre y la mujer tengan relaciones sexuales por medio de sus genitales. El ano y la boca cumplen otras funciones en el cuerpo. Cuando se practica el sexo oral o anal se pervierte, y se abren puertas a demonios.

Masturbación: Por lo general, nuestro sistema educativo hoy enseña que la masturbación es una práctica saludable y aceptable. Pero masturbación, la excitación manual de los genitales, abre una puerta al espíritu de lujuria.

Abuso sexual y violación: Además de lo que significa soportar la violencia y la humillación, las víctimas de abuso sexual también sufren consecuencias espirituales. Muchas mujeres y hombres que han sido violados tienen que lidiar con espíritus de lujuria, lesbianismo/homosexualismo, frigidez, y más.

Actividad sexual con demonios: Hay dos tipos de espíritus que participan en esta actividad, cuyos nombres son "incubo" (una presencia mala con apariencia de hombre que estimula a las mujeres hasta llevarlas al orgasmo) y "súcubo" (una presencia mala con apariencia de mujer que estimula a los hombres y los lleva a la eyaculación). Estos espíritus vienen a la gente porque han obtenido un derecho legal por medio de un pecado cometido por la gente o sus ancestros. Cuando ese derecho es removido, los demonios se van y la persona es libre de todo ataque.

Bestialismo: Éste es un acto sexual entre una persona y un animal. Es un alto nivel de degradación que lleva a una fuerte demonización. Si una persona ha llegado al grado de cometer este pecado, necesita liberación, la cual, a veces, requiere varias sesiones hasta que la iniquidad formada por ese pecado sea finalmente arrancada.

> **Todo tipo de relación sexual fuera de los límites seguros del matrimonio, entre un hombre y una mujer, es pecado.**

5. Los temores, miedos o fobias

Hay un temor apropiado que es el temor de Dios, pero ése no es miedo; es más bien reverencia y respeto por nuestro Señor todopoderoso, especialmente cuando estamos en Su presencia. (Véase, por ejemplo, Deuteronomio 6:2). Sin embargo, hay otro tipo de temor que es el miedo, el cual no viene de Dios y que puede abrir la puerta a una opresión demoniaca. (Véase Mateo 14:26–27). Por ejemplo, cuando la gente recibe un ataque del diablo, suele asustarse, y esto se convierte en un punto de entrada para un demonio de miedo. En cambio, observe que, tanto en el Antiguo como en el Nuevo Testamento, cuando el ángel del Señor Jesucristo se aparecía frente a un ser humano, el mensaje sobrenatural que era comunicado solía comenzar con un *"No temas"* (Génesis 15:1) o *"Paz a ti"* (Jueces 6:22–23; Juan 20:19).

El espíritu de temor o miedo

El apóstol Pablo habló de un "espíritu" de temor diciendo: *"Pues Dios no nos ha dado un espíritu de temor…"* (2 Timoteo 1:7, DHH). Este miedo es una perversión de la imaginación, y es inducido por un espíritu malo. El miedo también desata lo sobrenatural demoniaco. El espíritu de miedo es destructivo; alimenta la ansiedad, fobias, pavor, pánico, falta de fe y de amor.

Efectos del espíritu de temor o miedo

El espíritu de temor o miedo produce:

- Parálisis de la mente, voluntad o emociones; el miedo puede aterrorizar a la gente e impedirle pensar correctamente.

- Ligadura espiritual, mental o emocional, incluyendo un terror al castigo (Véase Romanos 8:15; 1 Juan 4:18).

- Delirios y peligros imaginarios. El miedo puede causar que nuestra imaginación se distorsione; por ejemplo, una persona que ha sufrido un accidente puede comenzar, de repente, a estar siempre temerosa de verse envuelta en otro. El miedo crea escenarios de emergencia en nuestra mente.

- Una barrera que impide el flujo de lo sobrenatural. Cuando le damos lugar al miedo, lo sobrenatural se apaga.

- La contaminación de la fe y de la unción.

- La apertura de una puerta al infierno (así como la fe abre un portal al cielo).

- Una atracción de lo que se teme. (Véase, por ejemplo, Job 3:25). Por ejemplo, puede atraer depresión, accidentes, enfermedades, abandono, disolución familiar e incluso la muerte.

- El corazón del hombre "desfallece." (Véase Lucas 21:26). Este desfallecimiento del corazón es una señal de los últimos tiempos, en que habrá mucha confusión y agitación en el mundo. La gente se verá superada por el miedo, porque no hay salida fuera de Cristo. No hay solución humana para lo que está sucediendo en estos últimos tiempos, porque está fuera de la capacidad del conocimiento humano —incluyendo los campos de la ciencia, la filosofía y la educación—.

El miedo es una perversión de la imaginación que Dios nos ha dado y un imán para los demonios.

Fe versus miedo

En vista de lo anterior, el miedo lleva a una persona a tener:

- Los pensamientos errados (que carecen de confianza en Dios)

- Las creencias erradas (que carecen de la verdad concerniente a Dios)

- Una vida errada (que no refleja quién es Dios y no puede cumplir Su propósito)

+ La fe es lo opuesto al miedo; nos edifica y nos lleva a tener:

+ Los pensamientos correctos (que confían en Dios)

+ Las creencias correctas (que incluyen la verdad concerniente a Dios)

+ Una vida plena (que refleja la naturaleza de Dios y puede cumplir Su propósito)

> *La fe desata lo sobrenatural*
> *divino en nuestra vida.*

Cómo lidiar con el miedo

1. Confrontar la raíz u origen del miedo. Determine cómo entró el miedo. Por ejemplo, debe preguntarse a sí mismo: "¿Cuándo comenzaron los ataques de pánico?". El miedo llama al miedo, así como *"un abismo llama a otro"* (Salmos 42:7). Esto significa que el miedo dentro de nosotros llama al miedo fuera (el mundo demoniaco y otras influencias negativas), y debemos discernir entre ambos. Primero lidiamos con la causa del miedo. Cuando somos libres por dentro, dejamos de llamar a las fuentes externas de miedo. Si usted no recuerda cuándo comenzó ese temor, pídale al Espíritu Santo que se lo revele. También puede hablar con un pariente o un amigo que lo ayude a reconocer la causa.

2. Lidiar con el pensamiento que concibió el miedo. Muchas veces, a medida que el ser humano crece, desarrolla patrones de miedo causados por su exposición a la gente a su alrededor; absorbe las actitudes negativas y las creencias de sus padres y de otros adultos de influencia. También, puede desarrollar pensamientos errados debido a sus experiencias personales negativas o a recibir comentarios degradantes sobre su persona. Por tanto, debemos echar fuera cualquier pensamiento o "argumento" que se levante contra el conocimiento de Dios; que no esté alineado con la verdad de Su Palabra. (Véase 2 Corintios 10:5).

3. *Arrepentirse de haber abierto la puerta al miedo.* Pídale a Dios que lo perdone por haber sucumbido al miedo. Entréguele todas sus preocupaciones o ansiedades a Él, y reciba Su paz. (Véase Filipenses 4:6–7).

4. *Enfrentar el miedo con valentía.* A menudo, lo que tenemos que hacer en la vida, incluyendo lo que estamos llamados a hacer en Dios, es grande o difícil, y sentimos el miedo a fracasar. Esto puede causar una parálisis emocional y mental, como discutimos antes. Ante tal caso, debemos levantarnos y hacer lo que estamos llamados a hacer, aún con miedo. Ésta es una de las maneras de vencerlo. Debemos actuar con osadía espiritual, recordando que nuestro Padre celestial está con nosotros dondequiera que vamos. (Véase, por ejemplo, Josué 1:9; Isaías 41:10).

5. *Guardar la mente.* Para proteger nuestra mente de los pensamientos de miedo, debemos ocuparla con pensamientos de fe, gracia y victoria, basándonos en la Palabra de Dios. (Véase Filipenses 4:8; 1 Pedro 4:1).

6. *Perfeccionarse en el amor de Dios.* Cuando el verdadero amor —el amor del Padre— nos es revelado y establecido en nosotros, el miedo se va. (Véase 1 Juan 4:18).

7. *Resistir al miedo con poder y autoridad.* Como hijo de Dios, usted le puede ordenar al espíritu de miedo que se vaya de su vida, ahora mismo, para poder vivir de acuerdo con la paz y poder del Espíritu Santo. (Véase, por ejemplo, Salmos 118:5–6).

8. *No permitir que el espíritu de miedo vuelva.* ¡Ciérrele la puerta al miedo! No juegue con los pensamientos de miedo ni entretenga ideas nocivas. ¡Recházelas! Declare Escrituras como las de Salmos 46, para llenar su mente con la perspectiva de Dios.

Uno elige vivir por fe, que es la vida de Dios en el ahora, o por miedo, que es un estado de opresión.

6. La auto-lástima

Consentir la auto-lástima es una obra de la carne, una demanda del ego que siempre siente la necesidad de ser el centro de todo; y también puede ser la influencia de un espíritu malo. Aquellos que ceden a la auto-lástima están centrados en sí mismos, en lugar de que sea en Dios o en otros. Cuando la gente permanece en esta mentalidad, abre una puerta a espíritus demoniacos de victimización o manipulación.

La gente puede desarrollar una actitud de auto-lástima cuando ha experimentado ofensas, rechazo y abandono, porque un corazón herido mora en sí mismo y en cuánto ha sufrido. A veces, los hábitos de auto-lástima comienzan en la niñez como un patrón de comportamiento que le ha dado resultado a la persona para mantener la atención de los demás y asegurarse de que todo gire a su alrededor.

Las características de la auto-lástima

Las siguientes son características que identifican la auto-lástima:

+ *La auto-lástima se resiste al cambio.* Es parte de la naturaleza humana defender una postura errada cuando no queremos cambiar, o querer mantener el *statu quo* si éste nos permite consentir el letargo. Entonces, usamos la auto-lástima para justificar nuestro estado actual. Creemos que queremos una solución rápida, pero no queremos cambiar nada.

+ *La auto-lástima se alimenta de la simpatía.* Los seres humanos consentimos la auto-lástima porque queremos la lástima de los demás y su conmiseración, para así poder extender nuestro sentido de victimización y el tiempo de atención que nos dan. Por eso, es importante recordar que si tratamos de ayudar a alguien solo por simpatía o lástima, lo más probable es que lo dejemos en la misma condición que estaba; no habrá ningún cambio permanente en su condición. Sin embargo, si buscamos ayudar a los demás por verdadera compasión, le pondremos una demanda para que lidie con sus problemas, incluyendo la auto-lástima, guiándolo al arrepentimiento y la transformación.

> *La lástima es controlada por una necesidad, mientras la compasión es dirigida por el amor. Jesucristo sanó a la gente por compasión, no por lástima.*

+ *La gente con auto-lástima no tiene iniciativa propia.* Ceder a la auto-lástima, es vivir en el pasado, lamentándose por todos los errores cometidos o culpando a quienes nos han herido o maltratado. Como resultado de esto, no se puede mirar al futuro ni hacer nada constructivo con la vida. La persona con auto-lástima siempre necesita que alguien la esté empujando.

+ *La gente con auto-lástima suele ser celosa.* La auto-lástima procede de un sentido de pérdida o carencia. Por ende, cuando nos encontramos en este estado mental, es fácil volverse envidioso de lo que otros tienen o han logrado. Pero guardar envidia es peligroso por las influencias demoniacas que atrae —como vimos en la sección de los celos, al inicio del capítulo—.

Cómo lidiar con la auto-lástima

La auto-lástima es un ciclo continuo que se debe romper con liberación; además, aprendiendo nuevos patrones de comportamiento basados en el conocimiento de quiénes somos en Cristo, y cómo frustrar las estratagemas de destrucción del enemigo. A continuación, veamos algunas claves para lidiar con el ciclo destructivo de la auto-lástima:

+ Rehúsese a consentir los sentimientos de auto-lástima.

+ Si encuentra auto-lástima en usted, no la consienta ni simpatice con ella, más bien "mátela". Esto implica morir al "yo" (un proceso que ya tratamos en otro capítulo).

+ Rompa con todo espíritu de auto-lástima tomando autoridad sobre el mismo. Échelo fuera y niéguese a volverse a someter a él, para que no invalide la unción que Dios le ha dado.

Vivir libre de la auto-lástima ¡es posible! ¡Niéguese a ese espíritu! ¡Rechácelo! ¡Y repréndalo!

Si pretendemos usar los dones que Dios nos ha dado con una mentalidad de auto-lástima, nuestra unción será ineficaz.

7. Las ataduras o ligaduras del alma

Una ligadura del alma es una conexión o unión entre las almas de dos personas. Algunas ligaduras del alma vienen de Dios, y otras no, pero lo que todas tienen en común es que la gente involucrada tiene una poderosa unión. Las ligaduras del alma que no provienen de Dios refrenan el libre albedrío de una o ambas partes en la relación y son contrarias al plan divino para las relaciones saludables entre seres humanos.

Las ligaduras del alma se pueden establecer con:

+ Personas

+ Animales

+ Grupos u organizaciones

+ Lugares

+ Cosas o actividades

+ Demonios (abriendo un punto de entrada por la desobediencia)

Algunos ejemplos de las categorías de ligaduras del alma que acabamos de ver son los siguientes: Una relación entre un mentor y un discípulo; una relación sexual (sea dentro del pacto del matrimonio o no); la manipulación de una persona sobre otra; el apego exagerado a una mascota; el vínculo estrecho con una organización, una compañía, una iglesia, denominación u otro grupo; una conexión con una casa, una ciudad que ha visitado o donde ha vivido; un objeto material como reliquias familiares; un hobby, un juego o una práctica oculta.

Ejemplos bíblicos de una ligadura del alma saludable

En el Antiguo Testamento, vemos un ejemplo de una ligadura del alma saludable en la amistad entre David y Jonatán, el hijo de Saúl. Ésta fue una relación divina que, claramente, bendijo a ambas partes. *"Aconteció que cuando David acabó de hablar con Saúl, el alma de Jonatán quedó ligada con la de David, y lo amó Jonatán como a sí mismo"* (1 Samuel 18:1, RVR 95). Otro ejemplo es la cercana relación entre Noemí y su nuera Rut. En una ocasión Rut le dijo a su suegra: *"No me ruegues que te deje, y me aparte de ti; porque a dondequiera que tú fueres, iré yo, y dondequiera que vivieres, viviré. Tu pueblo será mi pueblo, y tu Dios mi Dios"* (Ruth 1:16). En el Nuevo Testamento, un ejemplo de ligadura saludable del alma es la relación entre Jesús y Sus discípulos (que Judas Iscariote perdió). Otro ejemplo es el de la relación padre-hijo de Pablo con Timoteo. Pablo escribió que Timoteo era su *"hijo amado y fiel en el Señor"* (1 Corintios 4:17).

Ejemplos bíblicos de ligaduras del alma nocivas

En el Antiguo Testamento, tenemos la ligadura del alma no saludable que ocurrió entre el rey de Israel, Acab, y su esposa, Jezabel, quienes se unieron en un propósito malo de adorar al falso dios Baal y para matar a todos los profetas de Dios. (Véase, por ejemplo, 1 Reyes 16:30–33; 16–18; 19:1–2). Otro ejemplo puede ser la ligadura que Lot, el sobrino de Abraham, parecía tener con un lugar, la ciudad de Sodoma. Tanto que llegó a poner en peligro su propia vida y la de su familia. La ligadura que su esposa tenía con esa ciudad, era aún más fuerte. Incluso, cuando fue sacada por la advertencia de destrucción inminente que pesaba sobre Sodoma, por su maldad, ella no se quería ir. Ella desobedeció el mandato divino de no mirar hacia tras, a la ciudad que ardía en llamas, y por eso pereció. (Véase Génesis 19:1–29). Una ilustración adicional, es la relación de Sansón, juez y guerrero de Israel, con Dalila, la filistea (pueblo enemigo de Israel). Gracias a esta alianza nociva, Sansón le reveló a

Dalila el secreto de la unción sobre su vida; sin dudarlo, ella la reportó a sus enemigos para que él fuera destruido.

En el Nuevo Testamento, una ilustración de una ligadura negativa del alma es la asociación entre Herodes y Pilato, que se hicieron amigos en el abuso conjunto de la persona de Jesús. (Véase Lucas 23:1–12). Otra sería la de Ananías y su esposa, Safira, donde juntos decidieron mentir y engañar a los apóstoles y a la iglesia acerca de una donación para los pobres. (Véase Hechos 5:1–11).

Todos estos ejemplos demuestras los dos lados de la ligadura del alma, o atadura; aquellas que son de Dios y las que no lo son.

Incluso las ligaduras del alma saludables pueden ser solo por un periodo específico de tiempo, y luego, deben deshacerse con acción de gracias. Esto puede suceder con una amistad u otras asociaciones, incluyendo la del miembro de una iglesia con un pastor. Muchos creyentes tienen una ligadura espiritual, o una relación de pacto, con su pastor, en la cual éste los ayuda a cultivar su vida espiritual, los lleva a la madurez y pone sus dones al servicio de la expansión del reino. Ésta es una ligadura del alma divina; sin embargo, luego de estar en una relación así, un creyente puede verse en la necesidad de adaptarse a un cambio, como el que implicaría una mudanza. El creyente puede asistir a una nueva iglesia donde Dios lo plante para crecer; pero si la ligadura del alma con su antiguo pastor permanece, esto puede convertirse en un impedimento para su progreso espiritual, porque no lo deja recibir de su nuevo pastor. El creyente puede empezar a comparar a los dos líderes y creer que el nuevo pastor no lo puede ayudar a crecer efectivamente. Puede ser que no pueda establecer una nueva relación de pacto porque siempre está mirando al pasado. Entonces, debemos reconocer las ligaduras de nuestra alma y cómo pueden estar afectando nuestra vida.

Consecuencias de las ligaduras del alma nocivas

Cuando usted se aferra a una ligadura del alma que no viene de Dios, o cuyo propósito era solo por un periodo de tiempo, puede ser que experimente:

+ Depresión

+ Obstáculos para la transformación

+ Estancamiento en el cumplimiento de su propósito

+ Una desaceleración en su crecimiento espiritual

+ La incapacidad para disfrutar otras relaciones

Con respecto al último punto, cuando usted forma una ligadura incorrecta con alguien (o algo), puede encontrarse incapaz de disfrutar otras relaciones y desarrollar una atadura del alma. Por eso, muchos hombres y mujeres que han formado incontables ligaduras del alma, por tener relaciones sexuales con diferentes parejas, ahora son incapaces de establecer una relación buena, sana y duradera.

> *Cuando usted se entrega a sí mismo a otra persona, establece una ligadura del alma, la cual se convierte en una forma de pacto.*

Libertad de las ligaduras del alma nocivas

Los siguientes pasos son esenciales para ser libre de una atadura del alma contraria a la voluntad de Dios:

+ Arrepentirse de cualquier pecado que lo llevó a esta atadura.

+ Recibir el perdón de Dios.

+ Renunciar a la atadura o ligadura.

+ Morir a los deseos de su "yo carnal" relativos a esa ligadura.

+ Corregir todo pensamiento errado que llevó a esa ligadura. Por ejemplo, usted puede haber sido engañado para creer que otra persona debe controlarlo, usurpando su libre albedrío.

+ Soltar toda vergüenza y culpabilidad que se haya formado debido a esa atadura. (Véase 1 Juan 1:9).

+ Pararse firme y resistir los ataques del diablo. (Véase, por ejemplo, Efesios 6:10–17). Por ejemplo, luego de renunciar a una ligadura en un área específica, como una relación ilícita, y haber comenzado a obedecer a Dios, puede ser que de repente sea tentado a volver a abrir la puerta a esa vieja atadura. Tal vez, reciba una llamada telefónica de alguien conectado con su pasado, que lo anima a renovar esa relación ilícita. Permanezca alerta a tales tentaciones; recháncelas y pídales, a sus amigos cristianos maduros, que oren con usted para recibir fuerzas espirituales para resistir.

+ Enlace su alma al Señor. Apocalipsis 12:11 dice: "*Y ellos le han vencido* [a Satanás] *por medio de la sangre del Cordero y de la palabra del testimonio de ellos, y menospreciaron sus vidas hasta la muerte*". Estos creyentes estuvieron dispuestos a dar sus propias vidas por la causa de Cristo. Ésta es una ilustración de una buena relación y una ligadura del alma con Jesús, que refleja una total devoción a Él.

8. Los traumas emocionales o mentales

Yo he visto, y también he experimentado, situaciones en las cuales, en un momento de crisis —quizá un gran trauma o un terrible accidente con heridas graves— la gente se vuelve emocional y mentalmente vulnerable. Esto hace más fácil que se abran puntos de entrada para que los demonios ataquen. Por lo general, cuando la gente ejerce dominio y autoridad sobre sí misma, a través de Cristo, ningún demonio puede entrar. Pero cuando se debilita debido a una crisis mayor, puede ceder su dominio y autoridad sin advertirlo. Su alma se "fragmenta", y pierde su estabilidad anterior. Los demonios entonces toman ventaja de su debilidad.

Por ejemplo, un diagnóstico inesperado de una enfermedad terminal puede producir un efecto traumático en una persona y/o su familia. En un día, un sentido de perfecta salud puede ser reemplazado por el temor a sufrir, a perder y a morir, el cual le da cabida a un espíritu de miedo. Asimismo, un accidente de automóvil repentino puede producir un estrés emocional intenso, el cual rápidamente se convierte en un punto de entrada para un espíritu de miedo o de fobia. La muerte de un ser querido puede ser un golpe emocional que lleve a una persona a ser afligida por un espíritu de luto o soledad. Cuando un sentimiento normal de duelo o soledad se vuelve prolongado o intenso, un demonio puede usar esa emoción para comenzar a controlar a la persona. Un niño cuyo padre ha muerto puede llegar a sentir, en su corazón o subconsciente, que ese padre lo abandonó, y así, quedar abierto a un espíritu de rechazo. Como creyentes, debemos confiar en el Señor para que nos guarde y proteja; si ocurre una crisis, necesitamos pararnos firmes y no darle lugar al enemigo.

9. Un ataque en el vientre de la madre

Yo creo que los demonios pueden atacar a un niño, en el vientre de su madre, y que ésta es la causa de algunos defectos de nacimiento y enfermedades de la infancia, debilidades emocionales y mentales, y rasgos anormales (los cuales pueden seguir hasta la adultez). Un bebé puede desarrollarse de manera normal hasta que se genera una brecha para que un demonio entre al vientre y dañe su desarrollo.

En el Nuevo Testamento, Jesús solía preguntarles a las personas acerca de sus dolencias o las de sus seres queridos. Yo creo que esto era porque Él quería mostrarles (y enseñarles a Sus discípulos) dónde se había generado el punto de entrada para el demonio. En Marcos 9, cuando Jesús se encuentra con el padre que había traído a su hijo mudo para que fuera sanado, le *"preguntó al padre: ¿Cuánto tiempo hace que le sucede esto? Y él dijo: Desde niño"* (Marcos 9:21).

Hay una diferencia entre nacer con un problema y caer en el mismo.

Todos hemos nacido con algún rasgo negativo o caído en una mentalidad equivocada o comportamiento pecaminoso durante el curso de nuestra vida, pero la clave que necesitamos recordar es ésta: No tenemos que vivir con eso como parte de un destino inevitable. Sí, es verdad que todos fuimos "concebidos en pecado" (véase Salmos 51:5), porque la naturaleza pecaminosa pasa de una generación a la otra sin que podamos hacer nada al respecto, al menos no en nuestra fuerza. Pero Jesús, el Hijo de Dios, vino a hacerlos libres de la esclavitud al pecado y sus efectos. La solución para nuestra condición de haber nacido con una naturaleza pecaminosa es nacer de nuevo en Cristo. (Véase, por ejemplo, Juan 3:3–5). Si usted nació con una discapacidad mental, una deformidad física u otro problema, o si tiene un rasgo negativo cuya causa parece inexplicable, puede deberse a que un demonio halló un punto de entrada para atacarlo en el vientre de su madre. Usted debe lidiar con esto de la misma manera que con el resto de los puntos de entrada, reconociendo el pecado al cual está conectado (conocido o desconocido), renunciar al mismo, y recibir el perdón y la limpieza de Dios; reprendiendo y echando fuera al demonio en el nombre de Jesús; y luego, parándose firme en la plenitud y la justicia que Cristo ha provisto por Su muerte y resurrección.

10. Las adicciones

Mucha gente lucha con adicciones a drogas, alcohol, comida, nicotina u otras sustancias. Alguna gente está atada a químicos, mientras otra es esclava de conductas destructivas, obsesiones o compulsiones. Yo he visto que el control demoniaco es un factor en todas las adicciones. Esto hace muy difícil que una persona pueda soltar un vicio en sus propias fuerzas. Una vez que el uso de una sustancia o la práctica de cierta conducta se hace un estilo de vida, el enemigo hará todo lo posible para atar a la persona al control de sus demonios y llevarla a su destrucción. La buena noticia es que Jesús llevó todas nuestras adicciones en la cruz, y puede hacernos libres si nosotros tomamos la decisión de renunciar a la adicción, recibir el perdón, y tomar el poder de Cristo para liberarnos y resistir la tentación.

A veces, una adicción o una conducta destructiva en sí no es el punto de entrada para el demonio. En cambio, la abertura se generó a través de un problema emocional recurrente de la persona, como soledad, baja autoestima o sentimientos de rechazo y abandono; o puede venir a través del deseo de la persona de escapar de la realidad. En este caso, para ser libre de la adicción, el punto de entrada original que llevó al abuso de la sustancia o al comportamiento compulsivo debe ser tratado con sanidad interior y liberación en Jesús.

11. La brujería y el ocultismo

Cualquier forma de participación en lo oculto siempre abrirá una puerta para que los demonios opriman a una persona. Yo le recomiendo a cada creyente que viene de un trasfondo de ocultismo o brujería que pase por una liberación personal. Jesús derrotó al enemigo, pero tenemos que aplicar esa victoria a nuestra vida de manera específica. El siguiente es un testimonio poderoso de un hombre que fue libre del ocultismo y el control de Satanás.

"Mi nombre es Heriberto. Yo viví en Cuba durante 32 años, dedicado a la brujería y a la Santería. Era alcohólico y adicto al cigarrillo; le robaba el dinero a la gente e, incluso, engañaba a las mujeres para sacar ventaja de su situación y robarles. Cuando vine a los Estados Unidos, levanté un gran altar a los santos, donde adoraba a mis ídolos y sacrificaba animales. Yo sabía que esas prácticas eran una mentira. Sin embargo, como ganaba mucho dinero y tenía mujeres, también me creí el engaño. Me sentía protegido por los santos y los espíritus.

"Poco tiempo después, abrí una gran compañía, con muchos empleados; me mudé a una mansión con sirvientes, viajaba y me hospedaba en hoteles de lujo. Me estaba dando la gran vida. Muchas veces, había visto al apóstol Maldonado por televisión, pero creía que era un loco mentiroso. De repente, mi vida se fue cuesta abajo y lo perdí todo (dinero, mujeres y amigos); me quedé en la calle, viviendo en un automóvil y lleno de deudas. Debía tanto dinero que solo pensaba en suicidarme.

"Unos cristianos me encontraron en la calle y me invitaron a la iglesia. Yo estaba desesperado y en real necesidad de la ayuda de Dios. Cuando entré a la iglesia, vi al apóstol Maldonado y dije: '¡Oh no, me trajeron a la casa del loco!' Estaba enojado, dudando de si podría encontrar algo bueno allí. Pero entonces, el apóstol dijo que había un hombre que venía de la Santería y lo había perdido todo, y que había venido porque Dios quería salvarlo. Él invitó a ese hombre a pasar al frente para orar por su vida. Yo supe que me estaba hablando a mí, así que pasé al frente.

"Antes, yo siempre decía que la gente caía en el altar solo como parte del 'show', pero cuando el apóstol me tocó sentí el poder del Espíritu Santo y, sin quererlo, caí al suelo. No tenía fuerzas; era como si mi cuerpo no tuviera huesos. De inmediato, sentía que había sido libre de la Santería y perdonado de todo lo malo. Fue como si una venda fuera quitada de mis ojos, y me mostraran la verdad.

"Hoy, me avergüenzo de haber servido al diablo y de otros errores que he cometido. Satanás siempre demanda un pago por todo lo que hace; nada de lo que él le da es suyo. Todo es una ilusión, una mentira para atraparlo, para separarlo de Dios y llevarlo al infierno. Ahora yo soy verdaderamente libre. Soy libre de sacrificar animales, libre del miedo a los santos y al diablo, libre de las mentiras y el engaño; libre de la fornicación, del alcohol y las drogas, y libre de las deudas. Ahora, conozco a un Dios vivo, verdadero, que me habla y me guía, que no me deja hacer cosas malas, que me salvó gracias a Su gran amor y misericordia, y me dio vida eterna".

Pasos hacia la libertad

A lo largo de este capítulo, hemos tratado diferentes puntos de entrada para los demonios y cómo cerrarlos. En esta sección, quiero repasar los pasos hacia la libertad para que usted pueda aplicarlos a su situación específica. Durante los más de veinticinco años de experiencia en este ministerio, he aprendido que la clave para la liberación es cumplir los requerimientos de Dios. Una vez que usted entiende Sus condiciones, debe obedecerlas. Si lo hace, podrá remover cualquier demonio, opresión demoniaca o ligadura negativa. Alrededor del 75% de las liberaciones se basan en esa clave.

> *Una clave principal para la liberación es cumplir con las condiciones que Dios requiere.*

Aquí están las condiciones de Dios:

1. Humillarse delante de Dios

"Humillaos, pues, bajo la poderosa mano de Dios, para que él os exalte cuando fuere tiempo" (1 Pedro 5:6). Tome la decisión de humillarse, como un acto de su libre voluntad, para poder ser libre. Llega un momento en que usted debe escoger entre su "dignidad" (ego o carne) y su liberación. Si se aferra a su orgullo y no se humilla, podrá retener su dignidad junto al demonio, y la opresión continuará. Hay gente que no quiere recibir liberación en público porque tiene miedo de verse ridícula si un demonio se fuera a manifestar en su cuerpo. Debemos recordar que *"Dios resiste a los soberbios, y da gracia a los humildes"* (Santiago 4:6). La decisión de humillarse no puede ser tomada por nadie más que usted. ¡Es su elección! Es usted quien debe reconocer su condición y su necesidad de ser libre; y es quien debe exponerse al poder liberador de Cristo. De otro modo, se volverá muy difícil que llegue a ser libre.

2. Arrepentirse y confesar el pecado

Arrepentimiento

Arrepentirse es volverle la espalda al pecado, reconocerlo como enemigo y renunciar a él. Usted no se puede arrepentir de algo si no reconoce que es malo y que ofende a Dios. Cuando alguien disfruta practicando una forma particular de mal, no se arrepiente porque cree que hay elementos positivos en lo que hace. Necesita la convicción del Espíritu Santo, el cual convence el alma de pecado. (Véase Juan 16:7–8). Si Dios llama pecado a algo, no hay razón para considerarlo bueno; debemos alinearnos con Su manera de ver y Sus mandamientos.

Un corazón arrepentido odia todo lo malo y demoniaco, y se separa de todo eso. Siempre tenemos la opción de pecar o no. No importa lo demonizados que estemos, Satanás no puede violar nuestra voluntad; sin embargo, cuanto más lugar le damos al pecado, más poder cedemos a los demonios para que esclavicen nuestra voluntad. Con el tiempo, ya no seremos capaces de decir que no, ni aunque queramos.

El arrepentimiento sincero, con una completa confesión del pecado, siempre debilita y remueve el derecho de los demonios en nuestra vida.

Nuestro pecado abre la puerta a los demonios para que nos opriman en diferentes áreas de nuestro ser, pero el arrepentimiento los expulsa; y además, cierra la puerta y evita que vuelvan a entrar. Recuerde, los demonios ganan lugar cuando no nos arrepentimos de nuestro pecado y, en cambio, seguimos cometiéndolo. El pecado de continuo moldea nuestro carácter de manera negativa; endurece nuestro corazón y nos separa de Dios. Una forma de pecado continuo es la falta de perdón, la cual también es manifestación de una falta de temor reverente de Dios. Cuando nos rehusamos a perdonar, damos a luz un ciclo ininterrumpido de pecado, abriendo así un punto de entrada para los demonios.

Veamos algunos puntos importantes a recordar en cuanto al arrepentimiento:

* Todo en el reino de Dios comienza con el arrepentimiento. En otras palabras, así es como la plenitud del reino se abre para nosotros en "*justicia, paz y gozo*" (Romanos 14:17).

+ Es difícil arrepentirse cuando no se quiere morir al "yo carnal". Sin embargo, si el "viejo hombre" vive, el "nuevo hombre" no puede tomar control total. Ambos son incompatibles entre sí. Uno u otro será quien gobierne su vida.

+ Cuando estamos en pecado, nuestra reacción natural es escondernos de Dios, así como Adán y Eva lo hicieron. Pero la solución no es esconderse, sino rechazar el pecado, ir hacia Dios y pedir Su perdón.

+ El arrepentimiento es el camino más rápido para volver a la presencia de Dios.

+ El pecado cierra los oídos de Dios a nuestro clamor (véase Isaías 59:2); en cambio, el arrepentimiento vuelve Sus oídos hacia nuestras oraciones (véase, por ejemplo, 2 Crónicas 7:14). Usted puede clamar, gritar, rogar y tener una gran fe, pero si no se arrepiente de su pecado, Dios no oirá sus oraciones.

+ La mejor defensa contra la demonización originada por el pecado personal es arrepentirse y confesar ese pecado.

La confesión del pecado

Cuando confesamos nuestros errores, no le estamos diciendo a Dios algo que Él no sepa. Nadie puede sorprenderlo. La confesión del pecado es mayormente para nuestro propio bien; para que podamos sacarlo de nuestro corazón y exponerlo a la luz de Dios, tomar responsabilidad por el mismo y ser perdonados. *"Si confesamos nuestros pecados, él es fiel y justo para perdonar nuestros pecados, y limpiarnos de toda maldad"* (1 Juan 1:9).

3. Perdonar a otros de todo corazón

No podemos aferrarnos a la amargura y el resentimiento, porque ambos abren la puerta a los demonios. Cuando no perdonamos las ofensas de otros, Dios mismo nos entrega a la tortura de los demonios. (Véase Mateo 18:34–35). Por lo tanto, cuando guardamos ira, resentimiento y amargura, el perdón es lo único que nos puede libertar. El perdón es una decisión de la voluntad, no de las emociones. Ahora mismo, usted puede perdonar a alguien que le ha hecho mal, si le pide al Espíritu Santo la gracia para hacerlo.

4. Ríndase a la liberación de Dios y a la operación del Espíritu Santo

El agente que ministra es el Espíritu Santo. Si usted lo resiste, se está oponiendo a su liberación. Permita que el Espíritu de Dios opere libremente en usted. Póngase de acuerdo con Él para que todo demonio sepa que debe huir.

La palabra "espíritu" significa aliento. Sabemos que el Espíritu Santo es el aliento del Todopoderoso, del Altísimo. (Véase, por ejemplo, Juan 20:21–22). Pero un espíritu malo es un "aliento" del infierno. Por eso, creo que un paso importante para activar la liberación es exhalar por la boca. Esta acción física de su cuerpo indica la decisión de su voluntad. Exhalar es lo opuesto de inhalar o de beber. Usted no recibe el bautismo del Espíritu Santo por el acto de orar, sino por "beber" de Él en fe. De igual modo, no se remueven los demonios orando, sino echándolos fuera. La acción completa sería exhalar los demonios, beber del Espíritu para que éste nos llene de Él, y operar en fe creyendo que somos libres. ¿De dónde se echa fuera un demonio que ha ganado derecho legal en su vida? De usted mismo, de su alma. La liberación viene por su decisión de rechazar y desalojar a los demonios, seguida por el acto físico de exhalar. Así que, repito, echar fuera demonios es una actividad espiritual reafirmada por el acto profético de exhalar. (Véase Marcos 16:17).

Oración de liberación

Padre celestial, yo creo que Jesús es el Hijo de Dios, el Mesías, que vino a la tierra y murió por mis pecados. También creo que Él resucitó de la muerte para darme una nueva vida en Él y para llenarme con Su poder. Ahora, me arrepiento de todos mis pecados, reconociendo que he abierto puntos de entrada para demonios. Confieso mis pecados, que estancan mi propósito en Ti y me impiden servirte. [Mencione sus pecados, incluyendo cualquier pecado habitual o continuo como celos, falta de perdón, inmoralidad sexual, miedos, fobias, auto-lástima, adicciones o compulsiones; así como ligaduras del alma impropias o demoniacas con personas, animales, grupos, lugares, cosas o demonios; brujería u otra práctica satánica; o cualquier otra actividad nociva]. Te pido que me perdones por estos pecados, a través de Jesucristo. Además, echo fuera todo espíritu que entró a mi vida por un trauma emocional o mental. Hecho fuera todo espíritu que entró y me atacó cuando estaba en el vientre de mi madre. Renuncio a cualquier relación con lo oculto. Me arrepiento de todo esto, y ato todo espíritu malo. Clamo la sangre de Cristo sobre mi vida, para que me proteja. Ahora mismo, soy libre, en el nombre de Jesús. ¡Amén!

Por fe, exhale cada espíritu del infierno que está siendo expulsado por el arrepentimiento, la renuncia al mal y la declaración de liberación. Solo exhale los demonios y luego, inhale o beba del Espíritu Santo. La oración de fe lo hará libre.

6

CÓMO SER LIBRES DE LA FALTA DE PERDÓN

Mi vasta experiencia ministrando sanidad interior y liberación me ha mostrado que una gran mayoría de cristianos vive con falta de perdón en su corazón. Yo suelo volver a este tema, porque el perdón es claramente el centro del Cristianismo. Nuestra nueva vida en Cristo puede comenzar solo cuando recibimos el perdón de nuestros pecados, a través de Su sacrificio en la cruz. Y las enseñanzas de Jesús están llenas de referencias y mandamientos para perdonar a otros como Dios nos ha perdonado. Por lo tanto, ¿cómo es posible que para tantos cristianos el perdón no sea una prioridad?

La falta de perdón es una de las causas más frecuentes de opresiones mentales y emocionales, e incluso de enfermedades físicas. Esto es lo que me lleva a sentir una urgencia por sacar a la luz el tema del perdón en la iglesia. Es más, mucha gente en el mundo necesita sanidad mental, emocional y física, y Jesús nos llama a ayudarla. Pero ¿cómo podemos ministrar sanidad a otros si nosotros mismos tenemos heridas emocionales o mentales que hemos sanado a través del perdón?

El perdón abre el flujo de incontables bendiciones, como la reconciliación, paz, harmonía y compañerismo, así como salud espiritual, mental, física y financiera. Tanto el mundo como la iglesia necesitan, de manera desesperada, estas bendiciones. En contraste, la falta de perdón da lugar a múltiples consecuencias; las cuales suelen estar asociadas con la opresión demoniaca. Por ejemplo, la ansiedad, la amargura, el resentimiento, odio, falta de paz, división, enfermedad, guerra y muerte. Todos los seres humanos están en riesgo de sufrir consecuencias tales como éstas debido a su propia falta de perdón o la de otros. La única salida es practicar el perdón como un estilo de vida.

El poder del perdón

Yo he oído muchos testimonies del poder del perdón, pero siempre me toca el corazón cuando oigo de alguien que ha perdonado a su padre, porque entiendo cuánto daño puede hacer el resentimiento contra un padre, en el corazón de un hijo o hija. El siguiente es esa clase de testimonio, contado por una joven descendiente de hispanos, llamada Johanna Parra.

"Durante diez años, luché con problemas de abandono, falta de perdón, ira, rechazo y odio hacia mi padre. Antes de eso, hasta los diez años, había tenido una muy buena relación con él; pero un día, él simplemente se fue para nunca volver. Ni siquiera dijo 'adiós'.

"Un tiempo antes de eso, mi padre me había hablado de una amiga de él, cuyos hijos eran cristianos. Durante muchos años, yo traté de ser como ellos, pero lo único que logré fue perder mi identidad.

"Me sentí muy triste y deprimida después de que mi padre se fue. Perdí el quinto grado, y empecé a hacer cosas malas. Odiaba mirarme en el espejo porque tenía los ojos de mi padre, y no quería que nada me lo recordara. Con el tiempo, mi madre se volvió a casar, pero yo no pude aceptar a mi padrastro; no lo necesitaba a él ni lo quería. De hecho, rechazaba cualquier figura paterna que llegara a mi vida.

"Un día, decidí darle de verdad mi vida a Cristo. De inmediato, todo el odio y los sentimientos de rechazo se fueron, pero la falta de perdón persistía. Entonces, durante un servicio, oí al apóstol Maldonado predicar acerca de la falta de perdón, y recibí la convicción del Espíritu Santo de que el Señor me había perdonado a mí, y por tanto, yo debía perdonar a mi padre. Así que tomé la decisión de perdonarlo. No sé dónde está mi padre ahora; ni siquiera sé si vive porque no lo he vuelto a ver, pero por la gracia de Dios pude perdonarlo. Cuando pasé al altar y oraron por mí, sentí que un gran peso era levantado de mis hombros. Sentí una inmensa paz en mi corazón; me sentí feliz y libre. Aceptar a Jesús en mi vida me ha traído la paz y el amor que necesitaba para perdonar a mi padre. Ahora, sé que Dios es mi Padre celestial y que Él me ama. Ya no necesito nada más. ¡Él me ama y yo lo amo!"

Perdón vertical y horizontal

Existen dos direcciones en las cuales se debe extender el perdón. Las mismas están representadas por la cruz, hecha por dos maderos, uno vertical y el otro horizontal. El madero vertical representa el hecho de que todos necesitamos el perdón de Dios, el cual podemos obtener solo recibiendo la obra terminada de Cristo en la cruz. Éste nos perdona y nos salva. El madero horizontal representa el hecho de que el perdón es también necesario entre nosotros, los seres humanos. Hay dos aspectos en lo que respecta al perdón horizontal: Darlo y recibirlo. Si bien las personas deben brindarse el perdón unas a otras, el perdón supremo viene de Dios, a través del sacrificio de Cristo en la cruz por los pecados del mundo. (Véase 1 Juan 2:2).

¿Qué es el perdón y la falta de perdón?

El perdón es el acto voluntario de liberar espiritualmente a alguien que nos ha ofendido o herido. Significa no guardar nada más contra la persona; cancelar o perdonar toda deuda espiritual, mental, emocional o física que el otro tenga con nosotros.

La falta de perdón es una postura de resentimiento o amargura hacia alguien por algo malo que hizo contra nosotros. Guardar falta de perdón es como tener una declaración escrita de una deuda contra la persona que nos ofendió; una cuenta que nos rehusamos a cerrar hasta que la obligación haya sido pagada de alguna manera. Si no lidiamos de inmediato con la falta de perdón, se puede convertir una fortaleza espiritual de la cual necesitaremos ser libres.

La falta de perdón es rebeldía contra Dios, porque es una transgresión contra las leyes de Su reino. Todas esas transgresiones traen malas consecuencias. Incluso si Dios fuera a ignorar nuestra violación de Sus leyes, eso no detendría el curso de las consecuencias de nuestras malas decisiones y acciones. Nuestras transgresiones no pueden ser ignoradas; deben ser perdonadas, y luego, Dios usará todo en nuestra vida —incluso lo negativo— para nuestro bien. (Véase Romanos 8:28).

En el mundo natural, el fiscal (abogado acusador) compila evidencia contra los acusados que pueden ser usados contra ellos en una corte. Y cuando hemos sido heridos por alguien, a menudo, actuamos como un fiscal, compilando "evidencia" mental contra la persona, porque quedamos capturados en sus faltas contra nosotros. Estamos tan enfocados en la ofensa recibida que no nos damos cuenta de que nuestra falta de perdón se convierte en una evidencia espiritual de nuestra naturaleza pecaminosa ante un Dios todopoderoso, quien es el Juez supremo, el mismo que nos manda a perdonar.

El perdón permite que la vida de Dios fluya en nosotros; mientras que la falta de perdón la detiene. Por lo tanto, rehusarse a perdonar es estar aislado y en prisión espiritual. Cuando éste es el caso, nos estancamos en una mentalidad religiosa que se enfoca en la letra de la ley en lugar del espíritu de la misma. (Véase, por ejemplo, Romanos 7:6). Nuestro corazón se endurece, nuestra fe pierde vida y deja de fluir, y nuestra relación con Dios se vuelve superficial. Podemos tener una formalidad religiosa externa, pero nuestro corazón está vacío. Esto explica por qué tantos creyentes luchan, año tras año, con un ciclo vicioso de frustración y decepción con respecto a su vida espiritual, familiar, su vocación y otras áreas de la vida, viendo apenas uno que otro cambio positivo.

Es más, con nuestra falta de perdón permitimos que Satanás saque ventaja de nosotros; dejamos una puerta abierta para que él venga y nos estorbe, nos robe y hasta nos destruya. Pablo les escribió a los corintios: *"Y al que vosotros perdonáis, yo también; porque también yo lo que he perdonado, si algo he perdonado, por vosotros lo he hecho en presencia de Cristo, para que Satanás no gane ventaja alguna sobre nosotros; pues no ignoramos sus maquinaciones"* (2 Corintios 2:10–11).

La falta de perdón es pecado, rebelión y transgresión. Es una de las mayores ofensas en el reino de Dios.

La gente, cuando ha sido herida, suele guardarse esa información y enterrarla en el fondo de su corazón. Ésta es la respuesta de muchas personas que han sido abusadas física o emocionalmente por un padre, abuelo, hermano, hijo, amigo, o alguien más. Nunca hablan de su dolor con nadie, y su silencio impide que puedan recibir ayuda y sanidad. Para ser libres, necesitan hablar con un líder cristiano de confianza, un consejero o amigo que mantenga su situación confidencial pero que pueda ayudarlos a soltar esa situación en Dios, y perdonar al ofensor. En casos que involucran un crimen cometido contra nuestra persona, y estamos envueltos en procesos legales contra el delincuente, el perdón puede resultar extremadamente difícil. Pero cuando la víctima de un crimen elige no perdonar a su ofensor, mantiene su propio corazón en prisión espiritual y emocional.

Una consecuencia similar ocurre con cualquier herida que permanece sin expresarse y sin ser entregada a Dios. Si guardamos resentimiento y falta de perdón detrás del silencio, no podremos recibir la sanidad emocional, mental y física que necesitamos.

Desafortunadamente, son muchas las ocasiones en que podemos ser heridos por una mala acción cometida contra nosotros. Podemos ser ofendidos por alguien en casa, en el trabajo, en la iglesia o en cualquier otro ámbito de la vida. Como mencioné antes, en mi experiencia, la mayoría de la gente que se va de la iglesia lo hace porque alguien o algo la ofendió; se aferró a su herida y nunca la confesó. Pero guardar ese dolor u ofensa en secreto, en nuestro corazón, matará nuestro espíritu lentamente, tal como cualquier otro pecado escondido lo puede hacer.

La falta de perdón suele ser un pecado silencioso.

Las causas o raíces de la falta de perdón

Ahora, repasemos tres causas de falta de perdón relacionadas:

1. Negarse a soltar una ofensa

No soltar o dejar la ofensa es una raíz principal de la falta de perdón. La persona que no perdona opera desde una fortaleza espiritual, desde donde todo lo que hace sale manchado por la ofensa o es cultivado por la misma. Desde esa posición la persona escoge sus respuestas y reacciones hace los demás. Algunos dicen, por ejemplo, "Ya me traicionaron una vez; no volveré a darle mi corazón a otra persona en toda mi vida".

Cuando alguien recibe una afrenta, sea por algo pequeño o grande —el insulto de un compañero de trabajo, la falta de atención de un padre, la traición de un cónyuge, o algo más—, esa persona puede llevar a ver toda nueva relación con amargura y escepticismo. Es posible que se cierre a los demás; pues siente que no vale la pena correr el riesgo de entregarse nuevamente. Es triste pero las ofensas producen muchos corazones amurallados, porque *"el hermano ofendido es más tenaz que una ciudad fuerte, y las contiendas de los hermanos son como cerrojos de alcázar"* (Proverbios 18:19).

2. Ser espiritualmente inmaduro

Para perdonar de corazón a otra persona se necesita cierto grado de madurez espiritual, en especial cuando la ofensa es real y el enojo es justificado. En su famoso capítulo sobre el amor, el cual es una fotografía del amor del Padre celestial, el apóstol Pablo escribió: *"El amor... no busca lo suyo, no se irrita, no guarda rencor; no se goza de la injusticia, mas se goza de la verdad. Todo lo sufre, todo lo cree, todo lo espera, todo lo soporta"* (1 Corintios 13:4–7). Entonces, cuando nos rehusamos a perdonar, demostramos nuestra inmadurez espiritual y emocional en lugar de mostrar el amor de Dios. (Véase Efesios 5:1).

La raíz de la falta de perdón

es la inmadurez espiritual.

3. Ser egoísta o egocéntrico

Todo pecado viene del yo egocéntrico, y la falta de perdón es una clara evidencia del dominio de nuestra naturaleza carnal. El "viejo hombre" siempre demanda sus derechos e insiste en ser el primero en importancia. Ama quejarse, diciendo cosas como "¡Me heriste!" o "Yo no me merezco esto", o "Esto no es justo". De hecho, la mayoría de la gente que he liberado de espíritus malos ha tenido esto en común, el egoísmo. Debemos ser cuidadosos para no caer en esto, porque Satanás pone en cárcel espiritual a aquellos que caminan de acuerdo con sus deseos carnales.

*Una de las principales causas de falta de
perdón es rehusarse a morir al "yo carnal".*

Nuestra necesidad de ser perdonados

Todos necesitamos perdón de pecados

Muchas veces, a menos que entendamos nuestra necesidad de perdón, no somos capaces de perdonar a otros. Pero *"todos nosotros nos descarriamos como ovejas, cada cual se apartó por su camino"* (Isaías 53:6). No tuvimos opción de elegir si queríamos nacer con una naturaleza pecaminosa; la heredamos. Pero, así y todo necesitamos ser limpios de ella, tanto como ser perdonados de nuestro pecado personal, y por eso *"Jehová cargó en él [Jesús] el pecado de todos nosotros"* (Isaías 53:6). Aunque nunca hayamos cometido un pecado "terrible", todos hemos pecado de una u otra manera; con lo cual hemos sido cortados de la santa presencia de Dios. (Véase Romanos 3:23). Aun así, Dios ha hecho provisión total para perdonarnos y restaurarnos. Debemos recibir el sacrificio que Jesús hizo en la cruz, en nuestro lugar. Ésta es la única manera en que podemos ser santificados y justificados, de modo que podamos volver a nuestro Padre celestial y desarrollar una relación, en amor y verdad, con Él.

Jesús pagó nuestra deuda de pecado

Tenga en mente que Dios no puede comprometer Su justicia por nadie; hacerlo sería renunciar a Su integridad. En la cruz, como nuestro sustituto, Jesús tomó sobre Sus hombros todas nuestras rebeliones, pecados, transgresiones e iniquidades —pasados, presentes y futuros— para que la deuda de nuestra maldad fuera pagada por completo. Y nosotros recibimos Su obra de perdón por la fe. (Véase Romanos 4:20–25).

La base sobre la cual podemos recibir el perdón
de Dios es el sacrificio de Cristo en la cruz.

Dios nos perdona por completo

Cuando Dios nos perdona, no lo hace parcialmente sino por completo. *"¿Qué Dios como tú, que perdona la maldad, y olvida el pecado del remanente de su heredad?... Él volverá a tener misericordia de nosotros; sepultará nuestras iniquidades, y echará en lo profundo del mar todos nuestros pecados"* (Miqueas 7:18–19). Todo lo malo que hemos hecho, y toda acusación que el enemigo ha realizado contra nosotros, Dios los arrojó *"en lo profundo del mar"*. El Señor dice: *"Yo, yo soy el que borro tus rebeliones por amor de mí mismo, y no me acordaré de tus pecados"* (Isaías 43:25). Cuando Dios nos perdona, borra todo registro de nuestras deudas, de modo que quedan como si nunca hubieran existido. Y no solo eso, también se olvida de ellas. No es que Dios tenga mala memoria, sino que escoge no recordar nuestros pecados; no los guarda en nuestra contra. Cuando Él perdona, también olvida.

Dios nos perdona y por eso, podemos perdonar a otros y a nosotros mismos

Judas, el discípulo de Jesús que entregó al Mesías para ser asesinado, no pudo perdonarse a sí mismo ni aceptar el perdón de Dios. Se sintió condenado y pensó que no había salida para él; por eso, se quitó la vida. Por otro lado, Pedro, el discípulo que negó a Jesús en el momento más crítico —durante Su juicio y sufrimiento— recibió el perdón del Maestro, fue restaurado y llegó a ser uno los mayores apóstoles de la historia.

Los sentimientos de vergüenza, y el dolor que los acompaña, suelen crecer en el interior de la persona cuando no se puede perdonar a sí misma. Es frecuente que cuando alguien no se puede perdonar sus errores o pecados, comience a conformarse a un tipo de legalismo, donde se condena a sí mismo cada vez que vuelve a cometer pecados o errores. En esencia, se convierte en su propio juez y jurado. Pero considere esto: Si el Señor lo ha perdonado, pero usted no se perdona a sí mismo o a otros, es como si dijera que usted es mayor que Él, que su propia palabra es más cierta que la del Señor.

> *Cuando usted no se perdona a sí mismo o a otros, se hace más grande que Dios.*

El perdón trae las bendiciones

Como escribí antes, muchas bendiciones viene a través del perdón. Para recibir el perdón de Dios, necesitamos ser sinceros y honestos con Él acerca de nuestros pecados, en lugar de tratar de cubrirlos, poner excusas o escondernos. Solo Dios puede cubrir nuestros pecados; Él lo hace con la sangre de Cristo. El rey David cantaba: *"Bienaventurado aquel cuya transgresión ha sido perdonada, y cubierto su pecado. Bienaventurado el hombre a quien Jehová no culpa de iniquidad, y en cuyo espíritu no hay engaño"* (Salmos 32:1–2).

Se cree que David escribió este salmo a causa de sus pecados de adulterio, con Betsabé, y asesinato de Urías, esposo de ella. Al principio, David se había negado a enfrentar la gravedad de sus pecados. Trató de ignorarlos, pretender que nada había sucedido. Mientras sus pecados permanecieron sin ser confesados, sus huesos *"se fueron consumiendo"* (Salmos 32:3, NVI) y su *"fuerza se fue debilitando"* (versículo 4, NVI). (La mención del consumo de sus huesos puede referirse a una enfermedad o dolencia). Pero cuando se humilló delante de Dios, fue perdonado y restaurado. (Véase versículo 5). El libro de Santiago hace una conexión similar entre la confesión de pecados, el perdón y la sanidad. (Véase Santiago 5:14–16).

Si usted ha pecado, no se demore en pedirle a Dios que lo perdone. Hay un periodo de gracia para que usted lo busque y para que Él le dé la oportunidad de arrepentirse. (Véase Isaías 55:6–7). Durante este tiempo, el Espíritu Santo trae convicción de pecado. ¡Éste es un asunto urgente! Usted tal vez tienda a defenderse y decir: "Yo no cometí un pecado tan 'grande', así que estoy bien". Pero el asunto no es la magnitud de la transgresión; todo pecado nos separar de la gloria de Dios y, por tanto, necesita el perdón. El pecado no debe ser tomado livianamente, nunca.

Malena es una joven afroamericana que asiste a nuestra iglesia. Las heridas del pasado, sumadas a la falta de perdón por ofensas ajenas y propias, estaban llevando su vida en una espiral hacia la muerte. Ella se sentía atrapada y quebrada; sabía que algo tenía que cambiar pronto. El siguiente es su testimonio.

"A los cuatro años fui adoptada, pero la familia de mi padre adoptivo (practicantes de brujería) nunca me aceptó. Así que sufrí mucho rechazo de su parte. A los 19 años tuve una relación con un hombre que también me rechazaba y que, incluso, trató de matarme. Sentía mucha vergüenza por esta situación; porque estaba metida en alcohol y drogas. Fumaba marihuana todas las mañanas para escapar de la realidad; también usaba cocaína. No quería mirarme al espejo; me sentía rechazada, sucia y fea.

"Después de esa relación, conocí a otro hombre y me casé con él. Estuvimos juntos por cinco años hasta que, una mañana, desperté para encontrar una nota de despedida. Yo no le importaba para nada. Me había abandonado con un hijo de dos años, y se había llevado todo lo que tenía algún valor material con él. ¡Yo no quería seguir viviendo! Traté de cometer suicidio en la autopista con mi pequeño. Me sentía muy sola, avergonzada; bebía alcohol a diario. Odiaba a los hombres y a todo el mundo. Ya nada me importaba.

"Un día, visité el Ministerio Internacional El Rey Jesús, donde sentí el inmenso amor de Dios; era un amor que nunca antes había experimentado. Ni los hombres ni las drogas me habían hecho sentir tan amada como lo hizo el Padre celestial. Pude perdonar a mis padres y a la familia de mi padre adoptivo, al hombre que me había maltratado y abandonado, y a los hombres en general. Dios me perdonó y me arrancó la culpa y los deseos de morir. Su amor me liberó de la depresión, la soledad y el dolor. Desde entonces, nada en este mundo ha podido volver a hacerme sentir como antes. Ahora soy feliz, tengo paz, me siento segura, amada y llena de ganas de vivir, tanto para mí como para mi pequeño hijo. El amor y el perdón de Dios me sanaron y me enseñaron que Él es lo único que yo necesito".

Cada vez que el poder de Dios sana a alguien,
vemos una manifestación de Su perdón.

Debemos perdonar tal como hemos sido perdonados

Cuando Jesús les dio a Sus discípulos un ejemplo de cómo orar al Padre celestial, incluyó una referencia al perdón que contenía una condición clara e inevitable: *"Perdónanos nuestras deudas, como también nosotros hemos perdonado a nuestros deudores"* (Mateo 6:12, NVI). Él hizo énfasis en el principio de que recibir el perdón del Padre depende de que nosotros perdonemos a los que nos ofenden. Si les negamos el perdón a ellos, nos será negado a nosotros también.

Además, la parábola de los dos deudores brinda poderosas verdades reveladas acerca del perdón. (Véase Mateo 18:21–35). Allí, el primer siervo del rey, que le debía a su soberano la enorme cantidad de diez mil talentos, nos representa a usted y a mí. Esta deuda, la cual el siervo encontraba imposible de pagar denota el incalculable costo de nuestro pecado contra un Dios santo. El segundo siervo representa a nuestros hermanos, seres humanos, tal vez nuestros hermanos en la fe más específicamente. Aquel siervo le debía una cantidad infinitamente más pequeña al primer siervo. En otras palabras, nuestra deuda de pecado con Dios es incontablemente mayor que la de cualquier transgresión que otro pueda cometer contra nosotros.

Vamos a examinar más de cerca algunas de las verdades que se desprenden de esta parábola:

La falta de perdón es una forma de maldad

En esta parábola, el rey (que representa a Dios) llamó al primer siervo *"malvado"* (Mateo 18:32) porque no perdonó a su compañero. Desde una perspectiva legal, en la tierra, el primer siervo no había cometido un crimen, solo no había sido capaz de perdonar. Pero la perspectiva celestial es muy diferente de la terrenal.

La falta de perdón provoca la ira de Dios

El rey le reclamó al primer siervo: *"Toda aquella deuda te perdoné, porque me rogaste. ¿No debías tú también tener misericordia de tu consiervo, como yo tuve misericordia de ti?"* (Mateo 18:32–33). Es importante entender la diferencia entre las dos deudas descritas en esta parábola. Al cambio de hoy, 10.000 talentos serían un equivalente aproximado de 425 millones de dólares, mientras que 100 denarios serían alrededor de 74 dólares. Entonces, en esencia, el rey le estaba diciendo: "Yo te perdoné 425 millones de dólares, y tú no pudiste perdonar 74?" La falta de misericordia del siervo perdonado desató la ira del rey.

Cuando comparamos ambas deudas, parece ridículo que el primer siervo no quisiera perdonar la pequeña deuda de su compañero. Sin embargo, eso es básicamente lo que hacemos nosotros cada vez que nos rehusamos a perdonar el error de ser humano contra nosotros. Jesús nos perdonó una deuda incalculable de pecados, la cual nunca hubiéramos podido pagar ni con todo el oro del mundo; pero luego, nos volteamos y endurecemos nuestro corazón contra aquel que nos ofende. Nuestra falta de perdón entristece a Dios y puede provocar Su ira; lo cual nos trae graves consecuencias.

La falta de perdón nos entrega a los "verdugos"

"Entonces su señor, enojado, le entregó a los verdugos, hasta que pagase todo lo que le debía" (Mateo 18:34). Con esta declaración, yo creo que Jesús estaba diciendo, en efecto: "De la misma manera que el rey lidió con el siervo malvado, mi Padre celestial tratará con cualquiera que no perdone a su hermano. Lo entregará a los demonios (verdugos)". Y no es que Dios tenga espíritus malos, sino que deja a la persona a merced de los demonios que ella misma dejó entrar en su vida, los cuales la torturan. Dios permite que los demonios opriman a la persona, con la esperanza de que ésta se arrepienta, vuelva a Él, perdone a quien la ofendió y reciba Su perdón. El apóstol Pablo trató con Timoteo una situación similar con respecto a dos miembros de la iglesia primitiva. (Véase 1 Timoteo 1:18–20). Hoy, un sinnúmero de personas está bajo tortura demoniaca por haberse negado a perdonar a sus ofensores.

¿Qué clase de tormentos infligen estos demonios? Ellos aplican tormentos mentales y emocionales, tales como miedo, confusión, depresión, luto, soledad, resentimiento, ira, amargura y culpabilidad; y tormentos físicos, como artritis y cáncer. Los demonios vendrán a burlarse de la persona, recordándole que sus pecados no han sido perdonados porque no ha perdonado a sus ofensores, y por lo tanto, sigue en deuda con el Señor. Esto añade sentimientos de miedo y culpa a la persona, hasta que ésta decida obedecer a Dios y perdonar a quienes la han hecho daño.

Nuestro intelecto o razón justifica la falta de perdón

En nuestra mente, tendemos a justificar la falta de perdón. Podemos pensar: "Dios quiere que le perdone a esa persona lo que me hizo, pero ella no lo merece". El siervo malvado creía que era justo tratar de cobrarle aquella pequeña deuda a su compañero, a pesar de que a él mismo le acababan de perdonar una deuda enorme. De alguna manera, no se le ocurrió que habiendo recibido misericordia él también debía ser misericordioso con otro.

La falta de perdón siempre trata de probar que está en lo justo.

Muchos cristianos razonan de esta manera. A pesar de que Dios les ha perdonado todos sus pecados, y les ha dado el don del Espíritu Santo y la promesa de la vida eterna, se niegan a perdonar a aquellos que han pecado contra ellos. Si alguien abusa de nosotros o nos trata injustamente, tenemos el derecho legítimo de enojarnos o sentirnos heridos, porque nos hicieron mal. Pero aun así, nuestro enojo o dolor no nos da derecho a no perdonar.

No nos podemos enfocar completamente en Dios y crecer en nuestra fe, sin obstáculos, mientras guardemos falta de perdón; porque estaremos ocupados tratando de excusar nuestro resentimiento, ira y odio. Esto solo alimenta nuestro "yo carnal". ¡Dejemos de justificar la falta de perdón! En cambio, soltemos el dolor y las ofensas, así como a aquellos que nos han ofendido.

Las consecuencias de la falta de perdón

La violación de las leyes de Dios trae consecuencias, y el pecado de la falta de perdón no es la excepción —como lo vimos en la parábola de los dos siervos—. Ahora, vamos a estudiar algunas consecuencias específicas de la falta de perdón.

1. La falta de perdón pervierte y contamina el flujo de la unción de Dios en nuestra vida. Por ejemplo, un pastor que guarda amargura, tarde o temprano, contaminará a los miembros de su congregación, porque los está ministrando desde un lugar de dolor. (Véase, por ejemplo, Hebreos 12:15). Es como si su "depósito" de unción se hubiera roto o quebrado, de manera que tiene una pérdida y no puede retener la impartición, activación o bendición completa. Como resultado, la ministración que la gente recibe de él durante el servicio se evaporará, y lo que permanezca, probablemente estará contaminado. Esto explica por qué tanta gente va a la iglesia pero nunca cambia para mejor, a pesar de que participa en la adoración y oye las enseñanzas de la Palabra de Dios.

Una herida u ofensa drena la unción.

2. La falta de perdón nos pone en una prisión virtual hasta que perdonemos a quienes nos han ofendido. Jesús nos dio la siguiente advertencia, la cual es similar al juicio del rey en la parábola de los dos siervos:

Ponte de acuerdo con tu adversario pronto, entre tanto que estás con él en el camino, no sea que el adversario te entregue al juez, y el juez al alguacil, y seas echado en la cárcel. De cierto te digo que no saldrás de allí, hasta que pagues el último cuadrante.

(Mateo 5:25–26; ver también 21–24)

En el Antiguo Testamento, la vida de José es un ejemplo destacable del poder del perdón, aun cuando han obrado gran mal contra nosotros. Los hermanos de José lo envidiaron, rechazaron y finalmente, lo vendieron como esclavo para deshacerse de él. Pero José pudo perdonarlos y soltar el resentimiento contra ellos, porque aun como esclavo en Egipto, en la casa de Potifar, *"Jehová estaba con José, y fue varón próspero"* (Génesis 39:2), e incluso después de ser acusado injustamente por la esposa de Potifar y echado a la cárcel, *"Jehová estaba con José, y lo que él hacía, Jehová lo prosperaba"* (Génesis 39:23). Con el tiempo, José fue elevado a una posición en la cual llegó a reinar sobre todo Egipto, como el segundo al mando, después del Faraón. (Véase Génesis 41).

Sin embargo, podemos ver por el relato bíblico, que es obvio que el corazón de José estaba herido. No se describen los pensamientos íntimos de José pero yo imagino que su dolor por la forma en que había sido tratado por sus hermanos era profundo y lo atormentaba. Génesis 45:2 relata que, cuando vino el tiempo de que José revelara su identidad a sus hermanos y se reconciliara con ellos, lloró a gritos. José no solo había soportado la esclavitud y la prisión físicas, sino que su corazón seguía cautivo por el dolor. Luego de reconciliarse con sus hermanos, su corazón fue sanado. Observe que pudo consolar a sus hermanos y animarlos a perdonarse a sí mismos por lo que le habían hecho. (Véase Génesis 45:4–15).

La persona que ha sido ofendida, permanecerá en prisión de dolor emocional, depresión, alcoholismo, enfermedad y otras formas de opresión, hasta que haya perdonado el mal cometido contra ella y se haya reconciliado con su ofensor, dentro de lo que le sea posible. (Véase Romanos 12:17–21). ¿En qué prisión se encuentra usted ahora mismo? ¿Es una prisión de tristeza, miedo, confusión, resentimiento, adicción, pobreza o enfermedad? Tome la decisión, ahora mismo, de perdonar cada ofensa cometida contra usted. Entréguele todas sus heridas a Dios y pídale que sane su mente, sus emociones y su cuerpo.

> *El perdón nos da el poder para soltar la ofensa; la falta de perdón nos impide soltarla.*

3. *La falta de perdón nos vuelve insensibles a la presencia de Dios.* El enojo y la amargura no solo sofocan a una persona emocionalmente, sino que endurecen su sensibilidad espiritual; en este estado, a la persona le resulta difícil sentir la presencia de Dios. Esto explica por qué la persona que no perdona es, muchas veces, incapaz de sentir la presencia del Padre celestial, aun durante un servicio de adoración donde la gloria de Dios se siente fuerte y la mayoría de la gente experimenta Su manifestación, recibiendo sanidad espiritual, emocional y física.

> *Cuando usted pierde la sensibilidad hacia Dios, pierde también la sensibilidad hacia la gente, y viceversa.*

4. *La falta de perdón usurpa el lugar de la fe en nuestra vida.* Dios diseñó el corazón para que fuera la morada de la fe. (Véase Romanos 10:9–10). La gente que guarda falta de perdón es incapaz de vivir por fe, dado que su dolor, amargura y enojo anulan su fe. Tales actitudes

bloquean el canal por el cual opera la fe. Como resultado, su discernimiento espiritual puede entenebrecerse también. Entonces, si usted ha rendido su corazón al enojo y la amargura, su dolor ha tomado el asiento designado para la fe en su interior. Y sabemos que sin fe es imposible agradar a Dios. (Véase Hebreos 11:6).

El perdón es mayor que la falta de perdón.

5. *La falta de perdón puede detener la mano de Dios e impedir que Él traiga justicia y/o reconciliación en una situación.* Mientras no perdonemos y soltemos a la persona que nos ofendió, será muy difícil que nuestras circunstancias mejoren. La falta de perdón afecta no solo nuestra condición espiritual, sino también el estado espiritual de quien nos ofendió. Cuando perdonamos a la persona, la soltamos a ella y a su deuda, con lo cual queda libre. Esto abre el camino para que Dios pueda lidiar con Su corazón; de modo que pueda guiarla al arrepentimiento y a la reconciliación. Es más, yo he visto el favor de Dios sobre la persona que ha perdonado, dándole un nuevo círculo de amistades positivas y otras bendiciones.

El perdón libera tanto al ofensor como al ofendido.

6. *La falta de perdón endurece nuestro corazón.* El corazón que no perdona desarrolla una dureza, como un cayo, de modo que la capacidad de la persona para sentir compasión es disminuida. En cambio, siente que el mundo está en deuda con ella. Ésta es la razón de fondo por la que a mucha

gente que guarda falta de perdón le cuesta tanto dar y recibir amor. Sus emociones están reprimidas. Por lo general, les resulta muy fácil funcionar a nivel mental o conversar con otra gente a nivel intelectual, pero carecen de verdadera calidez y compañerismo con otros a nivel del corazón.

A veces, la amargura puede llevar un corazón a endurecerse en un instante; con lo cual, ese corazón se amuralla y se oscurece. Esto acciona una caída directa a la perversión, donde la amargura lleva al odio, y el odio lleva a la cauterización de la consciencia. La persona con tal consciencia tiende a operar con intimidación, manipulación y otras formas de control, en sus relaciones personales.

> *Si usted no puede perdonar,*
> *nunca podrá crecer en sus relaciones.*

7. La falta de perdón cierra los cielos. Jesús nos enseñó: "*Si vosotros no perdonáis, tampoco vuestro Padre que está en los cielos os perdonará vuestras ofensas*" (Marcos 11:26). Como hemos notado, la falta de perdón puede ser un obstáculo en cada área de nuestra vida —nuestras relaciones, finanzas, trabajos/negocios, ministerio, y nuestra salud mental, emocional y espiritual—, hasta el punto de estorbar nuestras oraciones. (Véase, por ejemplo, 1 Pedro 3:12). Por tanto, la falta de perdón construye una barrera espiritual que limita todo lo que podemos recibir de Dios.

Cuando una relación se rompe, ¿sobre quién pone Jesús la responsabilidad de perdonar o pedir perdón primero? Sobre nosotros. Es decir, no debemos esperar que la persona que nos ha ofendido venga a pedirnos perdón, ni tampoco que la que nosotros hemos ofendido se acerque a buscar la reconciliación. A veces, no nos es posible reconciliarnos con alguien cara a cara, debido a una distancia física, a la muerte de la persona, a la negación de la misma a cooperar, o alguna otra razón; más allá de eso, debemos dejar ir cualquier herida, enojo y amargura, y perdonar a quien nos ofendió, con todo el corazón. El reino de Dios y Su voluntad para nuestra vida no podrá llegar a nosotros mientras guardemos falta de perdón. No podemos progresar espiritualmente más allá de nuestro nivel de arrepentimiento y perdón.

> *Jesús nos dio la responsabilidad de ser*
>
> *los primeros en perdonar y pedir perdón.*

8. *La falta de perdón nos puede llevar a reproducir la misma ofensa.* Hay una consecuencia de la falta de perdón que mucha gente no ve; y es que el ofendido viene a ser tal como el ofensor al que no quiere perdonar. (Véase, por ejemplo, Lucas 6:37). Por ejemplo, una persona que fue abusada puede convertirse en abusadora. Alguien que fue juzgado injustamente puede volverse juez de todos. Por tanto, la persona que no perdona el dolor que le han causado, a menudo termina lastimando a otros en la misma área.

> *Cuando nos rehusamos a perdonar la ofensa, corremos*
>
> *el riesgo de llegar a ser como nuestro ofensor.*

9. *La falta de perdón atrae poderes demoniacos.* Si usted no permite que su corazón ofendido sea sanado, comenzará a "sangrar" (en el plano emocional), haciéndolo vulnerable a un ataque demoniaco. Como tiburones hambrientos, Satanás y sus demonios son atraídos por la sangre y las heridas no resueltas, especialmente cuando la sangre clama por venganza. Las Escrituras nos instruyen a no tomar venganza —ya sea por nosotros o por otros— sino a dejarle la justicia a Dios. (Véase Romanos 12:19). Las heridas arraigadas y los deseos de venganza suelen llevar a la persona a sufrir opresión y otras aflicciones de parte del enemigo.

La falta de perdón es un punto
de entrada para los demonios.

10. La falta de perdón puede ser la causa de enfermedades físicas. Una gran cantidad de gente con cáncer guarda amargura y rencor en su corazón. Cuando las ofensas no resueltas de una persona se manifiestan en una dolencia física, la enfermedad es apenas un síntoma. El origen real del problema, la causa esencial del dolor, es la falta de perdón. Cada dolor que la persona guarda en su interior alimentará esa enfermedad hasta segar una cosecha destructiva. Pero si la persona se arrepiente, perdona a quienes la han herido, el Señor arrancará la raíz de esa enfermedad al instante. Cuando esto sucede, se abre la puerta de la sanidad. Como escribí antes, con respecto al pecado de rebelión, si usted está enfermo y han orado por su salud sin ver resultados, revise su corazón para ver si no hay algo de lo que necesite arrepentirse o ser perdonado (o cualquier maldición generacional que deba cortar). Si usted está guardando alguna falta de perdón, arrepiéntase de inmediato y sea libre.

Mientras usted se aferre a la falta
de perdón, la enfermedad tiene un derecho
legal para desarrollarse en su cuerpo.

11. La falta de perdón trae juicio y condenación eterna.

Pero yo [Jesús] os digo que cualquiera que se enoje contra su hermano, será culpable de juicio; y cualquiera que diga: Necio, a su hermano, será culpable ante el concilio; y cualquiera que le diga: Fatuo, quedará expuesto al infierno de fuego. (Mateo 5:22)

La falta de perdón es un pecado y, como tal, puede llevar a la gente al infierno. ¡Cuánta gente se ha rehusado a perdonar una ofensa y se ha llevado, obstinadamente, su falta de perdón a la tumba! Alguna ha preferido morir de una enfermedad, cuya raíz era la amargura, antes que perdonar a su ofensor. Ciertas personas incluso han cometido suicidio para poder usar su muerte como forma de castigo contra quien le hizo daño, en lugar de vivir para perdonar y ser perdonadas.

Una falta de perdón trae condenación espiritual, a la vez que funciona como una sentencia de muerte que ata a la gente a las heridas del pasado, a la enfermedad, y —finalmente, tal vez— al infierno. La falta de perdón a menudo representa la muerte de una relación; sea un matrimonio, una amistad, una asociación ministerial, comercial, u otra relación. Dondequiera que haya falta de perdón, lo que sigue es enfermedad y muerte. Usted no puede guardar falta de perdón y estar espiritualmente vivo. La falta de perdón es, por tanto, un asesino silencioso que puede llevarlo a la tumba antes de tiempo, y al castigo eterno.

> *La falta de perdón es un pecado y, como tal, puede llevar a la gente al infierno.*

12. *La falta de perdón nos lleva a conformarnos al mal, produciendo comportamientos negativos.* Nuestro carácter es continuamente edificado y refinado por nuestras elecciones personales. Desarrollamos un buen carácter cuando nos conformamos a la imagen de Cristo Jesús (véase, por ejemplo, Romanos 8:29); por tanto, el perdón nos lleva a desarrollar el carácter de Cristo en nosotros. Lo opuesto también es verdad. Cuando uno se conforma a la naturaleza carnal, amargándose y negándose a perdonar, desarrollamos cualidades del carácter opuesto, el cual lleva a conductas negativas alineadas con el reino de las tinieblas, en lugar del reino de Dios.

La falta de perdón promueve el carácter

de Satanás en la vida de una persona.

13. *La falta de perdón no tiene presente ni futuro, y nos lleva a vivir principalmente en el pasado.* Mientras la fe nos lleva a vivir en el presente y a diseñar el futuro, la falta de perdón no nos permite soltar el pasado. Revive las ofensas y los insultos en nuestra mente, como si estuvieran ocurriendo en el ahora. Como consecuencia de eso, la falta de perdón encadena nuestro corazón a tiempos pasados (de manera negativa), lo cual Satanás gusta de usar en contra de nosotros. El diablo no puede afectar el futuro; de hecho, ni siquiera lo conoce, a menos que sea el conocimiento de su propia destrucción. Pero uno de sus principales medios para arruinar el destino de la gente es llevarla a vivir en su pasado. Por eso nos engaña obligándonos a revivir las situaciones una y otra vez; incluyendo eventos que nos ocurrieron diez, veinte o treinta años atrás.

Las fuerzas demoniacas nos llevarán a recordar las heridas venidas por causa de comentarios hechos a la ligera e insultos; el dolor de una relación en la cual fuimos rechazados o abandonados; el abuso físico, emocional o verbal; y otras causas de angustia emocional o mental. Cuando más revivimos una ofensa, las raíces más profundas del dolor y la amargura se extenderán a nuestro corazón. Aquellos que se enfocan en el pasado nunca podrán vivir por completo en el presente o planear un futuro con significado.

Cuanto más revivamos una ofensa, más hondas

serán las raíces de nuestro dolor y amargura.

14. *La falta de perdón anula nuestro propósito y llamado en Dios.* De acuerdo con el punto anterior, alguien que vive en el pasado tiene su

propósito de vida inactivo, porque el propósito por lo general envuelve una expectativa en el futuro. Recuerde que el siervo malvado de la parábola de Jesús fue encarcelado y puesto en manos de los "verdugos" por su falta de perdón. Asimismo, la gente que guarda falta de perdón se encuentra aprisionada por las circunstancias que siempre les impiden alcanzar sus metas. Por ejemplo, pueden tratar de completar un proyecto, el cual debería tomar un corto tiempo, y tomarse muchos años, o nunca llegar a concretarlo.

Algunos adultos funcionan emocionalmente al nivel de un niño, porque veinte años atrás sufrieron el fuerte impacto de una ofensa; y su subsiguiente falta de perdón los ha llevado a estancarse en ese punto de su vida. Su estancamiento emocional les impide progresar hacia la madurez. Cuando no nos es posible madurar, no podemos tampoco recibir nuestra herencia espiritual completa; y entonces, el propósito con cual Dios nos creó tal vez nunca llegue a manifestarse o cumplirse en este mundo.

Cuando usted perdona, se hace un favor a sí mismo; desata las bendiciones de Dios a su favor.

Transformados por el perdón

Muchas de las consecuencias de la falta de perdón descritas arriba se manifestaron en la vida de Justin Schopp, un joven norteamericano que asiste a nuestro ministerio. El siguiente es su testimonio.

"Mis padres se divorciaron cuando yo tenía tres años, y mi madre y yo nos mudamos a medio país de distancia. Durante mi crecimiento, nunca entendí por qué mi papá no estaba a mi lado y por qué no venía a visitarme ni quería estar conmigo. Crecí herido, perdido, enojado y amargado. Estaba lleno de odio, rebelión, rabia, depresión, confusión y dolor. Me portaba mal en la escuela, me peleaba con mis compañeros. No podía perdonar a mi padre.

"Comencé a fumar y beber a los trece años, lo cual me llevó a una vida de drogas, alcoholismo y promiscuidad. Con todo eso, yo trataba de llenar el vacío en mi corazón; intentaba medicar el dolor y la falta de perdón. Trabajaba mucho pero en trabajos sin lugar a progresar. No lograba tener una relación exitosa con mi padre y mi tío, ni con mis jefes y otras autoridades.

"Vivía con muchas ataduras, incluyendo el miedo. Le temía al rechazo, al fracaso, al éxito y a correr riesgos; tenía miedo de abrir mi corazón. No creía en mí mismo lo suficiente como para hacer algo grande con mi vida. A veces, me quedaba en relaciones por miedo a estar solo; y era mayormente manipulado por las mujeres. Debido a la enorme cantidad de drogas en mi sistema, desarrollé una paranoia donde oía voces que me atormentaban. No podía dormir de noche. Era miserable en cada área de mi vida. Por espacio de 27 años, estuve atado y viviendo en el infierno.

"Hasta que un día, el Espíritu Santo vino a mí en mi cuarto de baño, y me dio convicción. En ese momento, el temor de Dios entró a mi vida. En ese entonces, vivía con una novia; pero de inmediato, me mudé y me distancié de ella. Comencé a orar, buscando a Dios, y a buscar una iglesia. Probé varias en la zona de Miami Beach hasta que finalmente, encontré el Ministerio El Rey Jesús, donde comencé el proceso de discipulado. El Espíritu Santo me ministró en cada paso del camino. Por Su gracia, he podido perdonar a mi padre, mi madre y todo aquel que alguna vez me lastimó. Cuando tomé la decisión de perdonar, fui libre del miedo y de los sentimientos de rechazo.

"Cuando me perdoné a mí mismo todos los errores y los años de opresión, Dios comenzó a revelarme mi verdadera identidad. Fui libre de toda atadura a las drogas, el sexo ilícito, alcohol y peleas. Llegué a tener una mayor intimidad con Dios, y Él me llenó con Su amor. Tuve un encuentro sobrenatural con Él como mi Padre celestial que me cambió. Por primera vez en mi vida, supe quién era; me sentí satisfecho, seguro y osado.

"A partir de esa experiencia, he sido empoderado para moverme en el poder sobrenatural de Dios. Además, sirvo al apóstol Guillermo Maldonado; algo que antes hubiera sido inimaginable para mí porque no hubiera sido capaz de recibir una corrección. No hubiera podido servir sinceramente a nadie ni ser un verdadero hijo. A partir de haber sido libre de la falta de perdón, fui libre en toda área de mi vida. Hoy, estoy casado y soy el sacerdote de mi hogar; y también, soy líder en la iglesia. Ahora, mi empeño está puesto en vivir cada vez más cerca de Dios, buscando más encuentros con Él y caminando en mi propósito".

Verdades importantes acerca del perdón

La gente a menudo me confiesa que le resulta difícil perdonar. Mi respuesta es que su disposición para no perdonar, entonces, debe ser mayor que su disposición para soltar la ofensa. Su falta de perdón me dice que prefiere permanecer oprimida, separada de la otra gente, financieramente inestable, enferma, y aun vulnerable a una muerte temprana, en lugar de perdonar. Cuando somos heridos y ofendidos, necesitamos pedirle a Dios Su gracia sobrenatural para perdonar al culpable.

Nuestras luchas más difíciles con la falta de perdón suelen involucrar a la gente más cercana a nuestro corazón. Son aquellos que conviven con uno o pasan la mayor parte del tiempo con uno, comparten comidas, duermen bajo el mismo techo, comparten nuestros sueños, los que más nos pueden herir. Nadie puede provocar mayor sentido de traición y resentimiento que un ser amado.

Antes vimos los pasos que nos pueden llevar a ser libres de la falta de perdón; repasemos estas verdades:

+ El perdón no es una emoción, sino una decisión. No podemos forzar el cambio de una emoción negativa, pero sí tomar la decisión de soltar una ofensa. Esto significa que podemos perdonar, si sabemos cómo.

+ Si queremos traer un verdadero cambio a nuestra vida, nuestro corazón herido debe ser restaurado y sanado. Jesucristo fue a la cruz para que pudiéramos ser sanos. Citando a Isaías, Jesús dijo de Sí mismo: *"El Espíritu del Señor está sobre mí, por cuanto me ha ungido para dar buenas nuevas a los pobres; me ha enviado a sanar a los quebrantados de corazón; a pregonar libertad a los cautivos, y vista a los ciegos; a poner en libertad a los oprimidos"* (Lucas 4:18). Entre otras cosas, Jesús fue ungido para sanar al quebrantado de corazón y para liberar a los oprimidos, y Él puede restaurar su corazón. Haga su parte rindiendo su falta de perdón a Él y permitiéndole sanar todas sus heridas.

Pasos para perdonar de corazón

Aquí tenemos cinco pasos esenciales para que usted pueda perdonar a quienes le han hecho mal.

I. Reconocer su necesidad de perdonar

Inevitablemente, usted ha sido herido, traicionado, juzgado injustamente, rechazado o abandonado en algún momento de su vida. Aquí veremos algunos puntos que le ayudarán a reconocer su necesidad de perdonar:

+ No se engañe a sí mismo ni a los demás pretendiendo no sentir dolor por las veces que le han hecho un mal. Si sigue insistiendo en que nada ha ocurrido, seguirá atrapado en ese lugar de ofensa inicial.

+ No se engañe a sí mismo pensando que ya ha perdonado si, cuando habla de la persona que lo ofendió, vuelve a sentir el mismo dolor y no puede ni oír mencionar su nombre.

+ No espere que el "tiempo" sane sus heridas, porque no sucederá.

+ Reconozca cómo se siente —sea herido, resentido, amargado, asustado y demás—. En vez de tratar de esconder esos sentimientos, dispóngase a mencionarle a Dios los nombres de quienes le han causado dolor, para que así pueda soltar a esas personas de su deuda espiritual.

2. Someterse a Dios y a Su Palabra

"Someteos, pues, a Dios; resistid al diablo, y huirá de vosotros" (Santiago 4:7). En lugar de resistir a Dios, guardando falta de perdón, sométase a Él y obedezca Su Palabra. ¡Es al diablo a quien debemos resistir! Repito, la persona que le ha fallado le debe muy poco en comparación con lo que usted le debía a Dios cuando vino a Él en búsqueda del perdón de sus pecados. Como en la parábola de los dos siervos, ¡su deuda era enorme en comparación!

3. Tomar una decisión específica de perdonar

No espere a que sus sentimientos estén listos para perdonar. Hasta que tome la decisión de soltar a quien lo ofendió, sus emociones nunca querrán soltar la ofensa por completo. Es más, las emociones son siempre cambiantes. Un día, usted se puede sentir en paz con esa persona, y enojada con ella al siguiente. Si trata de perdonar a alguien basado en sus emociones, lo más probable es que vuelva a sentir enojo y dolor toda vez que los recuerdos de esa ofensa vuelvan a su mente.

Alguna gente dice: "Si no lo siento, no lo hago". Pero puede ser que nunca lo "sienta". Nosotros no tenemos el control total de nuestras emociones, y éstas pueden hacerse prisioneras de nuestras respuestas carnales. Entonces, si usted espera a que sus emociones cooperen, está confiando en la fuente equivocada. En cambio, como lo hablamos antes, tome la decisión de perdonar por obra de una voluntad sometida a Dios. Dígale al Señor que usted desea perdonar a quienes lo han ofendido y que quiere hacerlo como un acto de su voluntad.

4. Afirmar el perdón verbalmente

Las Escrituras dicen: *"Confesaos vuestras ofensas unos a otros, y orad unos por otros, para que seáis sanados. La oración eficaz del justo puede mucho"* (Santiago 5:16). Por lo tanto, no permita que su perdón sea un simple pensamiento en su mente. Confiéselo en voz alta, firme, diciendo: "Yo perdono a _____". Mencione el nombre de la persona en voz alta, sea su esposo, esposa, hijos, padre, madre, hermano, hermana, primos, amigos, pastor, mentor, socio, compañero de trabajo, o cualquier otra persona, incluyendo un ladró o u otro criminal que lo haya dañado de alguna manera. Si su declaración no suena firme o sincera la primera vez, hágala otra vez, una y otra vez, hasta que su corazón obedezca. Muchas veces, cuando no verbalizamos el dolor, éste se arraiga en nuestro interior y, con el tiempo, se manifiesta en pecado.

5. Pídale a Dios la gracia sobrenatural

El Espíritu Santo está esperando que usted diga: "Sí, yo perdono". Esa es su parte, la cual usted debe realizar en el ámbito natural. Pero la elección de perdonar nos abre el mundo espiritual, donde Dios le da Su gracia sobrenatural para soltar por completo la ofensa recibida. El Espíritu Santo "circuncidará" su corazón dolido y ofendido, y removerá toda dureza que lo haya llevado a ser insensible a Su presencia. (Véase, por ejemplo, Deuteronomio 30:6). Esto lo hará libre para amar a Dios y reconocer Su cercanía. Entonces, sus relaciones personales —tanto verticales como horizontales— podrán ser sanadas. Esto lo capacitará para tener compañerismo con Dios y con otra gente, y para ser libre de servir a otros en el nombre de Jesús.

Oración de liberación

Haga en voz alta esta oración para perdonar:

Padre celestial, vengo delante de Tu presencia reconociendo que necesito perdonar. Con todo mi corazón, me arrepiento de guardar falta de perdón hacia otra gente —y contra mí mismo—, rompiendo así Tu ley. Voluntariamente, me someto a Ti y a Tu Palabra. Yo creo que Tú estás dispuesto a perdonar mi amargura y falta de perdón, y que Cristo Jesús hizo posible esto por Su muerte en la cruz. Yo recibo Su obra en mi lugar, la cual me ha liberado, no solo para ser perdonado, sino también para perdonar a otros. Jesús llevó mis pecados para que yo pudiera ser perdonado; y, ahora mismo, tomo la decisión de perdonar a las siguientes personas _____ [identifique a las personas por su nombre y mencione su ofensa específicamente]. Señor, en este instante, perdono a todo aquel que me ha herido, así como Tú me has perdonado a mí y sigues perdonándome cada vez que peco contra Ti. Confío en Tu gracia sobrenatural para ser capaz de perdonar por completo y soltar a todos los que me han ofendido. Yo declaro que los he perdonado y que yo mismo he sido perdonado. Gracias Señor; en el nombre de Jesús, amén.

Ahora, permítame orar por usted:

Padre, en el nombre de Jesús, arranco toda raíz de falta de perdón del corazón de este lector. Lo libero de todo espíritu de odio, resentimiento, amargura, herida, ira, miedo, dolencia o enfermedad. Ato todo espíritu malo y lo echo fuera en el nombre de Jesús, para que nunca regrese. Cancelo toda asignación demoniaca, ataduras, opresión, influencias espirituales, y poder, ahora mismo, en el nombre de Jesús. El "árbol" de falta de perdón está muerto y no puede volver a dar fruto. Ahora, desato el poder de la sangre de Cristo sobre este hijo o hija de Dios. Declaro que es sano y libre, con gracia sobrenatural para perdonar por completo, y para vivir la vida que Tú planeaste para él o ella. En el nombre de Jesús, amén.

7

LA BATALLA ESPIRITUAL
DE LA MENTE

Sabemos que estamos viviendo los últimos tiempos sobre esta tierra, y que el retorno de nuestro Señor Jesucristo está cerca. El enemigo sabe esto y por eso ha intensificado la guerra espiritual por el dominio de la tierra y sus habitantes. Ahora mismo, se están librando diferentes batallas espirituales, y en diferentes campos de batalla. Uno de los mayores campos es la mente del hombre, y la batalla comienza en sus pensamientos. Como expliqué antes en cuanto a Satanás, dado que Cristo lo venció en la cruz, ya no tiene autoridad sobre la tierra, pero sí retiene su poder. Con ese poder, tienta y ataca a los creyentes tratando de usurpar la autoridad que Dios nos dio. Trata de seducir su voluntad plantando pensamientos errados en su mente y tentándolos a desobedecer a Dios, por medio de obras de maldad.

> *El enemigo quiere robar*
> *nuestra mente, enfoque*
> *y autoridad.*

Debemos reconocer que nuestra mente es un "territorio" y que nuestro espíritu —o esencia misma— siempre está abierto a lo que sea que ocupe ese territorio. Nuestros pensamientos dirigen nuestra vida; a través de ellos nos aliamos con el reino de Dios o con el reino de las tinieblas. El enemigo pelea para que sus pensamientos habiten en nuestra mente, porque de allí, puede atacar nuestro espíritu. Un solo pensamiento puede afectar nuestro espíritu, alma y cuerpo negativamente, y por ende, nuestro destino. Entonces, el diablo quiere infiltrarse en nuestra mente con pensamientos erróneos porque sabe que si los aceptamos, actuaremos en su dirección; y si repetimos de continuo una acción equivocada, esto formará un mal hábito; y ese hábito producirá una falla de carácter en nosotros. Finalmente, nuestro carácter forja nuestro destino; un destino bendito o maldito, y nos pone en dirección al cielo o al infierno.

> *Lo primero que debemos entender*
> *acerca de la guerra espiritual es*
> *que la mente es un "territorio".*

Las armas de Satanás en la batalla espiritual de la mente

En la batalla de la mente, Satanás usa el pensamiento defectuoso de nuestra naturaleza caída, como una "brigada de ataque" o "unidad de francotiradores" para abrir el camino a ataques mayores. Los pensamientos contrarios a la mente, el carácter y el plan de Dios suelen originarse en el razonamiento humano y en hechos basados en el mundo natural, en lugar del ámbito sobrenatural del reino de Dios. Pero la verdad del Señor es más alta que la razón humana y que los hechos naturales. Un hecho es una realidad terrenal temporal, pero la verdad es eterna; es decir, la verdad es el nivel más alto de realidad. Por tanto, la batalla de la mente se pelea, mayormente, entre hechos terrenales y verdades eternas. Dios nos dice que sí podemos ganar esta batalla personal en nuestra mente. Jesús dijo: *"Y conoceréis la verdad, y la verdad os hará libres"* (Juan 8:32).

> *La fe opera en el ámbito que está por encima y más allá.*

La mente natural usa la razón solo para valorar o sopesar la realidad o posibilidad de lo sobrenatural; por lo tanto, sus conclusiones erradas limitan lo que es posible para Dios. El Señor nos llama a creer en Él con todo nuestro corazón, en Sus promesas y Su poder sobrenatural, pero la razón humana no entiende cómo opera la fe, y por lo tanto, bloquea tal creencia. Todos tenemos "razones" por las cuales no hemos hecho lo que Dios nos ha pedido o manda a hacer; le ponemos límites a Su poder, y excusas por las cuales permanecemos cautivos de nuestras circunstancias. Pero, ¿desde cuándo el razonamiento humano le puede decir a Dios lo que puede o no puede hacer? Dios es todopoderoso; nada le falta. Él solo está esperando que cambiemos nuestros pensamientos de depender del intelecto humano —el cual entiende el mundo y toma decisiones de acuerdo al ámbito natural— a depender de la fe —la cual entiende el mundo y toma decisiones de acuerdo al ámbito sobrenatural—.

Por ejemplo, muchos creyentes tienen razones para argumentar su razón para negarse a diezmar u ofrendar dinero al Señor. Otros tienen razones para no servir a Dios, para no comprometerse con Su visión, para no evangelizar, para no prosperar, para no recibir sanidad, para no someterse a la autoridad puesta por Dios, para no perdonar y amar a los demás, etcétera. Algunos cristianos creen que no son lo suficientemente inteligentes, ungidos o preparados para obedecer a Dios. Cualquiera sea la razón para no creerle a Dios y no obedecerlo, siempre los mantendrá en un estado de debilidad y en una condición de escasez.

> *La razón humana, controlada por la naturaleza caída, va contra la verdad de Dios, y nos conforma a una mentira.*

¿Cuánto depende usted de su razón humana? ¿Es posible que una perspectiva terrenal pueda estar generando sentimientos de miedo o incapacidad en usted? ¿Es posible que esto le esté impidiendo avanzar hacia el cumplimiento de su destino? El apóstol Pablo sabía cómo opera la razón que no está sometida a Dios, y cómo el enemigo la usa en contra de nosotros mismos. Por eso, escribió:

> *Pues aunque andamos en la carne, no militamos según la carne; porque las armas de nuestra milicia no son carnales, sino poderosas en Dios para la destrucción de fortalezas, derribando argumentos y toda altivez que se levanta contra el conocimiento de Dios, y llevando cautivo todo pensamiento a la obediencia a Cristo.*
>
> (2 Corintios 10:3–5)

Esta Escritura nos dice que, si bien vivimos en un cuerpo físico y funcionamos en un mundo material, la guerra en la que estamos envueltos no es contra carne ni sangre. Nuestras batallas se libran en el ámbito espiritual. Por lo tanto, las armas que Jesús nos dio no son *"carnales"* ni materiales, sino espirituales y *"poderosas en Dios"*. Cuando nos enfrentamos a una batalla espiritual, es inútil pelear desde el ámbito natural. Nunca tendremos victoria si peleamos en la arena equivocada y con las armas incorrectas.

> *La mente natural usa la razón para evaluar lo sobrenatural; lo cual limita lo que es posible en Dios.*

La palabra griega traducida como "argumentos" en el pasaje anterior es *logismos*. Su significado literal es "computación", y significa "razonamiento, imaginación o pensamiento". Por ende, en algunas versiones bíblicas en inglés, la palabra utilizada para traducir "argumentos" es "razonamientos" o "imaginaciones". Me gustaría desarrollar cada una de estas tres palabras escogidas por los traductores de la Biblia —argumentos, razonamientos e imaginaciones— porque eso nos ayudará a tener una idea más clara acerca de las obras demoniacas que nos bombardean. Y luego, examinaremos el concepto de *"fortalezas"*, que también hallamos en el pasaje anterior.

1. Argumentos

Un argumento es un intento de probar o demostrar una idea o perspectiva propuesta; busca convencernos de algo. Los argumentos basados en el conocimiento y mentalidad derivados de la naturaleza humana caída son imperfectos. Son construcciones mentales fundadas en el conocimiento natural, que el enemigo usa —así como usa sus engaños demoniacos— para distraernos de las verdades espirituales.

La meta de muchos argumentos satánicos es mantener a la gente pensando fuera del ámbito de lo eterno, o espiritual, para que se vea confinada al ámbito del mundo natural, con sus ideas y recursos limitados. Los argumentos que Satanás trae a la mente de la gente no son verdades, sino opiniones corruptas. Cuando estos argumentos son aceptados y se empiezan a acumular, pueden convertirse en patrones de pensamiento —incluyendo los principios del reino de Dios— que dependen de argumentos filosóficos, psicológicos y religiosos para apoyar o soportar sus proposiciones. Por ejemplo, a veces, los cristianos tratan de usar argumentos naturales para convencer a la gente de aceptar a Jesucristo como la Verdad. Pero sabemos que los argumentos humanos no pueden llevar a la gente a Dios ni cambiarla espiritualmente. Solo el Espíritu Santo puede hacer esto, y Él opera en el ámbito sobrenatural, por encima de la mente. (Véase, por ejemplo, 1 Corintios 2:4–5).

La mayoría de los argumentos empleados en el ámbito demoniaco están alineados con el razonamiento humano caído.

2. Razonamientos

El término "razonamiento" se refiere a una serie de conceptos que se han compilado u organizado para probar algo o persuadir a otros. El razonamiento trabaja para poner las ideas en un orden lógico y, así, alcanzar una conclusión precisa y útil.

Sin embargo, el razonamiento humano ha tomado el lugar del pensamiento acorde al carácter y la Palabra de Dios, con lo cual se ha vuelto deficiente; éste es el caso de muchas instituciones educativas y de la escolaridad académica que encontramos en las naciones occidentales. En esencia, la gente ha hecho un dios de su razón y, así, le ha puesto límites a lo que el Señor y Creador del Universo puede hacer en su vida. La habilidad para razonar nos fue dada por Dios, pero fue pensada para ser ejercida de acuerdo con Su Espíritu. Cuando la razón humana encuentra las promesas de Dios y Su poder sobrenatural, por lo general, las coloca en el ámbito de la "imposibilidad". Esto se debe a que está atrapada en patrones mentales que no reconocen la sabiduría y el conocimiento divinos.

3. Imaginaciones

La imaginación es la habilidad de formar una imagen en la mente de algo invisible para el ojo humano. Una imagen del futuro puede tener un impacto tan poderoso en una persona que la puede llevar a vivir como si fuera una realidad. La imaginación se activa en el ser humano con las palabras, sean habladas o escritas. Para usar un ejemplo sencillo, suponga que alguien le sugiere una palabra, como "fruta". Cuando usted la oye, comienza a ver algo específico en su mente; una imagen que refleja esa categoría de alimento en particular.

Si aplicamos la ilustración anterior a la fe, podemos entender por qué nos cuesta tanto ejercerla en nuestra vida. En un capítulo anterior, vimos que el miedo puede ser un gran punto de entrada para los demonios, y que es contrario a la fe. Nuestra imaginación juega un papel esencial en nuestra vida porque puede producir pensamientos de fe o de miedo. Y la mentalidad que gobierna la imaginación determinará cuál de las dos respuestas producirá.

Primero, consideremos los siguientes puntos:

+ Tanto la fe como el miedo se derivan de lo que proyecta la imaginación.

+ La imaginación es la parte de la mente en la cual opera la fe, porque en el ámbito de la imaginación no hay confinaciones mentales, restricciones físicas ni límites de tiempo.

+ La fe activa la imaginación de Dios en nosotros, o la visión de lo que Él puede hacer; en cambio, el miedo la paraliza.

+ Cada pensamiento de miedo viene de una imaginación corrompida por la naturaleza pecaminosa.

A la luz de lo anterior, debemos ser cuidadosos con las palabras que recibimos de la gente a nuestro alrededor. Si la gente nos habla de miedo, confusión, duda e incredulidad, esas palabras pueden perturbar el enfoque de nuestra imaginación, llevándola al desorden. Pueden crear un estado mental en el cual esperamos lo peor de cada situación. ¡La imaginación es algo maravilloso! A través de sus ojos, podemos ver las posibilidades de Dios; pero también, podemos ver la decepción, el fracaso, la pobreza, accidentes, enfermedad, tragedia o, incluso, la muerte, antes de que se manifiesten. Cuando usted proyecta algo en su imaginación, esa idea tiene el poder para crearse a sí misma en el mundo físico; por tanto debemos prestar atención a lo que imaginamos.

"Porque el temor que me espantaba me ha venido, y me ha acontecido lo que yo temía" (Job 3:25). Cada vez que una persona siente miedo, está operando desde una imaginación distorsionada que carece de fe, porque el miedo, en sí mismo, no es real. Hay ocasiones en que el peligro o el abuso es real, y estas situaciones pueden disparar una reacción natural de miedo que nos lleva a tomar una acción de auto-preservación. La fe es esencial en esas situaciones también. Pero aquí me estoy refiriendo a los miedos que controlan nuestro día a día, que nos limitan y paralizan de modo que no nos convirtamos en lo que Dios planeó que seamos, ni cumplamos Su propósito. Las personas cuyas imaginaciones habitan en lo negativo se quedarán siempre en el mismo lugar en la vida; o terminarán en una situación peor. Ellas nunca intentan hacer algo diferente, y viven sin expectativas de recibir algo mejor.

> *Una persona cuya imaginación está basada en la fe vive cada día con una nueva expectativa.*

4. Fortalezas

El diccionario define el vocablo "fortaleza" como "un lugar fortificado", "un lugar de seguridad y supervivencia". Una fortaleza es un lugar donde alguien peligroso o bajo la amenaza de un peligro puede descansar seguro. *"Cuando el hombre fuerte armado guarda su palacio, en paz está lo que posee"* (Lucas 11:21). Una fortaleza es un lugar difícil de penetrar porque está guardado y no es de fácil acceso, como un castillo amurallado o una torre fuerte.

Las fortalezas mentales se forman cuando aceptamos y nos ponemos de acuerdo con argumentos, razonamientos e imaginaciones falsos. El plan de Satanás es proveernos suficientes pensamientos destructivos como para edificar fortalezas porque, entonces, él tendrá un lugar seguro desde donde gobernar nuestra vida y robarnos nuestro destino en Dios. Allí tendrá una fortificación segura desde donde operar en nosotros; una fortaleza que él mismo ha construido con los materiales de construcción de nuestra errada manera de pensar.

Los pensamientos falsos o distorsionados abren la puerta a la actividad demoniaca en su vida.

¿Cómo podemos evitar que nos suceda esto? Peleando *"la buena batalla de la fe"* (1 Timoteo 6:12). Esto incluye no dejar que nuestra mente se convierta en territorio abandonado —un lugar vacío de los pensamientos, verdades y principios de Dios—, en el cual el enemigo pueda construir lo que quiera. Debemos ser buenos administradores y guardianes de nuestra mente. ¡Debemos hacer guerra para preservar la integridad de nuestros pensamientos! Para lograr esto, debemos entender más acerca del proceso por el cual se desarrollan las fortalezas mentales. Sabemos que se edifican por un refuerzo progresivo de pensamientos equivocados, pero si entendemos el mecanismo por el cual se construyen las fortalezas, también podremos aprender a desmantelarlas.

*La mayoría de las fortalezas tienen
sus raíces en deseos egoístas.*

Primero, como introducción a nuestro estudio del proceso, veamos el testimonio de un hombre llamado Orlando, de Puerto Rico; un soldado con heridas de guerra tan traumáticas que amenazaban su futuro físico, mental, emocional y espiritual. Su historia describe el cambio que tuvo que suceder en su mente para que él pudiera activar el poder sobrenatural de Dios en su vida.

"Yo estuve en la Guerra de Afganistán por dieciséis meses hasta que, un día, durante una emboscada, una bomba explotó cerca de mí y me dejó inconsciente. Quedé tan mal herido que el ejército me envió de vuelta a casa, y me retiró del servicio como veterano de guerra. Sufrí daño cerebral, un derrame cerebral, dolores de cabeza muy agudos (tan fuertes que ni siquiera la morfina aliviaba el dolor), seis discos herniados y sordera. Pasé dos operaciones en uno de mis pies, y otra en la rodilla. Además, el área cognitiva de mi cerebro quedó dañada. Me dijeron que solo podría usar el 10% de mi cerebro y que no podría aprender nada nuevo porque mi memoria a corto plazo había sido afectada.

"Estas situación estresante —todas las enfermedades, más los tratamientos, con sus efectos secundarios— me producían una gran ansiedad y agresividad. Siempre estaba extremadamente irritable, ¡todo me ponía de mal humor! No podía mirar el fuego, y era muy sensible al olor del humo. Un día, mi presión arterial comenzó a subir, tanto que resultó en un paro cardiorrespiratorio. Sobreviví, pero sabía que no podía seguir viviendo así.

"Una noche, soñé que peleaba con un animal. De repente, oí que alguien lloraba. Cuando me desperté, me di cuenta de que la que lloraba realmente era mi esposa, porque, mientras dormía, la había golpeado. ¡Eso me hizo sentir miserable! Durante años, tomé incontables medicinas sin ver ninguna mejoría, y los médicos no me daban esperanzas. Sabía que no tenía cura, y creía que tendría que vivir así para siempre.

"Pero entonces, mi esposa y yo comenzamos a seguir al apóstol Maldonado, del Ministerio El Rey Jesús, por Internet y televisión. Nos mudamos a Florida y empezamos a asistir a su iglesia. Cada vez que iba a un servicio, sus prédicas aumentaban mi fe en Dios, y mi mente comenzó a cambiar. Entonces, más allá de los diagnósticos médicos concernientes a la función cognitiva de mi cerebro, decidí inscribirme en la Universidad del Ministerio Sobrenatural de la iglesia. En una de las clases, el apóstol Maldonado dijo que él no entendía que los cristianos no pudieran reprender ni un dolor de cabeza y se pasaban la vida tomando pastillas. Esas palabras fueron un desafío para mi mente natural, y me retaron a creer en lo que Dios podía hacer.

"Pasé al frente, oraron por mí, y Dios hizo lo que mi mente había creído imposible. A partir de ese día, no he vuelto a tomar más medicamentos porque todo el dolor y los síntomas de enfermedad desaparecieron. También fui libre de la ira, la ansiedad y la irritabilidad incontrolable. Además, gracias a Dios mi matrimonio fue restaurado. Mi cerebro fue sanado y, para probarlo, tomé los exámenes universitarios. Para la gloria del Padre, los pasé todos con muy buenas calificaciones. Es más, a pesar de haber pasado varias cirugías en mi pie y rodilla, ahora puedo agacharme, estirarme e, incluso, danzar sin problema.

"El poder de Dios está disponible, pero tuve que dar un paso de fe y cambiar mi mente para lograr el acceso al mismo. No podía conformarme a lo que decían los médicos. Mientras la enfermedad era una realidad en mi cuerpo, la Biblia decía que Jesús llevó nuestras enfermedades, y yo tuve que aferrarme a esa verdad para convertirla en una realidad tangible en mi vida".

Las fortalezas mentales se forman cuando aceptamos y nos ponemos de acuerdo con argumentos, razonamientos e imaginaciones falsos.

El ciclo de patrones de pensamientos

A Dios no le interesa tanto cada pensamiento que pasa por nuestra mente como los patrones de pensamientos que permitimos que se desarrollen en ella. Todos tenemos malos pensamientos, de vez en cuando, pero éstos no tienen que influenciar nuestra vida. Los podemos rechazar rápidamente y seguir adelante. Pero nuestros patrones de pensamiento se convierten en nuestra manera establecida de pensar; por eso son tan poderosos. Los patrones de pensamiento pueden ser tanto positivos como negativos; por eso debemos considerar, con cuidado, qué ideas aceptamos en nuestra mente y qué patrones de pensamiento desarrollamos.

Sea positiva o negativa, cada idea que permitimos que entre en nuestra mente recorre una ruta de etapas progresivas. Casi en cualquier punto del proceso, tenemos la oportunidad de continuar por ese camino o desviarnos del mismo. A menudo, la ruta también tiene un elemento cíclico. Esto sucede cuando aplicamos la misma mentalidad a cada nueva circunstancia y terminamos con un resultado similar. En cada caso en el que recorremos el camino de un pensamiento negativo, inevitablemente, nos conformamos a una realidad natural en lugar de una sobrenatural; así, nunca descubrimos soluciones reales para los problemas que enfrentamos. El recorrido inverso también es así. Cuando recorremos el camino de un pensamiento bíblico guiado por el Espíritu, entramos en el ámbito de lo sobrenatural en el cual podemos recibir el poder de Dios y Sus bendiciones en medio de toda circunstancia.

Una mente que no ha sido renovada repetirá los ciclos de pensamiento negativos.

Es espiritualmente peligroso seguir una avenida de pensamientos negativos porque Satanás puede usarlo para llevarnos progresivamente a la ruina. Examinemos cómo la vía de un pensamiento negativo comienza y se desarrolla, así como las desastrosas consecuencias que pueden ocurrir si lo dejamos seguir su curso. Esta vía comienza con una simple sugerencia a nuestra mente.

I. La sugerencia de un pensamiento

El primer paso es la introducción de un pensamiento en nuestra mente. Recuerde, Dios nos da pensamientos positivos y nosotros podemos recibir ideas positivas de varias fuentes, incluyendo la Biblia, nuestro pastor, amigos cristianos, libros basados en la Biblia, y demás. Los pensamientos o ideas negativas provienen de nuestra naturaleza carnal, de espíritus demoniacos, del mundo, o de una combinación de esas fuentes. El diablo siempre tratará de tentar nuestra mente con el poder de una sugerencia, buscando un lugar para entrar a nuestra vida, apelando a un deseo de nuestro corazón. Su ventaja es que, por lo general, creemos que nosotros generamos esos pensamientos. Si tenemos un deseo por el dinero, él puede presentar una sugerencia acerca de cómo hacer dinero rápido, de manera no ética. Si nuestro deseo es el sexo ilícito, él puede plantar una sugerencia acorde reforzando la idea de que tenemos derecho a satisfacer los deseos de nuestra carne. Asimismo, puede plantar pensamientos de miedo, celos, soledad, baja autoestima, tristeza o muerte. Satanás quiere que aceptemos y habitemos en ideas que están fuera del consejo de Dios. Él quiere que cooperemos con sus sugerencias y las entretengamos en nuestra mente, de modo que más tarde tomemos acción basados en ellas. Muchas veces, tenemos muy poco tiempo para elegir nuestra respuesta antes de que nuestra mente los acepte y seamos afectados negativamente; así que debemos aprender a rechazarlos rápido.

Los pensamientos de Satanás van a venir a nuestra mente, mayormente, en primera persona; como si fueran propios. Y tenemos dos opciones: aprobarlos o rechazarlos.

Espero que usted ya esté pudiendo identificar cómo Satanás utiliza nuestra mente como su campo de batalla. El enemigo planta pensamientos para tentarnos, y su más alta plataforma de tentación son nuestros deseos. Sabiendo esto, recolecta los argumentos necesarios para presentarlos a nuestros pensamientos en forma de sugerencias, y entonces, procede a proveer los "razonamientos" y las "imaginaciones" que los alimentarán. Tal vez usted haya reconocido que gran parte de la industria del entretenimiento que gobierna nuestra sociedad hoy está orientada hacia nutrir sugerencias negativas que apelan a nuestros deseos carnales.

El enemigo observa y prueba a qué estímulo responde usted, para conocer sus puntos débiles. A veces, apela a deseos valederos, pero de un modo corrupto. Por ejemplo, cuando Jesús estaba en el desierto, habiendo ayunado durante cuarenta días, era justificable que quisiera comida. Satanás vino y lo tentó, apelando a Su deseo legítimo de comer, pero de una manera contraria a la relación de Jesús con el Padre. ¿Qué hizo Jesús al verse frente a esa tentación? Él reprendió a Satanás con la Palabra de Dios. No permitió que Su mente entretuviera ese pensamiento rebelde ni le dio lugar al diablo. Eso le hubiera dado al enemigo la oportunidad de presentarle más argumentos y razonamientos en su intento de hacerlo caer en la trampa. (Véase Mateo 4:1–4).

> *La batalla contra las fortalezas mentales comienza con argumentos y razonamientos.*

Así como nos sugieren pensamientos malos directamente, el diablo y sus demonios también pueden usar a diferentes personas, que están en contacto con nosotros, para lograr su propósito. Pueden usar a quienes ya han cedido a la tentación en la misma área en la que nos quiere tentar, o a aquellos que viven en ignorancia de su naturaleza carnal y que no se dan cuenta de la realidad del mundo espiritual. Cualquiera sea la fuente de los pensamientos negativos, no debemos permitir que éstos permanezcan en nuestra mente. No hay manera de evitar por completo que tales pensamientos vengan, porque nuestra mente es el campo de batalla en nuestra guerra espiritual contra el enemigo. Sin embargo, repito, esto no significa que usted deba soportarlos. En el mundo natural, uno no puede evitar que las termitas traten de entra a su casa, pero puede trabajar en eliminar sus nidos; y así, evitar que consuman su casa. Asimismo, también debe evitar que cualquier pensamiento destructivo o negativo controle la atmósfera o dominio de su vida; porque de lo contrario lo consumirán.

Cuando tenemos pensamientos errados o malos, atraemos a los demonios, pero cuando nuestros pensamientos están centrados en Dios, lo atraemos a Él. Los pensamientos son como señales de alertan en el ámbito espiritual; los pensamientos malos atraen poderes del mal hacia nosotros, mientras que los pensamientos santos nos acercan al Espíritu de Dios. Cada vez que pienso y reflexiono en los propósitos de Dios, Su reino y Su gloria, Su presencia viene sobre mí. Es esencial que les pongamos un alto a las sugerencias satánicas que vienen a nuestra mente y las reemplacemos con pensamientos de Dios.

> *Así como las moscas son atraídas a la basura, son atraídos los demonios a los pensamientos malos y carnales.*

¿Con qué pensamientos está lidiando usted, ahora mismo? ¿Son pensamientos de inseguridad, de soledad, de ansiedad con respecto al futuro, o de nunca poder alcanzar el éxito? ¿Tiene pensamientos que lo acusan de errores que ha cometido en el pasado? ¿Son imaginaciones acerca de homosexualismo, lesbianismo o sexo ilícito? ¿Tiene pensamientos de venganza debidos a una ofensa o traición que haya pasado?

Usted puede aprender a lidiar con pensamientos satánicos como lo hizo Jesús. Por ejemplo, cuando Satanás trató de usar a Pedro, uno de los discípulos más cercanos de Jesús, para tentarlo a evitar ir a la cruz, Jesús lo reprendió diciendo: *"¡Quítate de delante de mí, Satanás!; me eres tropiezo, porque no pones la mira en las cosas de Dios, sino en las de los hombres"* (Mateo 16:23). Parece que el enemigo había descifrado los procesos de pensamiento de Pedro; lo tenía estudiado u observado. Él sabía qué clase de hombre era Pedro, y entendía sus debilidades, así que le envió las sugerencias correspondientes, para tratar de alcanzar su meta, la cual era sacar a Jesús de Su camino. Satanás no lo sabe todo; él no es omnisciente ni está al tanto de nuestros pensamientos más íntimos. Pero lo que hace es observar los patrones de comportamiento de la gente, como si fuera un psicólogo, para ver cómo reacciona a las diferentes situaciones. Eso le permite sacar conclusiones informadas acerca de cómo piensa cada uno.

Lo que pensaba Pedro en ese momento —que no quería que Jesús sufriera y muriera— estaba alineado con las sugerencias de Satanás, y Jesús reconoció eso a través de sus palabras. Por eso lo reprendió. Antes de este incidente, Jesús había hablado de cumplir Su propósito en la cruz (véase Mateo 16:21), pero Pedro se había opuesto a esa sugerencia y le había hablado a Jesús acerca de preservar su vida. Él no quería perder a Su Maestro. Pedro no entendía lo que la muerte de Jesús lograría para la humanidad. En fin, lo que estaba haciendo Jesús era reprender a Satanás, no a Pedro, porque el enemigo estaba usando la debilidad de Pedro para tentarlo. Asimismo, nosotros debemos rechazar rápido cualquier pensamiento que no esté de acuerdo con Dios y Sus propósitos. Si no lo hacemos, nos arriesgaremos a pasar al siguiente paso.

2. El pensamiento se establece y se convierte en una mentalidad

Cuando reflexionamos en pensamientos positivos, los mismos sirven como plataforma para desarrollar una mentalidad positiva. Esto es parte del proceso por el cual renovamos nuestra mente, de acuerdo a los pensamientos, palabras y mandatos de Dios. Nos capacita para aplicar Sus verdades a todas las áreas de nuestra vida. Sin embargo, si nuestra mente se establece en ciertos pensamientos u opiniones negativos, desarrollará un patrón errado de pensamientos, el cual aplicaremos a las situaciones de nuestra vida. Esto se convierte en un verdadero problema porque donde va la mente va la vida.

Una vez que un pensamiento negativo se fija en nuestra mente, se activan las consecuencias que detallo a continuación:

+ Un cambio de actitud, que no corresponde a un cristiano.

+ Un cambio de conducta hacia lo negativo.

+ Desarrollo de malos hábitos.

+ La persona se convierte en sus pensamientos negativos, y se enyuga a ellos.

+ Se conforma al ámbito natural y a las circunstancias negativas.

+ La mentalidad negativa se vuelve la realidad de la persona.

Cuando coopera con un pensamiento y lo establece en su mente, usted se "convierte" en ese pensamiento.

Una vez que la mentalidad negativa se establece en nuestra mente, comenzamos a buscar oportunidades para compartirla con otros y cultivarla. Las sugerencias de Satanás se aceleran en atmósferas pecaminosas. Así, nos juntamos con gente que tiene la misma mirada negativa. Buscamos un ambiente que alimente nuestros pensamientos, con más argumentos y razonamientos para justificarlos y calmar la culpa de nuestra consciencia por desobedecer a Dios. En esencia, quedamos atrapados por este ambiente negativo. Seguimos ocupados por estos pensamientos nocivos, y empezamos a formar malos hábitos relacionados con los mismos.

En este punto, la mente necesita ser libre de manera urgente, para poder evitar que esto progrese al siguiente nivel, donde se comienzan a edificar las fortalezas demoniacas. El diablo es un mentiroso y sus mentiras tienen un objetivo concreto, nuestra destrucción y muerte espiritual. Lo que él quiere es separarnos de Dios por toda la eternidad.

Sus patrones de pensamiento crean su mundo, y la condición de su vida revela su estado mental.

Cuando el enemigo ve que los pensamientos que ha sugerido se han establecido en su mente, usted deja de ser un problema para él en esa área de su vida, porque ahora piensa como él. Satanás sabe que su mente está en acuerdo con la enfermedad, el desempleo, el miedo al futuro, los problemas familiares, la muerte o cualquier otra realidad negativa, y que su corazón será ocupado por todo esto. Ya puede sentarse y esperar que usted se estrelle; que su vida se desvíe del propósito de Dios y sea destruida. ¡Ésta es una revelación profunda! Significa que sus circunstancias, sus problemas y sus crisis pueden estar directamente relacionados con su forma de pensar.

Por lo general, si la condición presente de su vida es la pobreza, es porque su mentalidad está puesta en pensamientos de escasez. Si batalla siempre con la depresión, es porque su mente ha entrado en un ciclo de pensamientos negativos contrarios a la mente de Dios. Repito, dondequiera que sus pensamientos vayan, su vida irá.

Nuestra cooperación con los pensamientos sugeridos por Satanás, entristece al Espíritu Santo.

3. Un pensamiento establecido construye una fortaleza

Una vez que un pensamiento es establecido, se comienza a edificar una fortaleza acorde. Cuando Satanás ataca nuestros pensamientos, el objetivo es construir fortalezas negativas en nuestra mente. En este tercer nivel, el enemigo ya nos ha hecho muchas sugerencias destructivas, en diferentes áreas de nuestra vida, y las mismas se han fijado en nuestra mente. Con este fundamento, el enemigo construye una fortaleza mental desde donde Él opera y se siente seguro. Él puede ejercer control porque *"en paz está lo que posee"* (Lucas 11:21). Esta fortaleza, que es como un fuerte en nuestra mente, nos impedirá progresar en la vida, dañará nuestras relaciones, y se convertirá en un obstáculo para recibir las bendiciones de Dios. Nos llevará al estancamiento, nos impedirá avanzar, porque fue edificada para separarnos de Dios y destruirnos desde adentro; está diseñada especialmente para evitar que la verdad penetre nuestra mente. No hay otra respuesta para esta condición que no sea la liberación en Jesús.

El siguiente testimonio demuestra lo lejos que Satanás está dispuesto a ir con tal de oprimir la mente de la gente. Él ataca no solo a los adultos; también ataca a los niños, los cuales son vulnerables a sus engaños. A los siete años, Alexander fue diagnosticado con desorden de bipolaridad y desorden de deficiencia en la atención por hiperactividad DDAH, y depresión crónica. Su madre, Claudia, explica lo atormentada que era la vida de su hijo, hasta que Dios liberó su mente.

"Mi hijo Alexander comenzó problemas severos de conducta al iniciar sus estudios primarios. Sus maestros la llamaban con frecuencia por causa de su conducta. No importaba lo que le dijera, Alex seguía empeorando. Cuando entró a segundo grado, lo empezó a tratar un psiquiatra que le prescribió todo tipo de medicina para controlar la opresión de su mente; pero nada funcionó. De tanto en tanto, teníamos que internarlo en una clínica psiquiátrica durante meses. Cuando le daban el alta, no era porque se hubiera recuperado, sino porque el seguro no cubría más los costos de la clínica.

"Alex sufría ataques violentos, durante los cuales tenía comportamientos como escupir a la gente, amenazarnos con palos y cuchillos, golpearnos, romper y arrojar todo lo que tuviera a mano, y escaparse de la casa. No podíamos controlarlo. ¡Era demasiado fuerte! De hecho, tuvimos que llamar a la policía más de quince veces durante estos ataques.

"Alex se lastimaba a sí mismo constantemente. Un día, íbamos en el automóvil, y se tiró del auto en movimiento porque no le dábamos lo que él quería en ese momento. Afortunadamente, sobrevivió. En otra ocasión, trató de suicidarse tomando pastillas. Llegó a dejar de respirar; pero los paramédicos le salvaron la vida. Después de eso estuvo en cuidados intensivos por cinco días, y luego fue trasladado al *Miami Children's Hospital*, donde lo dejaron internado por tres semanas más. Para entonces, yo estaba desesperada; no sabía qué hacer con él. Me entristecía grandemente saber que mi hijo estaba tan enfermo; ningún médico me daba una esperanza, ningún hospital quería recibirlo, ningún psiquiatra, psicólogo o especialista sabía qué hacer con él. Un psiquiatra me dijo que no había manera de ayudarlo y que, si sobrevivía, terminaría en una prisión de por vida.

"Entonces, empecé a buscar a Dios, y fuimos al Ministerio El Rey Jesús. Durante un servicio, Alex pasó voluntariamente al altar a recibir a Cristo. Allí, entendí que la mente de mi hijo estaba cautiva de espíritus infernales que querían terminar con su vida. ¡Necesitaba ser libre! Lo llevamos a un retiro de liberación realizado por la iglesia. Como familia, nos negábamos a dejar que Satanás nos arrebatara a nuestro hijo.

"Cuando Alex subió al bus para ir al retiro, se puso muy violento. La gente de la iglesia comenzó a ministrarlo de inmediato. En el retiro, sucedieron varias liberaciones muy fuertes. Desde ese día, Alex no ha vuelto a ponerse violento; recuperó su mente y su consciencia. Le está yendo bien en la escuela y cursa sus clases regulares, y tiene buenas notas. Esta transformación radical fue posible gracias al poder sobrenatural de Dios para liberar una mente oprimida".

4. Una fortaleza negativa lleva a una mente reprobada

Este nivel puede aparecer si una fortaleza negativa no se rompe y continúa su proceso hacia abajo. Con cada pensamiento negativo que ha venido a nuestra mente, hemos tenido la oportunidad de pararnos en la Palabra de Dios y de echarlo fuera. Hemos tenido la oportunidad de arrepentirnos. Pero, ¿qué sucede cuando no tomamos esa oportunidad de rechazar el pensamiento, y no nos arrepentimos? Tal vez, mucha gente nos ha animado a hacerlo, pero nos hemos escondido tras nuestro orgullo, y nos hemos empeñado en mantener nuestra mentalidad negativa. Llega el momento en que Dios dice: "¡Basta!".

Ésta es una consecuencia alarmante. Pablo escribió: "*Y como ellos no aprobaron tener en cuenta a Dios, Dios los entregó a una mente reprobada, para hacer cosas que no convienen*" (Romanos 1:28). El diccionario define "reprobado" como "moralmente corrupto" o "depravado". Cuando la gente se aferra a una fortaleza mental por largo tiempo, puede desarrollar una mente reprobada. Comienza a perder su identidad en Dios y puede sentir depresión. Los demonios a quienes ha venido oyendo y cuyos pensamientos ha nutrido, ahora oprimen su mente, y la llevan a la demonización. Todo esto sucede porque aceptó los pensamientos equivocados, sugeridos por Satanás, y permitió que se establecieran en su mente.

> **La depresión no es más que una muerte mental.**

5. Una mente reprobada puede llevar a la apostasía de la fe

Para alguien que ha pertenecido a Dios, la apostasía es un pecado mortal. Una persona puede haber sido salva, llena del Espíritu Santo, haber experimentado el poder sobrenatural de Dios, y haber probado Su buena Palabra y, sin embargo, es capaz de oír las sugerencias demoniacas y volver a pecar, al punto de negar a Cristo, el Salvador de su alma. (Véase Hebreos 6:4–6). ¿Es posible que la apostasía comience con un solo mal pensamiento? ¡Por supuesto que sí! Es por eso que no podemos tratar nuestros pensamientos a la ligera, sino que debemos llevar todo pensamiento cautivo a la obediencia de Cristo.

En cada nivel descrito arriba, determinamos si vamos a vivir por los principios del reino o vamos a adoptar la mentalidad del mundo. Mientras escribo esto, recuerdo el ministerio de Scott y Fiona, pastores de Yorkshire, Inglaterra, que sirven en un área donde muchos cristianos están cediendo a la mentalidad del mundo. Sin embargo, un pequeño remanente de creyentes allí permanece comprometido a la renovación de su mente. El siguiente es su testimonio, relatado por Scott.

"Mi esposa y yo nos topamos con el libro del apóstol Maldonado, *Cómo Caminar en el Poder Sobrenatural de Dios* cuando aún éramos nuevos en el ministerio. Vimos al apóstol por televisión durante uno de sus viajes a África, hace un par de años, y comenzamos a recibir la impartición de lo sobrenatural. Nuestras mentes comenzaron a ser renovadas. Mucha gente asume o cree que los demonios no se manifiestan en el reino Unido, ¡pero sí! Pero hay que arrancar la mentalidad inglesa y dejar entrar la mentalidad del reino.

"Estamos manifestando lo sobrenatural, y viendo cómo avanza contra la corriente de las otras iglesias religiosas de nuestra ciudad y con lo que se considera 'normal'. Mucha gente ha comprometido el Cristianismo aceptando el liberalismo, el conformismo, homosexualismo y relaciones entre gente del mismo género. Pero como ministerio, vamos contra esa corriente y hacia el reino; hacia la manifestación del poder de Dios. Estamos buscando milagros, señales y maravillas que solo se pueden explicar como intervenciones de Dios.

"En una situación, conocimos a un hombre que había sido torturado en una prisión en Irán por ser cristiano; y había llegado al reino Unido como refugiado. Paralítico, llevaba veintiún años en silla de ruedas por un daño permanente en su pelvis, y no se podía sentar normalmente. Vivía de los beneficios por discapacidad, deprimido y sin esperanza alguna. Dios lo trajo a la iglesia a través de un encuentro divino. Gracias a lo aprendido acerca de la renovación de la mente y de no aceptar el 'orden normal de las cosas', nos alineamos con la mentalidad de Dios, tomamos una decisión de actuar de acuerdo a ella y declaramos: '¡Este hombre camina ahora!'. Después de orar por él, fue sanado al instante; como evidencia, este hombre pudo sentarse en una silla regular y caminar sin dificultad por primera vez ¡en veintiún años! Ahora es un hombre nuevo; ama tanto a Jesús que ya se está entrenando para ser evangelista. La transformación sobrenatural de su mente lo hizo libre y lo impulsó hacia su propósito".

Cómo ganar la batalla espiritual de la mente

Aun teniendo una mente reprobada, usted sigue teniendo la oportunidad de arrepentirse y ser perdonado. Vamos a repasar los pasos para ser libres de una opresión mental, de modo que pueda descartar los pensamientos, mentalidades y fortalezas que se han levantado en su vida.

1. Discernir un pensamiento equivocado

Antes de que usted pueda establecer una nueva mentalidad y ser libre, necesita reconocer su condición. Debe identificar el pensamiento o pensamientos equivocados a los que ha dado lugar en su mente.

Solo cuando se conoce la verdad es que podemos discutir o argumentar con el enemigo.

2. Confesar el pensamiento equivocado ante Dios

Confesar el pensamiento equivocado como pecado, como una ofensa contra la verdad de Dios, como algo que nos separa de Él, de Su realidad y de Sus promesas.

3. Arrepentirse

El enemigo puede levantar una fortaleza en relación a cualquier pensamiento errado que no sea rechazado y confesado a Dios. Arrepentirse es dar una vuelta de 180°, es ir en la dirección opuesta de la que estábamos llevando. Si usted no se arrepiente, Dios no puede destruir las fortalezas que se han construido en su mente, y el "hombre fuerte", el diablo, no puede ser vencido.

4. Ponerse de acuerdo con la Palabra de Dios

La Palabra de Dios es la autoridad máxima, y la autoridad máxima siempre será desafiada. Esa es la razón por la que los argumentos se siguen levantando contra el conocimiento de Dios. La Palabra de Dios es el más alto nivel de realidad, y tiene la última palabra. Si su manera de pensar no está de acuerdo con los principios bíblicos, hay un error en su mentalidad. Cuando un pensamiento establecido en su mente va contra la verdad, usted debe romper todo acuerdo con esa falsa idea y alinearse con la Palabra y los principios de Dios.

5. Renunciar a los pensamientos y mentalidades erróneos

Es importante renunciar de manera específica a los falsos pensamientos y mentalidades erróneos, aun si usted ya ha tomado la decisión de rechazarlos y se ha arrepentido. Todo aquello a lo que no renuncia tiene el potencial de permanecer en usted. Renunciar significa dejar, remover o cortar los lazos con alguien o algo. Cuanto más tiempo permanezca en la falsa mentalidad, más fuerte se hará dentro de usted. Por lo tanto, renuncie a todo pensamiento de pobreza, miedo, incredulidad, confusión, desánimo, depresión, rebeldía y cualquier otra idea errada. Repita lo siguiente en voz alta y con firmeza: "Yo renuncio a la escasez. Renuncio a la pobreza. Renuncio a la mediocridad. Renuncio a la enfermedad. Renuncio a la baja autoestima. Renuncio a la auto-lástima. Y renuncio a cualquier otro pensamiento que no proceda de Dios." (Sea tan específico como pueda).

6. De ahora en adelante, lleve todo pensamiento cautivo a la obediencia de Cristo de inmediato

"Derribando argumentos y toda altivez que se levanta contra el conocimiento de Dios, y llevando cautivo todo pensamiento a la obediencia a Cristo" (2 Corintios 10:5). Observe que esta Escritura no dice que Dios los derribará por usted. Tan pronto como un pensamiento equivocado viene a su mente, usted debe tomar autoridad sobre el mismo. No debe entretenerlo, ni cooperar con el mismo, ni meditarlo. ¡No piense en eso ni por un segundo! Es un dardo venenoso del enemigo, y si usted no está inmunizado con la Palabra y se queda en ese pensamiento, tomará control de su mente.

Luego de que una fortaleza se ha edificado y su mente ha sido demonizada, su voluntad, su arrepentimiento y su renuncia pueden no ser suficientes. Usted necesita el poder de Aquel que es más fuerte que el "*hombre fuerte*" que ha vuelto su mente en un lugar fortificado donde puede habitar y desde donde puede operar para destruir su vida. Usted necesita a Jesús para ganar la batalla en su mente. Repasemos el siguiente versículo una vez más, para que haga su obra completa: "*Cuando el hombre fuerte armado guarda su palacio, en paz está lo que posee. Pero cuando viene otro más fuerte que él y le vence, le quita todas sus armas en que confiaba, y reparte el botín*" (Lucas 11:21–22). Pídale a Jesús que rompa la fortaleza y libere su mente en Su nombre.

7. Renueve su mente

> *Y renovaos en el espíritu de vuestra mente.*   (Efesios 4:23)

Dios nos ha dado defensas para todo ataque del enemigo, y Su principal mecanismo de defensa consiste en nuestra continua renovación de la mente. La transformación comienza por romper y renovar los viejos patrones de pensamiento, pero también debemos renovar nuestra mente de acuerdo a la Palabra y al Espíritu de Dios. Cuando hacemos esto, el enemigo no puede adivinar nuestros pensamientos ni anticipar nuestras reacciones porque nuestro comportamiento ya no está basado en los deseos de la carne. Ya no encaja en los patrones de pecado. Si el enemigo anticipa nuestros pensamientos, su expectativa será que pensemos y, así también, actuemos exactamente como Jesús lo haría.

Por tanto, viva en permanente comunión con Jesús y renueve su mente de continuo. Busque encuentros sobrenaturales con Su presencia, los cuales le traerán transformación a su mente y corazón. Tan pronto como su mente comienza a ser transformada, el diablo pierde ese territorio a manos de Dios, porque el enemigo vive de nuestra ignorancia y rebeldía. Tenga cuidado de no volverse vago o apático espiritualmente. Si usted deja de aprender de Dios y Su reino, o si menosprecia el conocimiento espiritual que ha adquirido, su mente dejará de ser renovada y usted comenzará a regresar a los viejos patrones de pensamiento y a los viejos hábitos. La renovación de nuestra mente no es una elección sino un requerimiento; es una necesidad. La renovación siempre establece o reestablece nuestra claridad y enfoque espirituales.

Es más, usted puede ejercer fe solo cuando su mente está establecida en Dios y en Su Palabra. Ejercer la fe que uno ha recibido es una habilidad que viene de tener una mente lúcida y renovada. Solo entonces, podemos comenzar a operar en lo sobrenatural.

> *Cuando llevamos nuestros pensamientos equivocados cautivos y renovamos nuestra mente, rompemos todo acuerdo o contrato que hayamos hecho con el enemigo de Dios.*

8. Fije su mente en las cosas de arriba

Poned la mira en las cosas de arriba, no en las de la tierra.
                                                              (Colosenses 3:2)

La debilidad espiritual es una señal de que nos falta fe y compromiso. Esto es porque toda vez que creemos en algo, nos comprometemos con eso. Sin embargo, si dudamos de algo, y si no lo creemos por completo, nuestra mente está dividida y nuestra dirección es incierta. *"El hombre de doble ánimo es inconstante en todos sus caminos"* (Santiago 1:8).

> *Una mente indecisa es señal de inmadurez espiritual.*

Una mente dividida está abierta a recibir sugerencias demoniacas porque no está decidida a creerle a Dios de verdad. A menudo, la razón por la cual ciertas bendiciones vienen a unos creyentes en lugar de a otros es que los primeros han tomado una decisión consciente de creer lo que Dios ha dicho. Del mismo modo, la razón por la cual a algunos creyentes les suceden ciertas cosas negativas, es que han permitido la entrada de demonios a sus vidas a través de su indiferencia o indecisión espiritual.

El enemigo busca infiltrarse en una mente que aún no ha decidido creer o comprometerse con lo que Dios ha dicho.

Poner nuestra mente en las cosas de arriba (el ámbito espiritual) es como programar el sistema de navegación de un barco en un curso específico, porque todo aquello en lo que pensamos de continuo es el destino hacia el cual nos moveremos y, finalmente, alcanzaremos. Llegaremos al propósito en el cual hemos fijado nuestra mente. Cuando un piloto vuela un avión, necesita definir un plan de vuelo; de otro modo, no tendrá un vuelo seguro ni alcanzará su destino. Si el piloto solo deambula por el cielo sin objetivo, su avión se quedará sin combustible y se verá forzado a aterrizar en cualquier lugar o a perder altitud y estrellarse. Asimismo, si usted no ha establecido su mente en Dios, si no ha hecho un "plan de vuelo" con respecto al destino de su vida y la dirección en la que irá, entonces el enemigo programará su dirección por usted. Los hijos de Dios saben que su destino está en Cristo y que el Espíritu Santo y la Palabra les darán la dirección y el plan que lo llevará a arribar a salvo a su destino.

La mente indecisa carece de dirección.

Cuando no estamos ocupados en las cosas espirituales, ¿qué dirección toma nuestra mente automáticamente? Hay gente cuya mente está fijada en su carrera profesional, en su familia, su educación, sus derechos, sus preocupaciones, heridas, miedos, en su deseo de dinero, de satisfacción sexual o de venganza. Han puesto su mente en las cosas terrenales. Cuando la gente pone su mente en la carne, se deja guiar por sus demandas, por la mentalidad y prioridades del mundo, y por las sugerencias de Satanás. Repito, "poner su mente en" significa establecer una dirección específica. Nosotros debemos dirigir nuestra mente hacia el destino correcto. La mente que no está fijada o puesta en Dios y en las "*cosas de arriba*" estará en guerra con Él. "*Porque los que son de la carne piensan en las cosas de la carne; pero los que son del Espíritu, en las cosas del Espíritu*" (Romanos 8:5).

Para ganar la batalla espiritual de la mente, comience por hacer la siguiente oración de liberación, en voz alta:

Oración de liberación

Padre celestial, vengo delante de Tu presencia a través de Tu Hijo, Jesucristo. Te doy gracias por la obra terminada de Cristo en la cruz, de la cual me aferro ahora para mi liberación. Señor, yo reconozco que le he dado lugar a pensamientos del mundo y malos que van contra Tu Palabra. Hoy, me arrepiento de todo corazón, y confieso cada uno de esos pensamientos por su nombre [mencione cada uno]. Rompo todo acuerdo con ellos, y me pongo de acuerdo contigo y con la mente de Cristo. Renuncio a cada pensamiento, argumento, razonamiento e imaginación equivocados. Renuncio a cada mentalidad que se conforma al pensamiento mundano, a la incredulidad, la escasez, la inmoralidad sexual, miedo, rebelión, obstinación y todo lo que se oponga a Ti, y los echo fuera de mi mente. Ahora mismo, rompo todo acuerdo o pacto con el enemigo, y llevo todo pensamiento cautivo al señorío de Cristo. Renuevo mi mente y declaro que soy libre, ahora mismo. En el nombre de Jesús, ¡amén!

8

LIBERTAD DE LAS
MALDICIONES GENERACIONALES

En el principio de mi ministerio, no podía entender por qué tantos cristianos parecían vivir bajo una maldición. Estos creyentes amaban a Dios y estaban comprometidos con Él, pero pasaban problemas frecuentes y cíclicos, como enfermedades recurrentes o crisis financieras repetidas. Yo sabía que Cristo Jesús nos había redimido de la maldición del pecado, la enfermedad y la muerte, al morir en la cruz; por lo tanto, no podía explicar por qué seguían atados a estas circunstancias. Entonces, empecé a buscar la revelación de Dios acerca de este asunto; hasta que entendí que, si bien muchos cristianos conocen la teoría de la redención de Jesús, les falta el conocimiento práctica de lo que realmente logró o ganó para ellos. Como consecuencia, no han descubierto cómo aplicar la muerte y la resurrección de Jesús al rompimiento de las maldiciones generacionales en su vida.

Ciclos de derrota

Hemos visto que una maldición generacional es una atadura persistente o recurrente, como una enfermedad o adicción, que nos es heredada de nuestros padres, abuelos y otros ancestros. Después de recibir la revelación anterior, yo mismo enfrenté una batalla espiritual con una maldición generacional; una enfermedad del corazón y muerte prematura. Mi padre y abuelo habían muerto de un ataque cardíaco, y yo estaba comenzando a sentir los síntomas iniciales de problemas coronarios. Pero Dios ya me había mostrado cómo ser libre de las maldiciones generacionales, así que me levanté en guerra espiritual contra aquella maldición, rompiendo su poder. Y desde entonces, he sido libre de la misma. Mi corazón está completamente sano.

Aunque usted haya nacido de nuevo, haya sido redimido por la sangre de Cristo, todavía puede cargar con una maldición generacional. Muchos creyentes repiten el patrón opresivo de enfermedad, pecado o pobreza que experimentaron sus padres y sus generaciones anteriores. Tales maldiciones son como una mano invisible que los detiene e impide que vivan en salud y prosperidad; los empuja en la dirección equivocada, aunque no quieran ir hacia allá. No importa cuánto traten de evitarlo, esa sombra negra siempre vuelve sobre ellos; y el ciclo de derrota les genera una enorme frustración.

Por ejemplo, cuando una maldición generacional está operando en las finanzas de alguien, esa persona tiene la capacidad de alcanzar cierto nivel de éxito, y llega hasta un límite que nunca puede superar. Puede tener todas las calificaciones para recibir una promoción en su trabajo, o tener todos los elementos alineados para firmar un contrato de negocios de gran ganancia, cuando de repente, todo se desbarata, y nunca puede alcanzar la abundancia. Cuando una maldición generacional está operando en la salud de alguien, esa persona comienza a sufrir la misma enfermedad o la misma adicción que sus padres o abuelos sufrieron. Cuando una maldición generacional está operando en un matrimonio, los cónyuges sienten la misma tendencia hacia el divorcio que las generaciones pasadas.

Cada maldición tiene una causa que la incitó

Las maldiciones generacionales son demoniacas. Si usted se siente afligido por una maldición, es porque en algún punto, en la historia de su familia, el pecado de uno de sus ancestros abrió una puerta para que la misma entrara. La Biblia dice: *"Como el gorrión en su vagar, y como la golondrina en su vuelo, así la maldición nunca vendrá sin causa"* (Proverbios 26:2). Una maldición no se inicia en nuestra vida a menos que tenga una razón.

El testimonio de Víctor y Jacqueline, un matrimonio que asiste a la iglesia, revela el potencial de las maldiciones generacionales, tanto como el poder de Cristo para romperlas. Víctor y Jacqueline enfrentaron muchas dificultades económicas debido a las maldiciones generacionales de pobreza que operaban en sus vidas. El abuelo de Víctor había sido un terrateniente de gran riqueza que se había envuelto en una aventura amorosa, de la cual nacieron dos niños, la madre y el tío de Víctor. Dado que los niños eran ilegítimos, al llegar a cierta edad, fueron puestos a trabajar como esclavos por su propio padre. Años después, a los veintisiete años, la madre de Víctor se casó con uno de sus primos, y fueron repudiados. La pareja se mudó a otro estado, tuvo hijos, y lidiaron con el desastre financiera toda su vida. Es más, cuando el abuelo murió, la madre y el tío de Víctor no recibieron herencia alguna. La madre de Víctor era autoritaria y controladora con sus hijos. Cuando Víctor creció y decidió casarse con Jacqueline, su madre se opuso a la unión y juró que nunca la aceptaría. Por su parte, Jacqueline solo tenía diecisiete años cuando a su padre le dio un derrame cerebral. La amante de su padre, quien también había sido su secretaria y contadora de su empresa, vendió rápidamente todos los activos de la compañía y se quedó con el dinero; así, la familia perdió todo el dinero de su herencia.

Víctor y Jacqueline comenzaron a ver la manifestación de las maldiciones generacionales de ambos lados, en su economía y en su relación.

Había temporadas en que ganaban mucho dinero pero, por alguna razón, su situación financiera siempre terminaba en la quiebra, y tenían que volver a comenzar de cero. Llegado cierto tiempo, se mudaron a Miami; Víctor, Jacqueline y su hijo mayor consiguieron trabajo y empezaron a ganar bastante dinero. Compraron una casa y automóviles nuevos, pero Víctor fue negligente. Él desconocía los principios bíblicos en cuanto a sus funciones como cabeza de su familia; no sabía cómo ser el sacerdote de Dios en su hogar, para llevar seguridad y paz a sus seres amados. Por lo tanto, el matrimonio se deterioró, casi al punto de "no retorno"; no se ponían de acuerdo en nada. Es más, su empresa se fue a la bancarrota, perdieron la casa, los automóviles y casi todo lo que tenía valor material.

Para entonces, Jacqueline odiaba a su esposo y quería el divorcio. Víctor le pidió hablar con ella una última vez, y salieron a tomar un café. En la cafetería, se encontraron con un conocido de Víctor que les compartió su testimonio, acerca de cómo Jesucristo había transformado su vida. Les dijo que él asistía al Ministerio El Rey Jesús, donde había aprendido a recibir y mantener las bendiciones de Dios. Víctor le pidió a Jacqueline que lo acompañara a un servicio, y ella accedió. El siguiente domingo, visitaron la iglesia y, al final del servicio, tuve la oportunidad de hablar con ellos. Cuando Víctor me presentó a Jacqueline como su esposa, ella de inmediato dijo que se estaban divorciando y que ella ya no era su esposa. Sin embargo, les dije que no se iban a divorciar y les di una palabra de ciencia de Dios que, en esa semana, encontrarían una casa para mudarse. Al siguiente miércoles, tenían la casa; la gracia de Dios había movido al dueño de la casa para que los ayudara. También fueron ministrados por ministros de la iglesia, y las maldiciones generacionales sobre sus finanzas y matrimonio fueron rotas. Después de todo, sus vidas comenzaron a cambiar para bien. Víctor empezó a trabajar como corredor de bolsa y pronto ya tenía muchos clientes. Su hija recibió una beca escolar para estudiar en Roma. Jacqueline ahora es agente inmobiliaria y tiene su propia oficina. El matrimonio de Víctor y Jacqueline, el hogar y las finanzas fueron restaurados por la intervención de Jesucristo, que rompió todas las maldiciones que se habían vuelto fortalezas en su vida.

El origen de las maldiciones

¿Cuál es el origen de las maldiciones generacionales? Las maldiciones comenzaron con la caída de la humanidad en el huerto del Edén.

Y al hombre dijo: Por cuanto obedeciste a la voz de tu mujer, y comiste del árbol de que te mandé diciendo: No comerás de él; maldita será la tierra por tu causa; con dolor comerás de ella todos los días de tu vida. Con el sudor de tu rostro comerás el pan hasta que vuelvas a la tierra, porque de ella fuiste tomado; pues polvo eres, y al polvo volverás. (Génesis 3:17, 19)

Como resultado de la desobediencia de la humanidad, Dios maldijo la tierra; a partir de ese momento, los seres humanos experimentaron el trabajo duro. La humanidad y la tierra misma fueron sentenciados a la frustración, al fracaso y a la corrupción. (Véase Romanos 8:21–22). Yo creo que cuando Dios le dijo a Adán que la tierra sería maldita debido a su rebeldía, estaba diciendo que el mundo ya no respondería de la manera sobrenatural que lo hacía antes. Ahora, le respondería solo de manera natural. Además, la tierra pasaría a estar sujeta al tiempo y a la decadencia. Las funciones y acciones que antes eran instantáneas ahora requerirían un proceso; por ejemplo, ahora habría un intervalo de tiempo entre sembrar y cosechar para que suceda un crecimiento gradual, algo que no era así antes de la caída.

El origen de las maldiciones es la caída de la raza humana.

Las maldiciones generacionales son, por tanto, producto de dos razones: (1) La maldición general a la cual los seres humanos fueron sentenciados por la rebelión del primer hombre y la primera mujer, y (2) el resultado de la naturaleza y acciones pecaminosas que comenzaron a controlar la vida del ser humano luego de su desobediencia. En esencia, heredamos nuestro legado espiritual de la misma manera que heredamos el natural. Todos sabemos que recibimos ciertos rasgos naturales a través de los genes que nos traspasan nuestros padres y ancestros. El diccionario define "gen" como "la unidad funcional heredada que controla la transmisión y expresión de uno o más rasgos". En el ámbito físico, la raza humana es un fenómeno influenciado por los genes. Los genes son los que hacen que un niño se parezca a sus padres y que se comporte como ellos. Los seres humanos fuimos creados a la imagen de Dios, nuestro Padre celestial, y fuimos diseñados originalmente para portar Su "ADN", reflejar Sus rasgos y características. Pero cuando el hombre cayó de la gloria de Dios, a causa del pecado, ocurrió una alteración genética, y ese ADN espiritual se corrompió. Como resultado, nuestra herencia generacional también cambió, de recibir las bendiciones de Dios a ser maldita. Ésta es la raíz de muchos de los problemas y complicaciones con los que lucha el ser humano hasta hoy.

Los genes que recibimos de nuestros padres en la concepción incluyen rasgos de nuestros ancestros naturales, y esos rasgos pueden venir con maldiciones generacionales. Así como heredamos rasgos físicos, características y gustos, también heredamos tendencias hacia ciertas transgresiones y formas de iniquidad. Caín, aparentemente, heredó la tendencia a la necesidad de aprobación —para probarse a sí mismo y justificar sus acciones—; y permitió que esa tendencia tomara dominio sobre su vida, al punto de que llegó a matar a su hermano por celos. (Véase Génesis 4:1–15).

La maldición que surgió de la caída de la raza humana incluye pecado, enfermedad y pobreza. La escasez, la pobreza y el trabajo duro son todas señales de una maldición.

La naturaleza de las maldiciones

Observemos más de cerca la naturaleza de las maldiciones. Primero, ¿qué es una maldición? Una maldición puede ser la pronunciación de un juicio, una declaración de condena, o un mal hablado o activado sobre una persona. El primer tipo viene de Dios y de aquellos con la autoridad delegada para representarlo. Los dos restantes vienen de Satanás y sus fuerzas demoniacas. Una manifestación de una maldición puede ser espiritual, emocional, mental y/o física. El remedio para una maldición, sea de una u otra fuente, es el poder de la sangre de Jesús, la cual nos libera de la maldición y nos limpia de toda injusticia. (Véase, por ejemplo, 1 Juan 1:7–9).

Debemos entender que Dios y Satanás tienen propósitos y motivaciones muy diferentes para imponer una maldición. Dios usa nuestras limitaciones y debilidades —que vinieron por la maldición de la caída— para revelarnos nuestra necesidad de Él. Lo hace para guiarnos a Cristo y que podamos ser liberados del pecado, la enfermedad y la muerte; además, para enseñarnos a vivir de acuerdo a lo sobrenatural en medio de un mundo natural. Por el contrario, Satanás y sus cómplices (tanto demonios como personas) usan las maldiciones para traer mal y destrucción sobre los seres humanos, atrayendo tanta condenación y consecuencias, relacionadas con la caída, como les sea posible.

Cuando una persona está bajo una maldición, de hecho, está "empoderada" para fracasar. Es vulnerable al mal que viene hacia ella y no puede defenderse. Sus manos están atadas, y su único éxito es atraer malas circunstancias a su vida. Todo lo que construye parece derrumbarse, mientras otros, con menos talentos y menos esfuerzo, logran alcanzar el éxito. Considere sus propias circunstancias. ¿Trabaja duro y nunca llega a prosperar? ¿Todos sus emprendimientos parecen fracasar? Cuando comienza a lograr cierto progreso, ¿siempre aparece algo que lo detiene? Si está bajo una maldición, no importa que haga todo bien y que trabaje con diligencia, siempre quedará con las manos vacías; siempre terminará en algún tipo de fracaso o problema que lo desanimará —crisis financiera, divorcio, adicción, enfermedad, problema emocional o desastre físico—. Esto sucede porque el ADN espiritual que recibimos de nuestra línea sanguínea emite un tipo de "sonido" que puede ser detectado en el ámbito espiritual. Si nuestro ADN ha heredado una bendición, su sonido atraerá la presencia de Dios. Pero lo opuesto también es cierto. Si nuestro ADN espiritual ha heredado una maldición, su sonido atraerá a nosotros poderes demoniacos.

Estar bajo maldición es ser espiritualmente empoderado para fracasar.

Conceptos y características de las maldiciones

Vamos a repasar algunos conceptos y características relacionados con las maldiciones, de modo que podamos entender mejor cómo funcionan:

1. El origen de una maldición es sobrenatural

Tanto las bendiciones como las maldiciones tienen su origen en lo sobrenatural. Esto significa que una maldición no se puede eliminar por medios naturales. El poder detrás de una maldición es demoniaco. Por tanto, podemos concluir que estar demonizado es estar maldito, y estar maldito es ser afligido por un demonio. Si usted está batallando con una enfermedad, adicción, pobreza u otra maldición generacional, está lidiando con el ámbito demoniaco de lo sobrenatural. Por lo tanto, la solución es ser libre por el poder sobrenatural de Dios.

2. Toda maldición debe ser activada

Sea de origen divino o demoniaco, toda manifestación sobrenatural debe ser activada para que comience a operar. Hemos visto que las maldiciones son activadas, a menudo, por el pecado de la gente y la desobediencia a Dios. Si usted cree que no ha hecho nada tan "malo" como para activar una maldición, recuerde que el pecado no está limitado a hacer algo explícitamente malo, como cometer asesinato. Pecar significa "errar al blanco". Significa hacer algo mal, sea por maldad, rebeldía, negligencia o ignorancia. Usted puede encender un fósforo (cerillo) cerca de un barril, sin saber que el mismo contiene gasolina, pero su ignorancia no evitará que el combustible explote con la llama. De manera similar, si usted no sabe que puede estar activando maldiciones, su ignorancia no evitará que las mismas comiencen a operar en su vida y a producir circunstancias negativas.

En 2011, viajé a East London, Sudáfrica, para llevar a cabo una conferencia llamada "Días de gloria". Allí sucedieron muchas manifestaciones sobrenaturales, como liberaciones, salvaciones y transformaciones del corazón. Un empresario sudafricano llamado Lawrence me comentó un testimonio que tenía que ver con una maldición de escasez y estancamiento en su economía que le sobrevino al apartarse de Dios. Sin embargo, una vez que volvió a rendirle su vida al Señor, su situación cambió drásticamente.

"Yo he estado en el mundo de los negocios por más de diez años. Empecé mi propia compañía de instalación de electrodomésticos. Desde el principio, fuimos una empresa cristiana, pero a lo largo del tiempo, me aparté de las cosas de Dios y mi amor por el dinero y el éxito creció. Estaba inmerso en la competencia por contratos, sacando ventaja de quienes me rodeaban y tratando de convertirme en 'el mejor'. Lo último que pensaba o quería era dar dinero para el reino de Dios; en cambio, invertía en otros recursos que me pudieran generar más dinero.

"Después de cinco años, el negocio alcanzó un techo, y no podíamos pasar más allá de un punto específico en ventas y ganancias. Entonces, un día, mi socio me llamó diciendo: 'Enciende el televisor. Hay un hombre predicando y ¡tienes que verlo!'. De mala gana, encendí el aparato y conocí el ministerio del apóstol Guillermo Maldonado, mientras predicaba en mi país, en Sudáfrica. Ahí mismo, en mi oficina, tuve un encuentro con Dios. Algo sucedió en mi corazón que solo puedo explicar como un evento sobrenatural. Mis ojos fueron abiertos a mis malos caminos, mi engaño y mi amor por el dinero.

"Después de ver aquel programa, Dios rompió la maldición que operaba en mí y mi mente fue libre. Hice algo que no había hecho en largo tiempo. ¡Le di dinero a Dios! Sembré una ofrenda en el ministerio. Aquel domingo, volví a mi iglesia local en Johannesburgo y le entregué mi corazón a Jesús. Me bauticé de inmediato, y Dios comenzó a transformar mi vida de manera sobrenatural. Rompí con los 'principios de Babilonia' —los principios del mundo— y torné mi negocio en una empresa de reino. Poco después, el Espíritu de Dios me dirigió a mí y a otros dieciocho líderes de Sudáfrica a realizar un viaje a Israel y bautizarnos en el Río Jordán. En el momento de mi bautismo, finalmente me identifiqué con la muerte y resurrección de Jesús. En esas aguas, dejé atrás mi 'viejo hombre' —mi vieja y mundana mentalidad— y me convertí en un hijo de Dios. Aprendí que como verdaderos hijos de Dios, somos reyes en el mercado de valores para tomar dominio y gobernar. Nuestro Dios camina sobre oro. [Véase Apocalipsis 21:21]. Él es un rey, y debemos poner una 'demanda' en lo sobrenatural para verlo manifestado en lo natural.

"Luego de volver a Sudáfrica, comencé a experimentar la provisión abundante. La provisión siempre había estado ahí, pero no estaba habilitado para poseerla hasta que dejara atrás los deseos mundanos y me alineara con las prioridades de Dios. Mi socio y yo ahora predicamos la Palabra diariamente en la oficina. He visto el fruto del cambio en los miembros de mi equipo de trabajo, que ahora son todos cristianos. Además, en los últimos dos años, desde ese encuentro, hemos podido expandir nuestra planta de cien empleados a cuatrocientos.

"Otra evidencia del cambio en mi vida fue que el negocio comenzó a recibir contratos que hubiera sido imposible obtener en condiciones naturales. En una ocasión, estábamos compitiendo para firmar un contrato, y otras compañías con más experiencia y más dinero, estaban en la licitación. Según los estándares del mundo, esas otras empresas estaban más calificadas que la nuestra. Pero Dios nos llevó a otro nivel y nos concedieron el contrato. Solo en el último año, nuestra empresa hizo un total de ¡38 millones de dólares en ganancias! Esto es más de lo que jamás hayamos visto; y nos permite dar mayores ofrendas para el reino. Para Dios, nada es imposible; pero algo que Él requiere de nosotros es que dejemos el "viejo hombre" atrás y soltemos la mentalidad del mundo; que nos neguemos a nosotros mismos y lo sigamos a Él. Yo tomé aquella decisión y no he visto más que bendiciones luego de dejar el mundo atrás. ¡La batalla por mis finanzas fue ganada!"

3. Las maldiciones pueden transferirse de generación en generación

"No te inclinarás a ellas, ni las honrarás; porque yo soy Jehová tu Dios, fuerte, celoso, que visito la maldad de los padres sobre los hijos hasta la tercera y cuarta generación de los que me aborrecen, y hago misericordia a millares, a los que me aman y guardan mis mandamientos" (Éxodo 20:5–6). Una vez que una maldición ha sido activada, continúa de generación en generación hasta que es revocada o cancelada.

En el versículo anterior, Dios limita el alcance de una maldición hasta la cuarta generación. Sin embargo, una maldición se puede extender, porque cada generación genera sus propios ciclos de iniquidad o bendición. Ésta es la razón por la cual algunas maldiciones parecen perpetuarse por muchas generaciones en una familia. Si los hijos cometen los mismos pecados que sus padres, atraerán maldiciones adicionales a su línea sanguínea. Asimismo, cuando seguimos funcionando en acuerdo con fuerzas destructivas como falta de perdón, pobreza o dolencias, mantenemos un canal abierto para que las maldiciones puedan dañar nuestra vida e influenciar la vida de nuestros descendientes. De esta manera, los ciclos continúan y los pecados se acumulan. Por tanto, nos podemos encontrar experimentando las consecuencias del pecado de alguien más, sufriendo por una maldición que no atrajimos nosotros.

Pero las bendiciones, tanto como las maldiciones, pueden ser generacionales. Al contrario de las maldiciones, que pueden durar hasta la tercera o cuarta generación, las Escrituras nos dicen que las bendiciones de Dios se extienden por mil generaciones para aquellos que lo aman y guardan Sus mandamientos. (Véase Deuteronomio 7:9). Dios es misericordioso, y desea bendecir a la gente, no maldecirla. Él no quiere que vivamos bajo maldiciones generacionales, y las cancelará en todo aquel que se arrepienta y se vuelva a Él, a través de Cristo. Observe que la bendición que Dios le prometió a Abraham en Génesis 22:17–18 fue dada más de seis mil años atrás, y hasta hoy todavía podemos recibirla.

Gracias a esa bendición, Cristo vino a la tierra como nuestro Mesías, y las bendiciones de salvación y redención continúan de generación en generación entre aquellos que aman a Dios.

4. Las maldiciones pueden activarse con palabras

"Bendeciré a los que te bendijeren, y a los que te maldijeren maldeciré; y serán benditas en ti todas las familias de la tierra" (Génesis 12:3). Tanto las bendiciones como las maldiciones se pueden activar en nuestra vida con la palabra hablada. Es decir, las palabras son instrumentos del poder sobrenatural. Cualquier palabra que hablemos con intención —sea para bien o para mal— está cargada de poder. Por ejemplo, en la promesa que Dios le hizo a Abraham en Génesis 12:3, yo creo que podemos ver su protección divina contra el antisemitismo. Cada vez que alguien habla mal de Israel y los judíos, esa persona queda expuesta a la maldición hablada por Dios, más de seis mil años atrás. A través de la historia, usted encontrará que las naciones y los pueblos que se han levantado contra Israel han caído en maldición.

5. Las maldiciones vienen a través de la iniquidad

La palabra que mayormente se traduce como *"iniquidad"* en el Antiguo Testamento (más de doscientas veces) es *awon*, la cual significa "perversidad", o "mal moral". *Awon* fue la palabra que David utilizó en Salmos 51:5: *"He aquí, yo nací en iniquidad, y en pecado me concibió mi madre"* (LBLA). El término procede de una palabra raíz que significa "torcer", que tiene una connotación tanto literal como figurativa, como "erróneo", "hacer torcer", "cometer iniquidad", "pervertir", "hacer perversamente", hacer con maldad" y "hacer mal". También puede significar "torcido", o "enredar, pervertir". Quiero enfocarme en estas connotaciones de iniquidad en lo que se refiere al pecado generacional, porque a través de ella, nuestros valores morales y espirituales se "tuercen" de la verdad de Dios, sea de manera intencional o no.

Cuando Adán desobedeció a su Creador, el mismo odio que Satanás tenía por Dios se embebió en el ADN de la humanidad; así, nuestro rechazo hacia Dios y nuestra rebelión contra Él se encuentran a nivel genético, espiritualmente hablando. (Véase, por ejemplo, Romanos 3:10–13). El pecado y la rebelión que se acumulan en el ADN espiritual de la gente, de generación en generación, son la "iniquidad"; son la maldad de un corazón pervertido, que resulta de la alteración genética que ocurrió en Edén. La iniquidad se alimenta a sí misma, esparciendo sus raíces de acuerdo a los pecados que más comete la gente, activando nuevas maldiciones generacionales; y así continúa el ciclo.

Por eso, la liberación que Jesús proveyó para nosotros es tan esencial; y lo hizo al traer el reino de Dios a la tierra y por Su sacrificio en la cruz. Las iniquidades son las portadoras de las maldiciones; si no hubiera iniquidad, no habría maldiciones. Entonces, si se arranca la iniquidad, las maldiciones salen también. Jesús murió en la cruz por nuestras iniquidades, con lo cual las quitó de nosotros.

Debemos entender que la iniquidad incluye todo pecado escondido con el que no hemos lidiado. A veces, la gente cree que si se muda a otro lugar, será libre de una maldición generacional; pero no es así, porque la maldición yace en su interior. La persona la lleva con ella dondequiera que vaya, porque está implantada en sus genes. El "sonido" que emite permanece igual, atrayendo los mismos poderes demoniacos de fracaso y destrucción. La señal espiritual no se ve afectada por la distancia o las fronteras, ya que en el mundo espiritual no hay tiempo ni espacio (sin embargo, vale la pena aclarar que existen lugares que están especialmente oprimidos por actividades demoniacas, como explicaré en la siguiente sección). Por tanto, usted no puede escapar de una maldición, sino que debe ser "liberado" de la misma.

El ADN espiritual heredado genéticamente, es un "territorio" en el ámbito sobrenatural. Esto significa que es un área donde toman lugar las batallas espirituales.

6. Las maldiciones operan en lugares y objetos, así como también en gente

Hay localidades geográficas en el mundo donde se puede percibir una fuerte actividad demoniaca; esto sucede donde las áreas y territorios geográficos han sido entregados o cedidos a Satanás por gente dedicada a la brujería y la idolatría. Los representantes de Satanás en la tierra también usan amuletos y otros objetos dedicados a las prácticas de ocultismo para lanzar maldiciones contra otra gente o para incitar la actividad demoniaca.

Además, como hemos visto a lo largo de este capítulo, las maldiciones operan en la línea sanguínea de la gente, afectando su salud, relaciones, finanzas y otras áreas de la vida. Por ejemplo, una maldición generacional que aflige a muchas mujeres es la llamada venas varicosas o várices. Médicamente hablando, esta condición es causada por problemas vasculares congénitos o hereditarios. Cuando yo ministro liberación en un servicio y llamo al frente a las personas que sufren de várices, el 99% de quienes pasan son mujeres. Su testimonio siempre comienza de la misma manera; sus madres, abuelas, tías u otros parientes mujeres han sufrido el mismo problema. A veces, la condición se manifiesta a muy temprana edad. Si bien las venas varicosas son desagradables a nivel estético, también son muy dolorosas. En ocasiones, la persona solo puede estar de pie por cortos periodos de tiempo.

Ese era el caso de dos mujeres cuyos testimonios me gustaría compartir con usted. Amy tiene 36 años y nació en los Estados Unidos. Yolanda tiene 65 y viene de Colombia. Ambas habían sufrido muchos años de problemas vasculares heredados de sus ancestros. Amy pasó más de dos semanas hospitalizada porque las venas de su pierna izquierda se habían tapado e infectado; por su parte, las piernas de Yolanda llegaron a un punto extremo donde se volvieron moradas y le dio una trombosis en su pierna derecha. Ambas mujeres habían visto a los mejores especialistas vasculares, pero a las dos les había dicho que no había cura, que tendrían que vivir con esta enfermedad. Desesperadas, buscaron el poder sobrenatural de Dios para ser libres. Al ser ministradas, las maldiciones en su vida fueron rotas, y recibieron su sanidad de várices y enfermedad vascular, así como de los sentimientos de rechazo, baja autoestima y vergüenza que venían con ellas. Sobre todo, ahora saben que sus hijas no tendrán que sufrir como sufrieron ellas.

Causas de las maldiciones

Debemos tener en mente el principio que establecimos antes: Dondequiera que haya una maldición, hay una causa que la activa. Si vamos a lidiar efectivamente con una maldición debemos conocer su origen. Las siguientes son las causas más comunes de las maldiciones:

+ Practicar la idolatría o el ocultismo. (Véase Deuteronomio 27:15).

+ Deshonrar o desobedecer a los padres. (Véase Deuteronomio 5:16, 31–33).

+ Robar los diezmos y las ofrendas que pertenecen a Dios. (Véase Malaquías 3:8–12).

+ Participar en sexo ilícito o pervertido. (Véase Romanos 1:18–32; Colosenses 3:5–6).

+ Cometer injusticias contra el débil o el desamparado. (Véase Zacarías 7:8–12).

+ Confiar más en el hombre que en Dios. (Véase Jeremías 17:5–6).

+ Hacer pacto con Dios y no cumplirlo. (Véase Eclesiastés 5:4–6).

+ No oír la voz de Dios o desobedecer Su voz. (Véase Deuteronomio 28:15–46).

+ Hacer una proclamación negativa contra uno mismo (una maldición autoimpuesta). (Véase, por ejemplo, Mateo 27:25). Algunas de las más comunes que hace la gente son: "Nunca me perdonaré por…", o "Nunca tendré éxito en la vida".

+ Recibir palabras negativas de gente que está en autoridad sobre usted. (Véase, por ejemplo, Colosenses 3:21). Me gustaría extenderme en este punto porque, a pesar de ser muy importante, a menudo es pasado por alto. Dios diseñó Su reino con una estructura basada en diferentes niveles de autoridad. Asimismo, estableció una autoridad para cada ámbito de la vida sobre la tierra. (Véase, por ejemplo, Romanos 13:1–2). Aquellos que han recibido autoridad tienen el potencial de usarla tanto para bendecir como para maldecir a otros.

Como ya hemos discutido antes, dentro del ámbito del matrimonio, el esposo es la autoridad suprema. Él fue llamado por Dios para amar a su esposa como Cristo ama a la iglesia. (Véase Efesios 5:25). Si él la menosprecia con expresiones como "No vales nada", él está maldiciendo a su esposa, y sus palabras tendrán un efecto perjudicial en ella. De la misma manera, en el ámbito de la familia, los padres tienen autoridad sobre los hijos y están llamados a amarlos, afirmarlos, nutrirlos y disciplinarlos. Pero si ellos abusan de esa autoridad y les dicen a los hijos cosas como "Tú nunca vas a cambiar", "Eres un estúpido", o "Tú nunca sales de tu testarudez", los hijos crecerán con una maldición que sus propios padres habrán impuesto sobre ellos. En el ámbito de los negocios, el jefe debe supervisar a sus empleados y cultivar sus talentos. Pero si ese jefe les dice a los empleados "Ustedes nunca van a hacer bien este trabajo", está abusando de su autoridad y maldiciendo a sus empleados. En el ámbito de la iglesia, el pastor tiene autoridad espiritual sobre su congregación. Su llamado es pastorearla y edificarla en el Señor. Pero si él se refiere a una persona en su iglesia diciendo "A ti no te necesito", o "Eres una ignorante", está usando su autoridad para maldecir. Una vez, una familia nueva en nuestro ministerio, me pidió que orara por ella en relación a una maldición que había sido declarada sobre ella por su pastor anterior. Esta familia había sentido que debía comenzar a asistir a nuestra iglesia, pero cuando le informó esto a su pastor, él la maldijo diciendo que nada les iría bien si se iban. Dios delega autoridad a sus ministros con el propósito de que edifiquen y bendigan a la gente, no para que la despedacen ni la maldigan. Cuando oré por ellos para quitar la maldición de su vida, los cuatro cayeron al suelo bajo la unción de Dios, tosiendo, al ser liberados de la operación demoniaca que había sido activada en sus vidas. Asimismo, cuando oro por gente que sufre de alguna enfermedad, como cáncer, yo siempre maldigo la semilla o raíz de la enfermedad y le ordeno que se seque y muera. En otras palabras, uso mi autoridad espiritual para maldecir las obras destructivas del diablo y para bendecir a la gente con el favor de Dios. (Véase Mateo 16:19; 18:18).

✦ Ser maldito por un representante humano de Satanás, como un brujo, un hechicero o un falso profeta. También quiero extenderme en este punto. Estos representantes de Satanás son personas que han recibido un poder demoniaco para usarlo contra la vida de otros seres humanos, por medio de conjuros, maldiciones y otros trabajos, incluyendo oraciones falsas y negativas. Los creyentes que viven en obediencia a Dios no pueden ser afectados por estas maldiciones, pero aquellos que viven en desobediencia son vulnerables a eso. Debemos tener cuidado para no permitir que las palabras de otra gente contra nosotros nos hagan temer; de lo contrario, podemos hacernos vulnerables a esas palabras. Primera de Reyes 19, describe lo que sucedió con el profeta Elías después de haber logrado una tremenda victoria al destruir a los profetas falsos de Baal. Jezabel, la reina mala, adoradora de Baal, amenazó la vida de Elías diciendo: *"Entonces envió Jezabel a Elías un mensajero, diciendo: Así me hagan los dioses, y aun me añadan, si mañana a estas horas yo no he puesto tu persona como la de uno de ellos"* (1 Reyes 19:2). Elías entonces *"se levantó y se fue para salvar su vida"* (versículo 3), y luego le pidió a Dios que le quitara la vida (véase versículo 4). Aquí vemos a Elías presa del miedo y que, al parecer, recibió las palabras de Jezabel en su corazón. Pero Dios confortó al profeta con Su presencia y poder (véase versículos 9–18), y así lo restauró.

Veamos el testimonio de una joven que nació bajo una maldición debida a la ignorancia y el pecado de su madre. Jenny es estudiante de secundaria, de descendencia cubano-angola, que asiste a nuestra iglesia. Ella describe cómo era su vida antes de que Jesús la hiciera libre. "A finales de la década del '90, mi madre vivía en Angola, África. Como no podía concebir, buscó la ayuda de una mujer que hizo un hechizo sobre ella como un 'remedio espiritual'. Un par de meses después, yo fui concebida. Al cumplir mis catorce años, fui al médico porque estaba sufriendo dolor en el área abdominal, y fui diagnosticada con colitis ulcerativa crónica (una enfermedad por la cual el colon se inflama y desarrolla pequeñas heridas o úlceras, las cuales supuran pus y mucosidad). El órgano que conecta mi esófago con mi estómago se había dilatado, tres veces su tamaño normal, y estaba a punto de explotar. Como consecuencia de esto, tenía un sagrado incesante. Los médicos no podían controlar el sangrado, así que me recetaron ocho pastillas cada cuatro horas, a diario. Mi madre no entendía por qué tenía esta enfermedad porque no parecía una condición que corriera en mi familia. Así que ella fue a un brujo para ver si nos podía ayudar. Él le dijo que necesitaba sacrificar algunos animales y que quería que me limpiara por 24 horas en una mezcla de sangre, carnes, legumbres y otros ingredientes. En mi interior, yo sabía que había algo anormal y malo en esos rituales. Mi madre y yo estábamos desesperadas por otra salida.

"Para ese tiempo, yo ya tenía quince años y vivíamos en Miami. Una amistad nos invitó al Ministerio El Rey Jesús, y yo fui a un servicio de jueves por la noche. Durante el llamado al altar, levanté mi mano, pasé al altar y recibí a Jesús como mi Salvador. En ese momento, me di cuenta de que necesitaba el poder sobrenatural de Dios para romper la maldición que operaba en mi vida. Durante una conferencia del ministerio, oraron por mí y ¡fui sana al instante! El dolor desapareció, y el sangrado se detuvo por completo. Hasta hoy, no he vuelto a tomar una sola pastilla más, y no he vuelto a sangrar. Verdaderamente, puedo decir que fui librada de la muerte; fui libre de la maldición que me había sido impuesta incluso antes de venir a este mundo. Cuando mi madre buscó ayuda de un brujo, se abrió la puerta para que Satanás pudiera entrar y atacar mi vida. ¡Pero Jesús me hizo libre!"

> *A menos que llegue a la raíz de algo,*
> *usted no puede cambiar verdaderamente.*

Manifestaciones comunes de las maldiciones

Gracias a mi experiencia en el ministerio de la liberación, he aprendido a reconocer las señales de que una maldición está operando en la vida de alguien; es más, ciertos efectos indican qué tipo de maldición está activa. Aquí hay varias manifestaciones y las maldiciones relacionadas con ellas:

+ Enfermedades hereditarias (la maldición de cualquier enfermedad que se esté manifestando, como enfermedades del corazón).

+ Esterilidad en todas las áreas de la vida (la maldición de ser infructífero).

+ Estancamiento (la maldición de ser infructíferos). Con esta maldición, hay un impedimento para el crecimiento y el desarrollo personal, de modo que ésta nunca progresa. Puede mantener el *statu quo*, pero no puede expandirse ni multiplicarse. Aunque haga todo lo correcto para avanzar hacia delante en la vida, nada funciona para ella, y permanece siempre en el mismo lugar. Así, nos podemos preguntar, "¿Cómo es posible que alguien que trabaja tan duro, se esfuerza tanto, y hace todo bien no puede alcanzar su propósito?". Esto es señal de una maldición.

+ La pobreza o crisis financieras recurrentes (la maldición de la escasez y la deficiencia).

+ Fracaso, derrota y humillación (la maldición de la vergüenza y la deshonra).

+ Traumas emocionales, confusión mental o locura (la maldición de la inestabilidad o falta de paz).

+ La desintegración/destrucción de un matrimonio o familia (la maldición de la discordia, desunión, lujuria o adulterio).

+ Una historia de accidentes inusuales, de suicidios o de muerte prematura por otras causas (la maldición de la violencia y la muerte).

Debemos tomar una decisión de recibir las bendiciones de Dios y ser libres de todas las maldiciones. Moisés les dijo a los israelitas: "*A los cielos y a la tierra llamo por testigos hoy contra vosotros, que os he puesto delante la vida y la muerte, la bendición y la maldición; escoge, pues, la vida, para que vivas tú y tu descendencia*" (Deuteronomio 30:19). Para elegir bendición, los israelitas debían vivir en obediencia a Dios. Del mismo modo, cuando elegimos amar a Dios y obedecer Su Palabra, descansando en la justicia de Jesús y caminando de acuerdo al Espíritu, activamos Sus bendiciones. Pero cuando escogemos desobedecer a Dios y rebelarnos contra Él, activamos maldiciones y sus efectos en nuestra vida pueden ser catastróficos.

Cómo ser libre de las maldiciones

Pablo escribió: *"Cristo nos redimió de la maldición de la ley, hecho por nosotros maldición (porque está escrito: Maldito todo el que es colgado en un madero)"* (Gálatas 3:13). Por tanto, podemos decir con certeza que la base sobre la que recibimos liberación de cualquier maldición es el sacrificio de Jesús en la cruz como nuestro representante. Él fue maldito por el pecado del mundo, incluyendo nuestra propia iniquidad, para que nosotros fuéramos libres de la maldición y ahora puede recibir bendiciones, de acuerdo con Su justicia —la cual fue puesta sobre nosotros—. (Véase 2 Corintios 5:21). *"Mas él herido fue por nuestras rebeliones, molido por nuestros pecados; el castigo de nuestra paz fue sobre él, y por su llaga fuimos nosotros curados"* (Isaías 53:5).

Repito, cuando Cristo pagó el precio por nuestras iniquidades, también pagó por las consecuencias de nuestras transgresiones; Él anuló las maldiciones que vinieron como resultado de nuestra desobediencia a Dios y Su Palabra. Jesús tomó nuestra maldición para que podamos recibir Su bendición. Esta obra ya fue completada. (Véase, por ejemplo, Juan 19:30). Jesucristo satisfizo el asunto legal de nuestra culpa, la cual nos era contraria y estaba pendiente; Él pagó el precio y resolvió la deuda completa. Ahora debemos agarrarnos de esa provisión que Él logró en nuestro lugar. Necesitamos una experiencia personal con los resultados u obra de la cruz.

¿Cómo podemos hacer esto? Primero, identificando la causa o punto de entrada, de la maldición que nos está deteniendo. Si se trata de una maldición generacional, usted puede tratar de investigar cuándo fueron expuestos a esto sus ancestros, por primera vez; esta información se puede obtener al conocer la historia de su familia. Sin embargo, yo creo que la mejor manera es pedirle al Espíritu Santo la revelación acerca del origen de la maldición; especialmente, cuando su historia familiar está incompleta.

Pasos hacia la libertad de las maldiciones

1. Arrepiéntase, confiese y renuncie a todo pecado cometido por usted o sus ancestros.

2. Renuncie a lo siguiente: Toda relación con el ocultismo, brujería e idolatría; toda proclamación negativa que haya hecho contra su propia vida; toda palabra negativa hablada contra su personas por parte de quienes tengan una autoridad sobre usted; toda declaración negativa que haya hecho contra sí mismo; y toda maldición que haya sido dirigida contra usted por representantes de Satanás.

3. Arrepiéntase por no haber honrado a sus padres, por haber robado diezmos y ofrendas a Dios, por haberse envuelto en cualquier forma de sexo ilícito, por cualquier injusticia contra el débil o el desamparado, por haber confiado en el hombre más que en Dios, por no haber cumplido un pacto hecho por Dios, y por no oír u obedecer Sus mandatos.

4. Perdone a todo aquel que lo haya herido.

5. Rechace su viejo "ADN" o linaje natural —la iniquidad de su línea sanguínea— y declare que la sangre de Jesús ahora entra y limpia su línea sanguínea. Reciba una transfusión sobrenatural por el poder del Espíritu Santo.

Para obtener sanidad, liberación y transformación total, incluyendo la redención de nuestro ADN espiritual, debemos aplicar la obra de la cruz a nuestros genes espirituales. Necesitamos renunciar a todo odio contra nuestro Creador, incitado por Satanás, que heredamos gracias a la perversión de nuestro ADN espiritual después de la caída de la humanidad, con su transferencia generacional de pecado. Por medio de Su sacrificio en la cruz y Su resurrección, Cristo llevó el ADN de la caída de Adán a la muerte y nos habilitó para recibir Su ADN, que es santo y puro, sin pecado ni maldición alguna. El ADN de Jesús tiene un amor natural por Dios y está parado en justicia con el Padre. Todo lo que la humanidad perdió en Edén, en términos de genética espiritual, Jesús lo restauró a nosotros.

Oración de liberación

Por favor, haga esta oración en voz alta para ser libre de las maldiciones generacionales:

Padre celestial, yo te alabo y te adoro. Gracias por Jesucristo y por Su obra terminada en la cruz. Yo reconozco que Jesús pagó el precio por mi rebelión y mis transgresiones para que yo pudiera ser libre de la maldición de la iniquidad. Hoy, voy a la cruz a tomar todas las bendiciones que Cristo ganó legalmente.

Señor Jesús, yo creo que Tú eres el Hijo de Dios y el único camino al cielo. Creo que Tú moriste por mis pecados y te levantaste de la muerte. Como dice en Gálatas, Tú "te hiciste maldición" en la cruz para que yo fuera redimido de la maldición de la caída y todas sus ramificaciones. Yo recibo mi bendición, y de ahora en adelante, me comprometo a obedecer Tu Palabra y seguirte todos los días de mi vida, conforme al poder del Espíritu Santo. Te pido perdón por cada pecado cometido por mis antepasados que me ha traído una maldición generacional. También suelto a todo aquel que me ha hecho daño o ha hecho un mal contra mí. Los perdono tal como Tú me perdonaste a mí.

Padre celestial, yo renuncio a toda participación que haya tenido en la práctica de brujería, el ocultismo y la idolatría, así como a cualquier ligadura del alma o conexión espiritual con otros que han practicado estas cosas. Si poseo algún objeto que esté conectado con estas prácticas, prometo destruirlo de inmediato. Ahora Señor, tomo la autoridad y el poder que me has dado, como Tu hijo, y me libero de toda maldición que haya venido a mí. Reprendo y echo fuera todo demonio detrás de cada maldición. Remuevo toda iniquidad de mi interior y me declaro libre. Hoy, por la sangre de Cristo, soy liberado de todas las maldiciones generacionales; en el nombre de Jesús. ¡Amén!

9

CÓMO POSEER DE LAS BENDICIONES GENERACIONALES

Hoy en día, mucha gente utiliza el término "bendiciones" muy a la ligera; tanto que lo ha convertido en un simple saludo. Sin embargo, desde la perspectiva de Dios, una bendición es algo muy poderoso. En las Escrituras, tanto Él como los seres humanos dan bendiciones para revelar, definir y establecer destino. De hecho, el Señor considera las bendiciones algo tan importante que llamó a los israelitas, y a nosotros, a escoger entre la bendición y la maldición, entre la vida y la muerte, dependiendo esto de nuestra obediencia y relación con Él. (Véase Deuteronomio 30:15–19).

Como hemos visto, así como las maldiciones se pueden transferir a las siguientes generaciones, también se pueden pasar las bendiciones. En el capítulo anterior, repasamos la definición, el alcance y las ramificaciones de las maldiciones generacionales. Aprendimos que las mismas son heredadas a través de nuestra línea sanguínea y que, por eso, necesitamos una "transfusión" de la sangre de Cristo para borrar herencias de iniquidad y poder disfrutar una herencia de bendición divina. Las maldiciones generacionales que vienen como resultado de la rebelión y la desobediencia a Dios pueden alcanzar hasta la cuarta generación, pero las bendiciones traídas por el amor y la obediencia a Dios —a los principios y leyes de Su reino— pueden durar mil generaciones.

La naturaleza de las bendiciones de Dios

La bendición de Dios es esencial para nuestro bienestar. El diccionario define la palabra "bendición" como "hablar bien de". Lo primero que Dios hizo después de crear a Adán y Eva fue bendecirlos para el propósito que les había revelado y la dirección de destino que les había dado. *"Y los bendijo con estas palabras: 'Sean fructíferos y multiplíquense; llenen la tierra y sométanla; dominen a los peces del mar y a las aves del cielo, y a todos los reptiles que se arrastran por el suelo'"* (Génesis 1:28, NVI).

Dios hace lo mismo cuando nos bendice a nosotros: Nos revela nuestro propósito y nos dirige en cómo alcanzar nuestro destino. No podemos tener una verdadera revelación de nuestra liberación en Cristo si no entendemos la bendición de Dios. Todo aquel a quien Dios llama, primero bendice; y todo aquello que lo llama a hacer, Él lo bendice para que pueda realizarlo. Por tanto si queremos entrar en Sus bendiciones, debemos hacer lo que nos manda; debemos cumplir el propósito por el cual fuimos creados.

Contra toda probabilidad

Debemos darnos cuenta de que el acto de bendecir a alguien porta un poder sobrenatural. La bendición es un misterio de Dios, y necesitamos Su revelación en cuanto a nuestra situación particular para poder activar Su bendición en nuestra vida. Para la persona que es bendecida, aun las circunstancias que parecen ir mal serán tornadas para bien. Por ejemplo, incluso si una persona vive en un país pobre en medio de una recesión económica global —incluso si hay hambre y desempleo masivos— su éxito está asegurado de antemano, más allá de su trasfondo, cultura, nacionalidad o raza.

El mejor regalo o poder que podemos recibir es que Dios hable bien de nosotros, porque solo bajo Sus palabras de bendición podrán prosperar y tener éxito en todo. Recuerde que José soportó muchas pruebas cuando fue vendido como esclavo en Egipto y, luego, cuando fue falsamente acusado y encarcelado; pero *"el SEÑOR estaba con José y las cosas le salían muy bien"* (Génesis 39:2, NVI). De hecho, llegó a ser el primer ministro de Egipto, bajo Faraón.

> *Ser bendecido es ser empoderado, o ungido, sobrenaturalmente para prosperar y tener éxito contra toda probabilidad o adversidad.*

Usted, ¿se encuentra en una situación donde todas las probabilidades están en contra de su salud, su familia, su negocio o su ministerio? ¿Cuáles son esas probabilidades, específicamente? En otras palabras, ¿cuáles son sus imposibilidades? ¿Cree que le falta inteligencia o capacidades? ¿Viene de un trasfondo de pobreza o de una familia de padre o madre soltero, y que por eso no tuvo las ventajas que otros sí? ¿Carece de las calificaciones estándar para el ministerio? ¿Su negocio está en serios problemas económicos? ¿Sufre una enfermedad terminal?

Yo sé lo que es tener todas las probabilidades en contra. Nací en un pequeño pueblo en un país pobre, Honduras, en Centroamérica, donde las oportunidades de desarrollo y crecimiento eran prácticamente inexistentes. Cuando era joven nadie creía en mí, y tampoco tenía las calificaciones convencionales para el avance y el éxito. A veces, ni siquiera zapatos tenía para poner en mis pies. Pero Dios tenía un plan para mí, y allanó el camino para dar lugar a Su propósito en mi vida, a través de la generosidad y determinación de mi padre, que ahorró el dinero suficiente para que yo llegara a una universidad en los Estados Unidos. Estudiando en un establecimiento educativo en Miami, un compañero de clases me habló de Jesús, lo acepté en mi corazón y fui salvo.

Desde entonces, nada ha podido detener mi progreso espiritual, mental, emocional y físico. ¡Dios me halló fiel, removió la maldición y la vergüenza de mí y me bendijo! Por ejemplo, fui la primera persona de mi familia en graduarme de una universidad. Luego, Dios abrió otras puertas para mí, y pude asistir a una escuela bíblica. Cuando comencé a servir en el ministerio, ocurrió el mismo proceso de bendición. Al principio, nuestro ministerio no tenía finanzas ni otros recursos. Pero siempre tuvimos la Palabra de Dios y la fe, y eso ha hecho toda la diferencia. En términos de crecimiento numérico, nuestro ministerio comenzó con doce personas, y ahora es una mega-iglesia con una red de más de doscientas iglesias asociadas alrededor del mundo, completando un total de más de medio millón de personas. Financieramente, pasamos de no tener un lugar propio a comprar tierra y construir un enorme edificio; y siempre nos hemos manejado libres de deudas. Hoy, seguimos siendo bendecidos por el poder y la gracia de nuestro Padre celestial; somos un ministerio próspero de impacto global que transforma vidas de a miles.

Sobreabundantes en bendiciones

Cuando tenemos corazones humildes y obedientes a Dios, podemos activar Sus bendiciones en nuestra vida y nada nos puede detener. Dios declaró a los israelitas: *"Si obedeces al Señor tu Dios, todas estas bendiciones vendrán sobre ti y te acompañarán siempre"* (Deuteronomio 28:2, nvi). Puedo decir que soy quien soy hoy porque Dios me ha bendecido. Sus bendiciones han estado conmigo y me han sobrepasado. Las bendiciones de Dios se levantarán por encima y más allá de todo lo que parece interponerse, incluyendo crisis personales, políticas gubernamentales adversas o economías globales inestables. La gente sabrá que Dios está con usted cuando vea que nada lo puede detener; cuando usted prospere dondequiera que vaya, sin importar la oposición que enfrente.

La bendición de Dios se levanta por encima y más allá de toda imposibilidad.

Conceptos en cuanto a las bendiciones y sus características

Vamos a explorar algunos conceptos y características relacionados con las bendiciones, de manera que las podamos entender mejor, y sepamos cómo operan en nuestra vida.

1. Toda bendición se origina en Dios

Como toda otra cosa buena en el cielo y en la tierra, las bendiciones vienen del Creador, nuestro Señor y Padre. (Véase Santiago 1:17). Como mencioné anteriormente, Dios declaró Su primera bendición sobre los seres humanos inmediatamente después de crearlos. Observe que, en Génesis 1:28, antes de comisionar a Adán y Eva a ser fructíferos y multiplicarse, Dios los bendijo, porque sabía que sin Su bendición no podían prosperar. Tristemente, muchos cristianos no están prosperando ni llevando fruto hoy; o están prosperando solo en un área de su vida. Si esa es su situación, considere sus planes y emprendimientos actuales y pregúntese: "¿Me dijo Dios que hiciera esto?". Antes de comenzar cualquier cosa, debemos estar seguros de estar en Su voluntad; si lo estamos, entonces Su bendición está asegurada.

2. La bendición de Dios es sobrenatural

Dado que toda bendición viene de Dios, y que es un Ser sobrenatural que existe por encima y más allá de las leyes de la naturaleza, podemos saber que Su bendición es un don sobrenatural, de alcance eterno. Su bendición posee y porta un poder sobrenatural para cumplir el destino de una persona, familia, nación e, incluso, una generación entera.

La bendición de Dios no solo ha cambiado mi propia vida sino también la de cientos de miles de gente a lo largo y lo ancho del mundo. Hoy, el Señor desea bendecirlo a usted de la misma manera.

3. La bendición de Dios se transfiere de manera generacional

Como hemos visto, así como las maldiciones pueden transferirse a las siguientes generaciones, las bendiciones también pueden pasar a los hijos, nietos y próximas generaciones. Por ejemplo, en las Escrituras, Dios enfatiza continuamente que Él es el Dios de Abraham (padre), Isaac (hijo) y Jacob (nieto). (Véase, por ejemplo, Éxodo 3:6). Por tanto, las bendiciones de la familia de Abraham —de quien somos herederos espirituales— fueron establecidas y fortalecidas de manera tri-generacional. En esas tres generaciones, Dios edificó y puso en movimiento la promesa que le había hecho a Abraham. Él levantó una nación grande y bendita de un pueblo que se ha prolongado hasta hoy, el pueblo de Israel. En el caso de Abraham, para poder recibir la bendición de Dios, al principio, y luego comenzar un legado multi-generacional de esa bendición, tuvo que separarse de su país de nacimiento y de sus antepasados. (Véase Génesis 12:1–3). A veces, tenemos que comenzar una herencia en el Señor, desde cero en nuestra generación; para así poder establecer las bendiciones de Dios para el futuro.

Cuando los padres viven a la manera de Dios, sus hijos no tienen que arrancar del mismo lugar que ellos tuvieron que hacerlo; como resultado de las bendiciones generacionales, los hijos podrán edificar sobre el legado de sus padres. Por ejemplo, en contraste con lo que fue mi infancia, mis hijos naturales crecieron sin carencias materiales; han tenido una buena alimentación, vestimenta, techo y educación. No han tenido problemas para alcanzar una buena educación, y asisten a buenas escuelas. La bendición de Dios me ha hecho exitoso, y mis hijos irán aún más lejos que yo porque podrán pararse sobre mis hombros para moverse hacia el futuro. Asimismo, mis hijos espirituales son capaces de comenzar desde el punto que yo he alcanzado y beneficiarse de lo que yo he aprendido, recibido y vencido. Y así es menos costoso para ellos. Lo que a mí me tomó diez años lograr, a ellos les cuesta la mitad del tiempo o menos. Por ejemplo, uno de mis hijos espirituales, pastor en México, comenzó hace tres años atrás con apenas cuarenta personas. Ahora, tiene una congregación de cerca de tres mil personas gracias a la impartición que recibe del manto espiritual de nuestro ministerio.

Para la vida de un niño, tanto el padre como la madre son vitales; sin embargo, muchas madres solteras están criando hijos que aman a Dios. Son hombres y mujeres usados por Dios de manera extraordinaria; especialmente, los que ponen sus ojos en el Padre celestial y en mentores en la iglesia que pueden ayudarlos a llenar el vacío en su vida de no haber tenido un padre natural presente. Pero Dios ha puesto una responsabilidad especial sobre los esposos y padres, como cabeza de la familia, y hay bendiciones diseñadas para ser transmitidas del papá a los hijos. Ésta es una de las razones por las cuales el diablo ataca tan agresivamente la paternidad y trata de destruir los matrimonios. Dios quiere levantar a los padres en cada generación para transmitir Sus bendiciones a la siguiente. Donde no hay impartición de paternidad para nutrir generaciones futuras —sea para hijos naturales o espirituales— cada generación debe forjar su propio camino, pagando un alto precio en el proceso. Si bien los hijos pueden llegar a ser muy exitosos, es posible que no lleguen a alcanzar las metas que hubieran alcanzado si hubieran comenzado a partir de los logros de la generación anterior. Cada hombre porta en sus lomos varias generaciones, porque tiene el poder dado por Dios para comenzar una herencia para sus generaciones por venir. Hay veces en que la bendición salta una generación, porque para activarla, debemos tener revelación de esa bendición de Dios. Por lo tanto, asegurémonos de recibir las bendiciones que Dios preparó para nosotros, siguiendo Su plan de usarnos a nosotros y a nuestras familias, para bendecir el mundo de mil maneras distintas.

La fe, la unción y la bendición son transferibles de los padres a los hijos, de una generación a la otra.

4. La bendición de Dios opera de acuerdo a nuestra elección y obediencia a Sus principios

Como hemos notado, Dios nos pide que escojamos entre ser bendecidos y ser maldecidos. El Señor desea bendecirnos, pero Él no puede tomar esa decisión por nosotros. Cada vez que uno de Sus hijos elige la bendición, cambia su vida para mejor; prospera y crece, no solo en el ámbito espiritual sino también en su vida familiar, profesional, financiera, ministerial y mucho más. Así, tendrá lo suficiente tanto para sus propias necesidades como para ayudar a otros en necesidad; además, dejará una herencia para las futuras generaciones.

Sin embargo, permítame advertirle que para continuar en bendición, usted debe guardar los principios que la activaron. Muchos cristianos, cuando comienzan a crecer y prosperar dejan de practicar los principios que los llevaron a la prosperidad. Los principios del reino los levantaron de la nada, pero una vez bendecidos, descartan esos principios, pensando que no los necesitan más. Su éxito los hizo sentir importantes, poderosos y capaces en sus propias fuerzas. Como resultado, dejaron de lado el fundamento que les había traído la bendición. Debemos tener cuidado de no caer en orgullo o en un sentido de autosuficiencia; en cambio, debemos recordar que toda buena dádiva viene de Dios.

Aunque Dios me ha bendecido abundantemente, yo aún necesito seguir *escogiendo* la bendición, por medio de practicar los principios que la activaron. Algunos de esos principios incluyen dar y recibir; sembrar y cosechar; honrar al Padre celestial; honrar a mis padres espirituales y a otros hombres y mujeres de Dios; buscar primero el reino de Dios y Su justicia; defender al desamparado; bendecir a los demás con todo lo que Dios me ha dado a mí; además, servir a la gente con motivos puros de amor y compasión.

Con base en todo lo anterior, yo escojo la humildad. Escojo mostrar compasión hacia el enfermo y afligido. Escojo trabajar, mostrar amor y dar fruto con los dones que Dios me ha dado. Escojo pararme por la justicia y la verdad, nunca bajar los estándares de santidad, rectitud e integridad divinos. Escojo buscar la presencia de Dios y Su pasión por extender el reino. Nunca podría dejar de hacer todo esto. El Señor me ha bendecido por perseguir estos principios con todo mi corazón. Y yo mantendré Sus bendiciones por medio de una continua búsqueda y aplicación de los mismos. Esto es lo que significa escoger la bendición en lugar de la maldición. ¡Escoja la bendición ahora!

5. Las bendiciones vienen sobre la cabeza y fluyen por el cuerpo

"¡Cuán bueno y cuán agradable es que los hermanos convivan en armonía! Es como el buen aceite que, desde la cabeza, va descendiendo por la barba, por la barba de Aarón, hasta el borde de sus vestiduras" (Salmos 133:1–2, NVI). Yo creo que este salmo indica la condición para recibir la bendición, así como el orden en el cual viene la bendición. La condición es la unidad y el orden divino. Es decir, la bendición viene primero sobre la "cabeza", o la autoridad principal, y luego fluye hacia abajo, a todos los que están sujetos a esa autoridad. Si se sigue el orden apropiado, la bendición fluirá. De lo contrario, habrá una interrupción o detención del flujo de bendición. Dios busca gente que vive en autoridad en el hogar, en la iglesia, en el lugar de trabajo, o en cualquier otra área de la vida que esté alineada con Su propósito y en obediencia a Él. Dios quiere desatar la bendición sobre este tipo de creyente, la cual se extenderá a sus hijos, a los miembros de su congregación, a sus empleados y demás, así como a las siguientes generaciones.

De la misma manera, nuestro propio alineamiento con la autoridad correspondiente es central. Si usted está en autoridad en un ámbito particular de la vida, y no está asumiendo esa responsabilidad, afectará no solo su propia bendición, sino también la de quienes están bajo su influencia. O, si usted se ha conectado a la "cabeza" errada, o si no está alineado con la autoridad apropiada, la bendición no vendrá a usted. Sin embargo, cuando la cabeza está en una correcta relación con Dios y está cumpliendo sus responsabilidades, entonces aquellos que están bajo su influencia serán bendecidos. Por ejemplo, cuando Dios pagó la hipoteca de mi casa, de manera sobrenatural, muchas de las familias y otros miembros de la iglesia recibieron lo mismo. Cuando comencé el ministerio de los milagros creativos, como el crecimiento de cabello y órganos, todos mis hijos e hijas espirituales empezaron a fluir en la misma unción en sus ministerios. Dios quiere bendecirnos a todos, pero primero debemos seguir el orden correcto.

Entonces, si usted está conectado con una autoridad alineada con Dios, prosperará como prospera su cabeza. A veces, la bendición alcanza incluso a la gente que no está directamente bajo la cobertura de esa autoridad pero tiene algún tipo de asociación con la misma. Así es de grande el poder de la bendición divina, como vemos en los siguientes testimonios. El pastor Marcelo Salas pasó de la orfandad y una vida de drogas y sin rumbo, a tomar la herencia completa que solo un hijo genuino puede recibir.

"A los doce años, mi padre murió, y eso trajo la desintegración de mi familia. Mi madre tuvo que trabajar muy duro para sostener a sus seis hijos. No había figura paterna para nosotros, con lo cual, como niños, recibimos muy poca autoridad o dirección y cada uno tomó su camino. Yo empecé a consumir drogas y a beber alcohol a los trece años. A los diecisiete ya había dejado la escuela. Mis compañías más cercanas eran vendedores de droga y otra gente peligrosa.

"Así conocí a mi futura esposa, Carmen. Salimos apenas por dos meses antes de casarnos, y pronto, tuvimos un hijo. Pero la inmadurez de ambos, sumada a mis vicios, hizo que la convivencia fuera imposible. Dos años más tarde, nos separamos y pasamos siete años lejos uno del otro.

"Después de esta separación, yo llegué al punto de querer cambiar; necesitaba un cambio, y sabía que si no lo hacía, moriría. Lo que no sabía era cómo cambiar. Desesperado, le pedí ayuda a mi madre, y ella me llevó a un centro cristiano de rehabilitación, donde conocí a Dios. Él perdonó mis pecados, me liberó de los vicios, y transformó mi vida para siempre. Más tarde, busqué a mi esposa para reconciliarnos, y el Señor restauró nuestro matrimonio y familia. Ambos volvimos a la escuela y nos graduamos de abogados. Apasionados por el evangelismo, visitábamos las cárceles, parques y todo lugar donde el Señor nos enviara a ministrar a la gente. Servimos en la iglesia por un tiempo, pero entonces, el apóstol de ese ministerio murió, y quedamos sin cobertura espiritual. Nuestra iglesia tenía pocos recursos. El edificio se había deteriorado, los pisos estaban dañados y estaba lleno de ratas. ¡Era una vergüenza!

"Mientras evangelizábamos y tratábamos de arreglar el edificio de la iglesia, yo veía al apóstol Guillermo Maldonado por televisión, y empecé a tomar su manto para el ministerio. Sentía que algo se activaba dentro de mí cada vez que lo oía. Incluso sin estar bajo su cobertura espiritual, yo me apropié de su unción y la puse en práctica. Un día, vino una mujer cuyo bebé había muerto en su vientre; el médico le había dicho que tendrían que intervenirla para sacar al bebé muerto o ella también moriría. Pero oramos por su situación y ahí mismo, ¡el corazón del bebé comenzó a latir nuevamente, y se empezó a mover! ¡Fue nuestra primera resurrección!

"Dos de los libros del apóstol Maldonado me impactaron fuertemente; *La Gloria de Dios* y *Jesús Sana Tu Enfermedad ¡Hoy!* Dios comenzó a realizar milagros en nuestros servicios, y la gente empezó a ser sanada y liberada tan pronto entraba en la iglesia. La gratitud de la gente hacia Dios hizo que comenzara a diezmar y ofrendar; y pasamos de no tener nada a reunir medio millón de dólares para comprar un edificio nuevo. En muy poco tiempo, nos hemos expandido y crecido mucho. Además, ahora tenemos tres centros de rehabilitación de drogadicción; uno para hombres, otro para mujeres y otro para niños. Ha sido increíble ver cómo nuestros pequeños números han crecido a miles. Todo fue gracias a Dios y a la visión del Ministerio El Rey Jesús, a través del cual nuestro ministerio se ha acelerado. Ahora, la gente que antes nos rechazaba y criticaba viene a nosotros a ver cómo hemos sido capaces de hacer lo que hacemos.

"Gracias a sus libros y mensajes por televisión, el apóstol Maldonado me desafió a ser coherente y consistente con lo que predico. También aprendí a recibir la paternidad y la cobertura de un ministerio, y entendí que esto no significa el simple uso de un logo ministerial o que le den a uno un asiento VIP, sino usar las herramientas que se brindan para triunfar. Antes, era un perdedor, pero cuando me apropié de los beneficios de la paternidad espiritual, comencé a recibir una enorme bendición en mi vida. Hoy, soy un hijo, en completo ejercicio de mi herencia como tal, y soy bendecido para bendecir a otros".

La bendición de Dios puede venir a través de la ley de la asociación.

6. La bendición especial de Dios viene sobre el primogénito

Bajo la ley judía, el hijo primogénito recibió la doble porción de la bendición de su padre. (Véase, por ejemplo, Deuteronomio 21:17). Debemos entender que Dios ha capacitado a cada creyente para que reciba la bendición del primogénito a través de Jesucristo. Él es *"el primogénito entre muchos hermanos"* (Romanos 8:29, nvi), quien voluntariamente comparte toda la herencia del Padre con nosotros. (Véase Romanos 8:32).

El principio de la primogenitura estaba vigente antes de la impartición de la ley. Esaú y Jacob, los hijos de Isaac, eran mellizos. Sin embargo, Esaú fue el primogénito porque fue el primero en salir del vientre de su madre. Por el principio de la primogenitura, la plenitud de la bendición, en doble porción, le pertenecía a Esaú. Sin embargo, Jacob deseaba tanto la bendición que decidió pelear por ella; entonces, negoció con su hermano para obtenerla y hasta hizo uso del engaño para que su padre se la impartiera. (Véase Génesis 25:24–26; 29–34; 27:1–40). Si bien la intención de Dios era que Jacob recibiera la bendición (véase Génesis 25:22–23), Jacob tomó el asunto en sus propias manos y sufrió diferentes consecuencias por sus acciones; por ejemplo, tuvo que dejar su hogar, y nunca volvió a ver a su madre viva. Si las cosas no parecen ir de acuerdo al plan de Dios para su vida, usted debe depender de Él para que obre, en lugar de tratar de mover las cosas usted mismo. Su tarea es siempre buscar intensamente a Dios y Su bendición con un corazón puro.

7. La bendición de Dios depende de nuestra obediencia a Él

Dios nos bendice cuando lo obedecemos. Cuando nos rebelamos contra Su autoridad y señorío, la plenitud de Su bendición no se puede manifestar. Una bendición entorpecida u obstaculizada no cambia el amor incondicional de Dios por nosotros, pero la obediencia es el principio fundamental del reino para recibir Su bendición. Si usted es rebelde y desobediente, está actuando de acuerdo a la naturaleza de pecado, la cual está maldita; por lo tanto, la bendición no puede fluir en su vida.

Finalmente, la bendición de Dios está basada en el hecho de que Él creó al ser humano a Su imagen y semejanza, y todo aquello con lo que lo bendijo para que reflejara Su gloria como cumplimiento de su propio destino. Entonces, a causa de la desobediencia y caída de Adán y Eva, la imagen y semejanza de Dios en la humanidad se distorsionaron; perdimos la bendición y fuimos puestos bajo maldición. ¡Pero hoy la bendición ha sido restaurada! Cristo nos redimió de la maldición; no solo eso, también nos restauró a la imagen y semejanza de Dios, para que podamos volver a reflejar Su naturaleza y activar Sus bendiciones.

Hoy en día, mucha gente se pregunta: "¿Por qué no soy bendecida en esta área de mi vida?". Si usted se encuentra en ese grupo, ¿puede ser que, de alguna manera, esté desobedeciendo a Dios en dicha área? La bendición divina fue diseñada para ser eterna, no temporal; por tanto, aplica solo a aquello que está dentro de la voluntad eterna de Dios. No está sujeta a nuestros antojos o deseos temporales. Previamente, destacamos que no fuimos hechos para saltar a una acción y luego buscar la aprobación de Dios para ello. El orden correcto es entender la voluntad de Dios y luego actuar sobre esa voluntad en fe, sabiendo que de principio a fin nuestra bendición descansa en nuestra obediencia. Con frecuencia, si no hay indicación de la bendición de Dios (incluso en medio de la oposición), podemos saber que lo que estamos tratando de hacer no es Su voluntad. Entonces, es mejor que siempre empecemos por saber y obedecer la voluntad de Dios.

Desde nuestros inicios, el Padre dejó muy claro que el ministerio era Su voluntad y que Él estaría con nosotros. Sus bendiciones han venido a nosotros en forma de provisión financiera y otros recursos, milagros, liberaciones, salvaciones y favor especial. Dios ha sido fiel a Su Palabra, y nunca nos ha faltado nada. Por más de 25 años, Sus bendiciones han sido consistentes y continuas para mí, para mi familia y nuestro ministerio. Y le damos a Dios toda la gloria por esto. Nuevamente, digo que la bendición de Dios no aplica solo para mí. Si fue posible conmigo, también es posible con usted.

8. La bendición de Dios se transmite o imparte por las palabras, pero se sella con las manos

Las palabras de bendición portan un poder sobrenatural. Dios le dijo a Abraham: *"Y pondré mi pacto entre mí y ti, y te multiplicaré en gran manera"* (Génesis 17:2). Es más, el sacerdote Melquisedec, a quien la Biblia describe como un tipo de Jesús (véase, por ejemplo, Hebreos 6:20), habló palabras de bendición a Abraham, diciendo: *"Bendito sea Abram del Dios Altísimo, creador de los cielos y de la tierra; y bendito sea el Dios Altísimo, que entregó tus enemigos en tu mano. Y le dio Abram los diezmos de todo"* (Génesis 14:19–20). Las promesas del Señor de bendecir a Abraham, y en él a todas las naciones de la tierra, fueron promesas que beneficiarían a toda la humanidad a través de Cristo. (Véase Génesis 18:18; 26:4). Todas esas palabras de bendición se han cumplido, y aún hoy se siguen cumpliendo.

Si bien las palabras tienen poder, también hay algo sobrenatural acerca de la imposición de manos espiritual o de levantar las manos hacia alguien; prácticas por las cuales podemos impartir y sellar bendiciones. Por ejemplo, en el Antiguo Testamento, Jacob impuso sus manos sobre las cabezas de los dos hijos de José mientras los bendecía. (Véase Génesis 28:13–20). En otra ilustración, luego de que Aarón, sumo sacerdote de Israel, ministrara la expiación de los israelitas con el sacrificio de diferentes animales, él levantó sus manos hacia el pueblo y verbalizó una bendición espiritual sobre el mismo. (Véase Levítico 9:22). En el Nuevo Testamento, antes de que Jesús multiplicara los panes y los peces para alimentar a las cinco mil personas reunidas, tomó el alimento en Sus manos y lo bendijo. (Véase, por ejemplo, Mateo 14:18–20). Cuando sanaba a la gente, a veces, Jesús hacía una declaración de sanidad, pero otras, imponía Sus manos sobre ella para sanarla, como cuando sanó al leproso. (Véase Mateo 8:3). Otro ejemplo, más adelante, es el de Pablo cuando le escribe a su hijo espiritual, Timoteo: *"Por lo cual te aconsejo que avives el fuego del don de Dios que está en ti por la imposición de mis manos"* (2 Timoteo 1:6). La bendición de un don espiritual fue impartida sobre Timoteo cuando Pablo impuso sus manos sobre él. De manera similar, hoy, los padres pueden bendecir a los hijos, los pastores pueden bendecir a los miembros de su congregación, y otras autoridades delegadas pueden bendecir a quienes están debajo de ellas con palabras de bendición —aunque también pueden acompañar esta bendición con la imposición de manos o levantando sus manos hacia las personas—.

> *Para que la plenitud de la bendición de Dios se manifieste, ésta debe ser declarada y luego sellada con la imposición de manos.*

9. La bendición de Dios se activa cuando tenemos la fe de Dios

Cuando usted sabe que hay una bendición sobre su vida y que aún no se ha manifestado, debe activarla con palabras habladas en voz alta y en fe. La fe es la moneda del cielo, que nos da acceso a las promesas de Dios. (Véase, por ejemplo, Hebreos 6:12). Jesús nos mostró cómo afrontar los desafíos y obstáculos de la vida cuando dijo:

> *Tened fe en Dios. Porque de cierto os **digo** que cualquiera que **dijere** a este monte: Quítate y échate en el mar, y no dudare en su corazón, sino creyere que será hecho lo que dice, lo que **diga** le será hecho.*
> (Marcos 11:22–23)

Una traducción más literal de la frase *"Tened fe en Dios"* es "Tened la fe de Dios". Repito, todo comienza con Dios y Su voluntad eterna. Solo si comenzamos allí podremos ejercer una fe genuina para cumplir Su voluntad y ver Sus bendiciones activadas en nuestra vida.

10. La bendición de Dios siempre viene con instrucciones

Cuando Dios bendice a alguien, de inmediato lo instruye acerca de cómo usar esa bendición; le revela el propósito de Su favor sobrenatural y cómo implementarlo. Repito, la bendición de Dios está íntimamente ligada con nuestro propósito y destino. Por ejemplo, aun cuando Saulo perseguía a la iglesia, el Señor le extendió Su bendición de misericordia y perdón. Esta bendición fue manifestada cuando Jesús se le apareció a Saulo en el camino a Damasco y lo comisionó como apóstol de la iglesia. (Véase Hechos 26:15–18).

11. La bendición de Dios es una señal de que Él está con nosotros

Cuando una persona temerosa de Dios es bendecida, podemos estar seguros de que el Señor está obrando en su vida, proveyendo favor y todos los recursos que necesita para llevar a cabo su llamado. Es cierto que la gente que desprecia al Señor y se va tras lo malo a veces acumula gran riqueza y otras ventajas materiales; pero las Escrituras nos dicen que su prosperidad es temporal y terrenal; al final, terminará perdiéndolo todo. (Véase, por ejemplo, Salmos 73). Debemos escoger la bendición, para que la presencia de Dios permanezca con nosotros siempre.

Los efectos sobrenaturales de la bendición de Dios

En el capítulo anterior, aprendimos que las maldiciones empoderan a la gente, de manera sobrenatural, para el fracaso; incluso si todas las condiciones para el éxito están dadas. Por el contrario, las bendiciones tienen un poder sobrenatural para llevarnos al éxito, contra toda probabilidad. Miremos más de cerca los efectos de la bendición de Dios.

I. La bendición de Dios preserva, protege y provee

Si los seres humanos hubieran sido creados para existir sin la bendición de Dios, ¿por qué el primer acto de Dios, después de crear a Adán y Eva, sería bendecirlos? Repito, la bendición de Dios incluye Su presencia continua en nuestra vida. Él nos preserva del mal, nos protege durante las crisis y nos capacita para cumplir nuestro propósito en este mundo y por la eternidad. Por ejemplo, una vez, después de ministrar en una conferencia en Honduras, siete hombres me siguieron con armas y rifles, a mí y a mi equipo; estos hombres nos robaron y nos tuvieron con un revólver en la cabeza por cuarenta y cinco minutos. Yo oraba sin cesar por protección sobrenatural, y los hombres finalmente se fueron. Dios ha preservado nuestras vidas. Además, a través de los años, Dios ha preservado nuestro ministerio espiritualmente, así que hemos seguido predicando el evangelio puro con una doctrina pura. Es más, Él ha provisto todas nuestras necesidades materiales. Y repito, nunca nos ha faltado nada que necesitáramos; y como escribí antes, nuestro ministerio siempre ha funcionado libre de deudas.

2. El favor de Dios es la evidencia de Su bendición

El favor es el primer nivel de la bendición de Dios, y tenemos que mantener nuestro discernimiento ejercitado para que Su favor no nos pase desapercibido. Cuando usted pasa por alto el favor de Dios, también pasa por alto Su bendición. Asimismo, cuando rechaza el favor de Dios, también rechaza Su bendición.

¿Qué formas toma el favor? Dios pone gente en su vida dispuesta a ayudarlo y a servirlo si usted busca cumplir Su propósito. Él abre puertas y oportunidades para usted. La demostración de Su favor es una señal de que Su bendición está sobre su vida, y su parte es tomar las oportunidades que Él le da y desarrollarlas para Su gloria.

Dios puede usar a quien menos los demás esperan; de hecho, lo hace con frecuencia. Tal vez, para usted esa persona no es nadie, pero para Dios es la correcta porque Sus ojos ven lo que los ojos del hombre no ven. (Véase, por ejemplo, 1 Samuel 16:1–13). Es más, Dios es soberano, y hace lo que quiere a través de quien Él escoge. Su favor posicionó a José en la corte del Faraón para poder bendecir a Su pueblo durante el tiempo de hambruna. (Véase Génesis 50:20). Y Él desea darnos Su favor, también, para llevarnos a bendecir a otros. Él nos ha dado cosas que quiere que compartamos con los demás; talentos, ideas, recursos, visiones, llamados, ministerios y más. Pero sin el favor divino que acompaña la bendición de Dios, no podremos hacer mucho con lo que Él nos ha dado.

> *Ningún ser humano puede decidir a quién elige Dios para bendecir.*

3. La bendición de Dios es la línea que divide a Sus hijos de los demás

Aquel que es bendecido nunca mengua, siempre se incrementa, se multiplica y se extiende más y más arriba, porque la bendición de Dios no conoce el descenso. Nos empodera para vivir de acuerdo a las propiedades del reino, las cuales incluyen estabilidad y expansión. La bendición es a prueba de recesión y de hambre; no se conforma a las circunstancias o problemas del mundo, sino que procede de acuerdo a la economía del reino de Dios. Por eso, incluso en medio de las recesiones económicas globales y la escasez, los hijos de Dios son cabeza y no cola; están por encima y no por debajo. (Véase Deuteronomio 28:13). Por tanto, la bendición de Dios trazará la línea entre su familia y otras, entre su ministerio y otros, entre su negocio y otros, y más, mientras usted viva en obediencia a Él.

4. La bendición de Dios prospera todas las áreas de la vida

"La bendición de Jehová es la que enriquece, y no añade tristeza con ella" (Proverbios 10:22). Cuando la bendición de Dios está sobre su vida,

usted prospera en todo lo que hace. Es más, será imposible que fracase, porque su habilidad para prosperar viene de su misma esencia como hijo de Dios que camina en su propósito. Repito, el principio es similar a la naturaleza de la maldición, en la cual una persona es sobrenaturalmente empoderada para fracasar. Pero el poder de la bendición sobrenatural es infinitamente más fuerte. La bendición viene de un estado de ser; de ser un hijo de Dios que no trata de usar métodos mundanos para el éxito, sino que permanece obediente a Él y a los principios de Su reino.

Sin embargo, tenga en mente que cuando usted prospera en lo material, o en otra área, puede ser perseguido por los "religiosos" que creen que la pobreza viene de Dios. Su doctrina enseña que cuanto más pobre se sea, más santo se es también; pero esa idea es una mentira del diablo. Otra gente cree que la prosperidad es una señal de vanidad o de falta de humildad. Pero Dios desea prosperar a Su pueblo para que éste pueda extender Su reino y traer más almas a la salvación en Cristo. ¡Ésa es la razón por la cual nos bendice!

Ya vimos que la condición para ser fructíferos y multiplicarnos, para tener vidas productivas, es primero ser bendecidos por Dios. Como vimos, Él primero bendijo a Adán antes de comandarlo a ser fructífero y multiplicarse; el mismo principio es real para nosotros. Dios tiene que pronunciar la bendición primero; ésta es la clave para nuestra productividad. Jesús nos escogió y nos señaló para ser fructíferos para el reino, llevando fruto duradero. (Véase Juan 15:16). Entonces, cuando Dios lo bendice, Él lo coloca en lugares y circunstancias donde usted podrá ser fructífero. Si Dios le ha dicho que haga algo —es posible que incluso le haya dado una palabra profética directa acerca de su asignación—, lo bendecirá en ello, mientras usted permanezca obediente y sometido a Él. En el momento en que Dios le habla, bendiciéndolo para cumplir un propósito, usted tiene garantizado el éxito en el mismo, mientras lo busque a Él para recibir Su provisión. ¿En qué lugar está usted ahora mismo? Su vida, ¿es fructífera o está estéril? ¿Próspera o estancada? Como enfaticé más arriba, antes de que se ponga a hacer algo, usted debe asegurarse de que Dios lo ha bendecido para eso y lo ha mandado a hacerlo.

5. La bendición sobrenatural de Dios es dada de acuerdo a nuestro propósito

Entender el propósito que Dios le ha dado expande su mente, sus sueños y sus expectativas. En ese sentido, la prosperidad comienza en el momento en que usted conoce su propósito en la tierra y empieza a actuar en él. Su propósito trae la bendición de Aquel que lo llamó, su Padre y Creador. En esencia, cuando usted encuentra su propósito, encuentra también su prosperidad. Cuando entra al favor de Dios y se mueve hacia el cumplimiento de ese propósito, recibe aún más bendiciones y recursos. ¡Todo se acelera! Por lo general, si usted vive fuera del propósito que Dios le ha dado en la tierra, podrá tener suficiente provisión para suplir sus necesidades, pero no tendrá lo necesario para ser de bendición a otros de la manera en que Dios quiere que lo sea.

La bendición de Dios tiene el poder para acelerarnos en toda área de la vida y para llevarnos a bendecir a otros.

Dios le dijo a Abraham: *"Y haré de ti una nación grande, y te bendeciré, y engrandeceré tu nombre, y serás bendición"* (Génesis 12:2). Repito, si usted solo tiene apenas para vivir, no puede ser de bendición a los demás. Sentirá la necesidad de quedarse lo que tiene para sí mismo. Hay personas que están contentas en este nivel; son las que representa el siervo en la parábola de los talentos que recibió un talento y corrió a enterrarlo para "salvaguardarlo". (Véase Mateo 25:14–30). Ellas tienen una mentalidad que dice: "Yo quiero lo suficiente para mí y para mi familia, y eso es todo. No pido más". No se dan cuenta de que es una mentalidad de carencia y egoísmo que no ve más allá de su circunstancia actual. ¡Ésa no es una mentalidad de reino! Usted debe cambiar esa mentalidad de carencia a una de abundancia, sobreabundancia… ¡y aún más! Esta mentalidad se desarrolla cuando saltamos a nuestro propósito en fe.

Cuando usted opera desde la necesidad
en lugar del propósito, podrá tener
suficiente, pero nunca tendrá la abundancia.

El impacto de la bendición

Cuando alguien es bendecido por Dios, es tan evidente como impactante. El siguiente es un maravilloso testimonio, de Darvin, de Guatemala, que demuestra con claridad la bendición de Dios operando en la vida de una persona.

"Desde que el Señor nos permitió estar bajo la cobertura de nuestros padres espirituales, el apóstol Guillermo Maldonado y la profeta Ana Maldonado, la bendición ha sido sobreabundante. El año 2014 marcó nuestra vida para siempre. Daniel, mi hijo de quince años, estaba jugando al fútbol en la escuela cuando se golpeó la cabeza contra las gradas y cayó muerto al instante. Cuando los técnicos médicos de emergencia llegaron y lo declararon muerto, una amiga de mi hija Rebeca la llamó para decirle lo que había pasado. Pero en lugar de desmoronarse, Rebeca corrió donde estaba su hermano y puso sus manos sobre el cuerpo de él. Ella no le preguntó a Dios por qué había sucedido aquello, sino que le agradeció por Su infinito amor y misericordia, declarando que Él cumpliría Su propósito en Daniel. En ese momento, ¡mi hijo comenzó a respirar otra vez! Como precaución, lo llevaron al hospital, pero pronto lo dieron de alta. La factura por los gastos de estadía en el hospital y otros servicios médicos era muy alta, pero el hospital me informó que ya había sido pagada. ¡Alguien la había pagado electrónicamente!

"También, en junio de 2014, un terremoto sacudió nuestra ciudad de San Marcos, en Guatemala, y hubo una gran destrucción. Mi propia casa se hundió unos 15 cm. de un lado, y las autoridades me dijeron que teníamos que evacuar el área porque era muy peligroso quedarse allí. Nosotros decidimos ir a la iglesia a orar, adorar, alabar a Dios y, lo más importante, agradecerle, sabiendo que todo obraría a nuestro favor. Más tarde, volvimos a la casa a ungir las paredes, creyendo en un milagro. Pocos minutos después, los constructores nos llamaron diciendo que algo extraño estaba sucediendo. ¡La casa se estaba enderezando sola! Unos instantes más y la casa había vuelto a su posición original. Literalmente, Dios había enderezado mi casa, ¡y mucha gente estuvo allí para ser testigo de eso!

"Además, recibimos una provisión sobrenatural en las finanzas. Al principio, habíamos pedido un préstamo de unos $270.000 dólares para construir nuestra casa. Pero recibimos una llamada del director del banco para decirnos, 'No sé qué tiene usted con Dios, o qué tiene Dios con usted, pero no me puedo ir a dormir sin antes decirle que pase el lunes a firmar la liquidación de su casa. Usted no le debe nada al banco'. Dios pagó la hipoteca de nuestra casa por completo. Por eso, no puedo dejar de testificar. Dios ha sido bueno, y Su bendición se ha derramado sobre nosotros como Sus hijos. Estoy eternamente agradecido con Él y declaro que mi familia y yo lo serviremos para siempre. ¡Toda la gloria y la honra para el Señor!"

Cómo poseer la bendición de Dios

Nuestra mente natural no puede captar o descifrar los misterios que pertenecen al mundo sobrenatural. Por tanto, necesitamos saber y seguir los principios de Su sabiduría sobrenatural para obtener las bendiciones que Él ha preparado para Sus hijos. Los siguientes pasos lo ayudarán a usted a vivir en las bendiciones de Dios.

1. Entender y aceptar que Jesús llevó nuestras maldiciones en la cruz para que nosotros podamos recibir Sus bendiciones.

Cristo nos redimió de la maldición de la ley, hecho por nosotros maldición (porque está escrito: Maldito todo el que es colgado en un madero), para que en Cristo Jesús la bendición de Abraham alcanzase a los gentiles, a fin de que por la fe recibiésemos la promesa del Espíritu. (Gálatas 3:13–14)

Si usted cree que "merece" las bendiciones de Dios, está equivocado y no las recibirá. Cada bendición material, emocional, mental, física y espiritual ha sido provista por Cristo y nos ha sido dada por gracia para los propósitos de avance del reino de Dios. Nosotros no merecemos estas bendiciones; no podríamos nunca ganarlas por mérito propio. Pero, gracias a Su amor, Dios nos ha bendecido y nos ha permitido usar Sus bendiciones a favor de otros. Como hemos visto, una bendición divina no es dada para ser disfrutada egoístamente, y nunca es investida sin los recursos necesarios para su operación y utilidad. Por lo tanto, si Dios lo ha sanado, Él quiere que usted ministre sanidad a otros. Si lo ha prosperado, quiere que usted siembre en Su reino y sea de bendición espiritual, intelectual, financiera y más, para otra gente. Recuerde también que los propósitos de Dios nunca se tratan solo de una persona o siquiera de la generación de uno solo; el Padre ve múltiples generaciones en el futuro.

2. Ponga su fe en la obra terminada de la cruz. Jesús terminó la obra de la cruz para reconciliarnos con el Padre; Su sacrificio removió la maldición de nuestra vida y abrió la puerta para que recibamos Su bendición. Él nos redimió y nos prosperó. Nos restauró todo lo que había sido retenido en la eternidad desde la caída de la raza humana, cuando el pecado separó a ésta de su Creador. Pablo escribió: *"Bendito sea el Dios y Padre de nuestro Señor Jesucristo, que nos bendijo con toda bendición espiritual en los lugares celestiales en Cristo"* (Efesios 1:3). Nuestras bendiciones están en *"lugares celestiales"*. Yo creo que esta expresión se refiere a las áreas, dominios, territorios, naciones y mundos celestiales que tienen su contraparte en la tierra. En otras palabras, el reino es manifestado en muchos diferentes ámbitos en la tierra, los cuales reflejan aquellos en el cielo; esos ámbitos pueden ser de negocios, económicos, de artes, educación, ciencia y deportes.

La bendición de Dios se manifestará en el ámbito primario para el cual fue asignada, de acuerdo a Su propósito. Muchos creyentes no están recibiendo las bendiciones de Dios porque están funcionando fuera del ámbito que Él preparó para ellos. Otros no reciben Sus bendiciones porque no están viviendo por fe. Están viviendo por "esperanza" o pensamientos de deseo; o viviendo en el pasado. La fe vive en el ahora, y solo en el ahora. Esto significa que podemos traer las bendiciones de Dios en nuestra vida hoy, aquí y ahora. Si usted vive de acuerdo a los parámetros terrenales, muchas veces se encontrará en un continuo estado de espera, cuando podría estar trayendo el cielo a la tierra por fe y poseyendo las bendiciones de Dios ahora mismo.

> ## *La fe es el futuro que Dios llama "ahora".*

3. Pelee por sus bendiciones. Con frecuencia necesitamos meternos en guerra espiritual para recibir las bendiciones que nos fueron prometidas. Por tanto, antes de que las bendiciones de Dios se manifiesten en nuestra vida, tenemos que batallar. Algunas de nuestras batallas van a involucrar nuestra lucha por morir a nuestra naturaleza de pecado y egocentrismo para que podamos mudarnos a la presencia de Dios y recibir Su revelación y poder sobrenaturales. Otras batallas se tratarán de pelear contra el ataque del enemigo, que busca robarnos las bendiciones de Dios. No importa qué batallas enfrentemos, no nos podemos rendir; ¡debemos luchar por nuestras bendiciones!

Si bien Jesús completó la obra de salvación, quiere que nosotros nos apropiemos de esa obra. Éste es un tema que trataremos más en el próximo capítulo. El enemigo nos ataca tratando de llevarnos a desobedecer a Dios y, así, introducir maldiciones en nuestra línea sanguínea. Su plan no es tentarnos con un "pequeño" pecado hoy y otro mañana. Su vista está puesta en nuestra herencia espiritual; no solo está tras nosotros, sino también tras las siguientes generaciones. Él trata de cegarnos para que no podamos ver las bendiciones que Dios quiere darnos, porque sabe que es imposible que entremos en la abundancia de Dios y cumplamos nuestro propósito sin ellas.

De Génesis a Apocalipsis, vemos evidencia de que el enemigo siempre ha peleado por territorio, especialmente el territorio del alma humana, y que, en un sentido, los seres humanos siempre han tenido que pelear para recibir las bendiciones de Dios. Por ejemplo, Jacob luchó con un "*varón*" poderoso la noche previa a enfrentar a su volátil gemelo, Esaú, por primera vez después de veinte años. *"Así se quedó Jacob solo; y luchó con él un varón hasta que rayaba el alba.… Y dijo: Déjame, porque raya el alba. Y Jacob le respondió: No te dejaré, si no me bendices"* (Génesis 32:24, 26).

Cristo hizo Su parte pagando el precio por nuestro pecado y derrotando al enemigo en la cruz. Él hizo lo que nosotros nunca podríamos haber hecho; nos liberó de la maldición, y abrió la puerta para que la bendición del Padre fluyera en nuestra vida. Ahora, debemos hacer nuestra parte, la cual consiste en pelear por esa bendición y poseerla, así como Josué y los israelitas tuvieron que pelear por la posesión de la Tierra Prometida, la tierra que Dios les había dado en herencia.

A veces, pensamos que nuestra actual posición o situación es nuestro lugar de bendición, hasta que nos damos cuenta de que la hemos superado. Cuando el lugar en el que estamos ha empezado a parecernos muy pequeño, estamos listos para progresar a un nuevo lugar. Es posible que comencemos a sentir la urgencia de Dios que nos está movilizando al próximo nivel; o podemos sentir la presión de la oposición demoniaca contra los planes que Dios está desplegando en nuestra vida. Pero para entrar en nuestro próximo territorio, debemos hacer guerra.

4. Obedezca las prioridades de Dios. Jesús dijo: *"Mas buscad primeramente el reino de Dios y su justicia, y todas estas cosas os serán añadidas"* (Mateo 6:33). La bendición de Dios es activada cuando nos alineamos con Sus prioridades. Si lo ponemos a Él primero en nuestra vida, Él desata Su bendición. Todo aquello que usted ponga primero en su vida es su "dios". ¿Qué es lo primero y principal para usted? ¿Es su negocio, su familia, su educación, sus metas personales o algo más? Cuando usted le da a Dios el lugar supremo en su corazón, Él nunca será su segundo pensamiento o una opción menor. Cuando Sus prioridades se convierten en las suyas, usted se hace un vaso limpio donde Sus bendiciones pueden fluir, sin obstáculo que bloquee su paso.

Oración y declaración de bendición

Como un apóstol, pastor y padre espiritual en la iglesia de Jesucristo, yo quiero bendecirlo. Reciba esta oración y declaración:

Padre celestial, vengo delante de Ti a través de Tu Hijo Jesucristo. Gracias por las muchas bendiciones que me has dado para que pueda ser de bendición para otros. Lo que de gracia me has dado, de gracia les doy. Por tanto, digo a este lector, a quien Tú amas: "Yo remuevo toda maldición y palabra negativa que haya sido hablada contra tu vida. Y ahora, como una autoridad en la iglesia de Cristo, yo desato la bendición de Dios sobre tu vida, y te declaro empoderado para prosperar. Declaro que todo lo que toques será bendito, y que el favor y la gracia de Dios te acompañarán. Yo declaro que tendrás éxito más allá de cualquier circunstancia adversa o difícil. Que el Señor desate sobre ti todas las bendiciones que Jesús ganó en la cruz. Yo declaro que eres bendecido con salud en tu cuerpo, salud en tu mente y salud en tu alma. Serás fructífero y te multiplicarás dondequiera que vayas. Contra toda probabilidad, declaro que eres bendito y próspero". En el nombre de Jesús. ¡Amén!

10

CÓMO APROPIARSE DE LOS BENEFICIOS DE LA CRUZ

Existe un poder sobrenatural y eterno en la obra terminada de la cruz de Jesucristo. La cruz nos provee numerosos beneficios, tanto en el ámbito espiritual como en el físico, pero muchos creyentes no pueden apropiarse de ellos porque carecen de conocimiento revelado de lo que realmente sucedió cuando Cristo sacrificó Su vida en nuestro lugar. Si les preguntáramos a los cristianos qué beneficios ganó Jesús en la cruz, la mayoría no sabría qué responder. Puede ser que entiendan que Jesús murió por sus pecados, pero eso es lo más lejos que llega su revelación. Sin embargo, ¡hay mucho más que para entender y recibir! Dios quiere que nos apropiemos de todos los beneficios de la cruz para nuestra vida, y que los ministremos a otros también.

Los efectos de la obra terminada de Jesús en la cruz

¿Por qué los creyentes no saben más acerca de los poderosos beneficios de la cruz? La razón principal es que el enemigo ha lanzado un ataque severo contra nuestro conocimiento de la cruz. Satanás quiere eclipsar el evangelio del reino que Jesús predicó —un mensaje de poder centrado en Su muerte y resurrección— con doctrinas de hombres que no producen poder. Esas doctrinas están basadas en el pensamiento natural, en lugar de lo sobrenatural; están enfocadas en tratar de cambiar a la gente por fuerza humana o razonamiento intelectual en lugar de que sea por la sabiduría de Dios. En consecuencia, todo cambio que pueda ocurrir será incompleto y temporal. Esas doctrinas no pueden nunca proveer la transformación sobrenatural y duradera que la cruz pone a nuestra disposición.

Segundo, en gran medida, nuestra falta de un conocimiento más profundo de la cruz es el resultado de un serio problema en la iglesia. Si bien muchos predicadores y otros líderes cristianos, incluyendo a aquellos en las instituciones educativas, enseñan acerca de asuntos divinos, rara vez hablan de los efectos de la obra terminada de Jesús, a no ser la salvación del infierno. Aunque la salvación es algo vital, el perdón de pecados, para poder ir al cielo un día, es realmente solo el punto de partida en el plan redentor de Dios para Su pueblo.

En la práctica, en muchas iglesias se está predicando *"otro evangelio"* (2 Corintios 11:4). El mensaje dinámico de la cruz está siendo reemplazado por un mensaje de autoayuda, el cual es más atractivo o popular para la gente, y está diseñado para ganar su favor. Los mensajes inspiracionales o motivacionales pueden ser buenos para las emociones, pero no cambian el corazón de la gente ni desatan la herencia que pertenece a los hijos de Dios. ¡Eso solo sucede cuando se predica el mensaje de la cruz!

Muchos líderes, incluso en la iglesia carismática, se han desviado del mensaje de la cruz. Presentan un evangelio de fe por la obtención de bienes materiales y por el logro de metas temporales, en lugar de un evangelio de fe para manifestar el poder eterno de la muerte y resurrección de Cristo. Por eso, están excluyendo muchas de las verdades acerca de la obra de la cruz de las enseñanzas en las iglesias y en los institutos bíblicos; lo cual deja a los creyentes con un entendimiento incompleto del sacrificio de Jesús. Y la sociedad sabe todavía menos acerca de su verdadero significado.

El evangelio de autoayuda ha reemplazado el mensaje de la cruz.

El apóstol Pablo escribió: *"Porque la palabra de la cruz es locura a los que se pierden; pero a los que se salvan, esto es, a nosotros, es poder de Dios"* (1 Corintios 1:18). La iglesia de este siglo parece considerar el mensaje de la cruz como una *"locura"*. Ha adoptado la mentalidad intelectual basada en la filosofía griega, según la cual la realidad se define por la razón humana en lugar de la verdad de Dios. Si no tenemos cuidado, nuestras propias creencias y enseñanzas darán un giro, del poder de la verdad de Dios a una teoría sin poder. Las filosofías de hombres a veces, incluyen ideas emocionantes e información fascinante, pero finalmente están vacías de vida, porque repito, no pueden producir un cambio duradero. El mensaje de la cruz puede no ser el más popular en el presente, pero es una verdad eterna; fue dado para todos los pueblos de todos los tiempos, *"ayer, y hoy, y por los siglos"* (Hebreos 13:8), y produce resultados duraderos.

Nadie puede alinearse con la vida del cielo fuera de la cruz.

El Cristo que murió en la cruz

Mucha gente reconoce el hecho histórico de que un hombre llamado Jesús vivió en Palestina, durante el primer siglo y que murió en una cruz; pero muchos discuten la identidad de Jesús, como el Hijo de Dios, y esa perspectiva expone el error de sus creencias basales. En muchas religiones, Jesús es considerado un "gran maestro", un "buen hombre", o un "profeta de Dios". Ciertamente, Él es todo eso... ¡pero mucho más también!

Jesús es la segunda persona de la Trinidad, la cual consiste en Dios Padre, Dios Hijo y Dios Espíritu Santo. Jesús es Dios en la carne; el Dios que es 100% hombre, y el hombre que es 100% Dios. Dios vino a la tierra en la forma de un hombre para ser nuestro sustituto y salvador, porque era imposible que expiáramos nuestros pecados por nosotros mismos. La misión de Jesús era restaurar al ser humano a su condición original, antes de la caída. Si Él no hubiera venido, hubiéramos estado eternamente perdidos.

La muerte de Jesús pagó el precio por los pecados de la humanidad, terminando con las consecuencias de la caída y cambiando el destino de todos aquellos que creen en Él. Ningún otro sistema de creencias o religión fue fundado sobre un líder, un profeta o un individuo iluminado que haya dado Su vida para expiar los pecados de todo el mundo; incluyendo los pecados de quienes lo odiaron y lo mataron. Ninguna otra religión o sistema de creencias en el mundo se puede comparar con el mensaje del evangelio, el cual proclama los beneficios de la cruz y el poder de la resurrección. Las filosofías que fundamentan otros grupos y religiones están basadas en especulaciones abstractas, pero la cruz —el fundamento de la fe de los seguidores de Jesús— es un hecho histórico basado en la realidad. No solo eso, sino que el evento de la cruz fue establecido en la eternidad, incluso antes de la creación del mundo. Las Escrituras dicen que Jesús es el *"Cordero que fue inmolado desde el principio del mundo"* (Apocalipsis 13:8). La cruz es tanto un hecho histórico indiscutible como una realidad eterna.

La obra de Jesucristo en la cruz es una realidad
innegable, indiscutible, inamovible, irrevocable,
total, permanente, terminada y eterna.

¿Qué es "la cruz"?

Cuando hablo de "la cruz", me refiero a mucho más que a dos trozos de madera clavados en cruz para formar un medio de ejecución. La cruz es el sacrificio de Jesús mismo, en la cual Él murió por los pecados de la humanidad. Jesucristo rindió Su cuerpo en humillación para ser crucificado por nuestra causa. Pero antes de ser clavado a la cruz, fue cruelmente torturado por los soldados romanos. Fue golpeado (véase, por ejemplo, Marcos 14:65), Su barba fue arrancada, lo escupieron (véase, por ejemplo, Isaías 50:6), y fue azotado (véase, por ejemplo, Marcos 15:15). Los látigos utilizados en aquel tiempo eran hechos de cinturones tejidos con pequeños trozos de huesos afilados o dientes de oveja. Estos fragmentos se clavaban en el cuerpo, arrancando pedazos de carne, y provocando el sangrado en cada golpe. Los verdugos de Jesús también le pusieron una corona de espinas en la cabeza, lo cual le causaba un dolor agudo. (Véase, por ejemplo, Juan 19:2). Debido a todo esto, el cuerpo de Jesús quedó desfigurado y sangrando por cada herida.

Entonces, los soldados colocaron un pesado madero sobre Sus hombros y espalda —la cual estaba en carne viva por los latigazos— y lo forzaron a cargarlo hasta el sitio de Su crucifixión, un lugar llamado El Gólgota. Cuando finalmente llegaron al monte de la crucifixión, martillaron enormes clavos en Sus muñecas y pies, y lo levantaron en aquella cruz para que sufriera una muerte lenta por asfixia.

La cruz es el sacrificio de Jesús mismo, en la
cual murió por los pecados de la humanidad.

¿Ha habido algún otro sacrificio y muerte tan torturante y que causara tanta desfiguración como la de Jesús? Es difícil de imaginar. Pero aunque la hubiera, ningún otro ser humano ha sufrido de la manera arriba descrita, y al mismo tiempo, ha llevado sobre él el peso aplastante de todos los pecados, rebeliones y transgresiones de la raza humana entera. De esta manera, el peso que fue crucificado en aquel madero fue infinitamente más pesado que el de un solo hombre.

La muerte del Hijo de Dios en la cruz fue un espectáculo terrible, de tan grande humillación y rechazo que Satanás pensó que había obtenido la victoria suprema sobre Dios. Sin embargo, estoy seguro de que el hoy llamado "Viernes Santo" es un día que el enemigo nunca olvidará, porque a partir del momento en que cometió el error de incitar la crucifixión de Cristo, su reinado en la tierra terminó. Cuando Jesús murió por nuestros pecados, Su espíritu descendió al infierno, donde conquistó a Satanás en el ámbito espiritual. (Véase, por ejemplo, Efesios 4:8–10). Es más, se desató un poder sobrenatural que nos empoderó para ser libres de la garra de Satanás, para que pudiéramos ser salvos, sanos, libres y transformados. Por lo tanto, puedo entender por qué el apóstol Pablo declaró: *"Pues me propuse no saber entre vosotros cosa alguna sino a Jesucristo, y a éste crucificado"* (1 Corintios 2:2).

> *Cada liberación debe ser ministrada desde la cruz.*

Ninguna otra muerte ha tenido el efecto en el mundo que la de Cristo, porque, como hemos visto, Su muerte fue un evento sin precedentes que sucedió tanto en el mundo como en la eternidad. Por esta razón, la cruz es efectiva para tratar con los pecados de nuestro pasado, presente y futuro. Tiene el poder para limpiar la iniquidad que viaja en nuestra línea sanguínea, los pecados de nuestros ancestros y padres, tanto como nuestro propio pecado. Ha hecho provisión para los errores que vamos a cometer mañana, si creemos hoy en Su poder de redención.

Los resultados de la cruz todavía
son efectivos hoy, tanto como
lo fueron en el pasado.

Aspectos esenciales de la cruz

Si queremos recibir la liberación total del pecado y sus consecuencias, debemos tener un claro entendimiento de lo que Jesús conquistó en la cruz y por qué. Vamos a explorar algunas verdades fundamentales acerca del sacrificio de Jesús en nuestro lugar.

1. Cristo, en la cruz hizo una provisión total para la humanidad

Repito, todo lo que necesitamos para el pasado, presente, futuro, y aun para la eternidad, fue provisto por Cristo en la cruz. Él desató un poder sobrenatural para suplir cada necesidad espiritual, mental, emocional, financiera y material. ¿Qué necesita usted hoy? ¿Qué le falta espiritual, mental, emocional, financiera o materialmente? Jesús proveyó la solución miles de años atrás; usted solo tiene que recibirla ahora.

Cuando la iglesia tiene ignorancia
acerca de la obra terminada de la cruz,
no puede recibir su total provisión.

Mientras no miremos a la cruz, siempre estaremos buscando otra manera de resolver nuestros problemas individuales y los del mundo. No hay otra manera, no existe otra fuente, que nos pueda llevar a una liberación completa y duradera que no sea la obra de la cruz de Cristo; de otro modo, el sacrificio de Jesús no hubiera sido necesario. Nada más puede salvar, sanar y liberar. Yo puedo dar testimonio tras testimonio de aquellos que han venido a Jesucristo a recibir la ayuda que necesitaban cuando no habían podido hallarla en ningún otro lugar. En el siguiente recuento, Alejandro, un joven cubano-colombiano de treinta años, comparte uno de estos testimonios.

"Yo había adorado al diablo durante dieciséis años antes de conocer la Verdad. Tenía cruces invertidas implantadas en mi cuerpo, escarificaciones de cruces invertidas en mi espalda, y tatuajes de imágenes diabólicas. También había practicado la Santería y la brujería. Comencé en todo eso porque, de adolescente, estaba lleno de ira. Estaba siempre deprimido y metiéndome en peleas; abría agujeros en las paredes a puro golpe de puño. Además, pasé por dos matrimonios fallidos. No quería salir a la calle; me la pasaba siempre solo; solo quería estar solo en casa a oscuras. Y comencé a sentir una fascinación por Satanás. Sentía su presencia y soñaba con él. Me dividí la lengua para parecer una serpiente y realicé otras modificaciones en mi cuerpo para ser más como él. También influencié a otra gente para que cambie su apariencia y se parezca más a él; hice que se cambiaran el color de los ojos con inyecciones, que se implantaran cuernos en la cabeza y se tatuaran. Los llevé a adorar al diablo; estaba haciendo discípulos para Satanás. Es más, buscaba películas satánicas para ver, descargaba música diabólica, leía la biblia satánica y era miembro de la iglesia satánica. Trazaba pentáculos (estrella de cinco puntas) en el suelo con velas e iba a los cementerios a pedirle a Satanás que viniera a mí. Yo quería verlo. Me fascinaba todo lo relacionado con la muerte.

"Mientras tanto, mi familia creía en Dios y quería que yo creyera también; quería que fuera a la iglesia, pero yo solo me reía de todos ellos. Yo no creía en Jesús y me burlaba de Él, pero mi familia oraba por mí. La verdad era que a pesar de que hacía tantas cosas relacionadas con el diablo, todavía no estaba satisfecho. ¡Algo me faltaba…! Una parte de mí estaba vacía; no era feliz conmigo mismo. Había creído que el diablo era la respuesta, pero no lo era. No importaba lo que hiciera, no podía llenar ese vacío.

"Un día, fui al gimnasio y conocí a un muchacho que me habló del evangelio. Empecé a asistir a una Casa de Paz [ministerio de evangelismo por las casas], luego a la iglesia y a un programa de discipulado. Eventualmente, fui a una CAP [Conferencia Apostólica y Profética], donde experimenté la presencia de Dios. Sentí una sensación que me quemaba de pies a cabeza. Jesús me llenó; Su presencia era lo que me estaba faltando, y era todo lo que necesitaba para llenar ese vacío. A partir de ese momento, todo comenzó a cambiar. Fui a un retiro y recibí la revelación de la obra terminada de la cruz, entendí lo que Jesús había hecho allí y fui libre de toda influencia satánica.

"Cristo venció al dios que yo había estado sirviendo, y me liberó de sus cadenas. Gracias a la obra de Jesús en la cruz, ya no estoy lleno de ira; no ando desanimado ni deprimido. En realidad, ahora soy muy feliz. He cambiado tanto que la gente no me reconoce. Jesús liberó mi vida, y ahora comparto el evangelio con cada persona que conozco de antes, para hablarle de Jesús. Todos pueden ver el cambio en mí porque saben cómo solía ser. Antes de aceptar a Jesús, mis padres siempre estuvieron allí para mí, pero yo no les ponía atención, y no teníamos esa relación cercana que disfrutamos ahora. Mi primer matrimonio había durado dos meses, el segundo tres meses; ahora, después de haber aceptado a Dios, mi tercer matrimonio ha durado un año, y todo sigue bien. Amo a mi familia. Ahora puedo mostrarles mi amor y recibir el suyo. ¡Gracias a Jesús y a Su obra terminada en la cruz!"

2. La cruz es la más alta expresión del amor de Dios

El sacrificio de Dios de Su propio Hijo fue la máxima demostración de Su amor por la humanidad. *"Mas Dios muestra su amor para con nosotros, en que siendo aún pecadores, Cristo murió por nosotros"* (Romanos 5:8). Cuando aún éramos pecadores —orgullosos, egoístas, amargados, vengativos, traicioneros, chismosos, despectivos, llenos de odio, ambiciosos, envidiosos, arrogantes, injustos, buscadores de reconocimiento y fama, inmorales, mentirosos, tramposos, extorsionistas, abusadores, asesinos y más— Cristo murió por nosotros.

Incluso en nuestro estado caído como pecadores, con corazones en rebeldía contra Él, Dios escogió amarnos con Su amor incondicional. Su primera y más alta expresión de ese amor fue un sacrificio, porque tomó lugar en la eternidad —antes de la fundación del mundo— donde Jesús, el Cordero de Dios, fue inmolado por nosotros. Incluso antes de crearnos, Dios nos amó profundamente —nos amó a ti y a mí— e hizo provisión para nuestra salvación y liberación.

> *El sacrificio de Dios por Su propio Hijo fue la mayor demostración de Su amor por la humanidad.*

Para la mente terrenal, siempre será un misterio el por qué un hombre inocente tendría que morir por los culpables. De hecho, ninguna muerte está rodeada de tanta controversia como la de Jesús. Tal vez, sea porque Su muerte cambió la historia, y nuestra aceptación o rechazo de Su sacrificio determina nuestro futuro eterno. Asimismo, el amor de Dios por el ser humano siempre será un misterio para Satanás. El plan del Padre para la humanidad se manifestó a través de la muerte de Su propio Hijo. El diablo nunca imaginó que Jesús pudiera salvar al mundo muriendo en la cruz; en cambio, creyó que la muerte de Cristo sellaría la derrota de Dios. De cierta manera, el amor del Padre también es incomprensible para nosotros. Incluso en nuestra peor condición, Él nos amó con el más grande amor posible; Su amor va más allá de nuestra razón o entendimiento. Pero si podemos aceptar ese amor —aunque no podamos entenderlo por completo— y tomar los principios de la cruz por revelación, podremos recibir todos los beneficios de la obra terminada de Cristo.

La cruz es un recuerdo constante
de que Dios nos ama profundamente
y siempre piensa en nosotros.

3. Jesús desató Su gracia sobrenatural a través de la cruz

La cruz satisfizo la justicia de Dios, la cual demanda justicia o castigo para el pecado. Su naturaleza justa no permite la restauración de quien lo haya ofendido a Él y a Su Palabra a menos que haya un sacrificio de sangre. Esto es porque, como nos dicen las Escrituras: *"la vida de la carne en la sangre está"* (Levítico 17:11). Como hemos visto, la provisión de Jesús en la cruz no es algo que podamos ganar o merecer; se recibe solo por la gracia. Y en la cruz, se desató una gracia sobrenatural con el fin de empoderarnos para ser y hacer lo que no podíamos en nuestra propia fuerza. Ahora, podemos vivir por encima del pecado y de nuestras circunstancias.

La gracia sobrenatural comienza
donde termina la fuerza humana.

4. La cruz desata la confirmación sobrenatural de Dios de Su Palabra

El mensaje del evangelio porta el poder liberador que Jesús desató cuando pagó el precio por el pecado —así como todos los pecados subsecuentes— que había expulsado a la humanidad de Edén y de la presencia de Dios. Cuando se predica el mensaje de la cruz, Dios lo confirma con milagros, señales y maravillas. Marcos 16:20 dice: *"Y ellos, saliendo, predicaron en todas partes, ayudándoles el Señor y confirmando la palabra con las señales que la seguían".*

A una conferencia de la Escuela Sobrenatural del Ministerio Quíntuple, los pastores Pablo y Olga Segovia llegaron de Granada, España, a testificar de un milagro creativo que ocurrió en su iglesia. La pareja compartió que dos años atrás, un líder del Ministerio El Rey Jesús de Miami, les había traído algunos libros y otros materiales del apóstol Maldonado que los introdujo al poder sobrenatural de Dios. Leyeron todo el material y también comenzaron a mirar sus prédicas vía Internet, con las cuales recibieron la revelación de Dios de que ellos también podían ser usados para manifestar milagros. Hicieron un pacto con Dios para traer Su poder sobrenatural a su ciudad.

Los pastores Pablo y Olga obedecieron y los milagros comenzaron a suceder en su iglesia. Poco después, en uno de sus servicios, una mujer de veintitrés años pasó al altar a recibir oración. Ella tenía siete meses de embarazo y su médico quería que abortara al bebé porque la ecografía mostraba que el feto tenía espina bífida y que sus piernas no se habían desarrollado. De inmediato, el pastor Pablo tomó la autoridad espiritual sobre la situación y manifestó lo sobrenatural declarando y decretando vida, salud y un milagro creativo para aquel bebé. En ese momento, la mujer sintió la presencia de Dios muy fuerte sobre ella y decidió confiar en Él y no abortar a su hijo. Ella sabía que había recibido su milagro.

A la siguiente semana, la mujer fue al médico y le comunicó su decisión de no abortar. El doctor no estaba contento con su decisión y le mandó a hacer otra ecografía para convencerla de que el aborto era necesario. Para la sorpresa del médico, los resultados de la ecografía mostraron que el bebé estaba completamente sano; su espina estaba normal y sus piernas se habían desarrollado al nivel que debían para la etapa de embarazo en que estaba. ¡No había signo alguno de espina bífida ni ninguna otra indicación de problema físico! El doctor consultó con otros médicos del hospital, y todos llegaron a la misma conclusión: El bebé estaba sano y su desarrollo era completamente normal. Con base en los resultados de la ecografía, los médicos solo pudieron reconocer que había ocurrido un milagro de Dios. Así, todos comenzaron a decir: "¡Esto es sobrenatural! ¡Esto es sobrenatural! ¡Esto es sobrenatural!". Dos meses más tarde, la joven dio a luz a un saludable varón.

La cruz es un recuerdo constante de que, en la mente de Dios y en el ámbito celestial, estamos completos en Cristo.

5. A través de la cruz, se activó la voluntad de Dios para nuestra herencia espiritual

Nuestra herencia espiritual —con base en nuestro nuevo pacto con Dios en Cristo— fue desatada en la cruz. Para entender mejor cómo sucedió esto, debemos conocer las siguientes verdades o principios:

+ *Solo la muerte de una persona puede activar su testamento.* Como dice en el libro de Hebreos, *"El testamento con la muerte se confirma; pues no es válido entre tanto que el testador vive"* (Hebreos 9:17).

+ *La voluntad o "testamento" de Dios se activó con la muerte de Cristo.* ¿Qué herencia espiritual recibimos a través de la voluntad de Dios en Cristo? Salvación, sanidad, liberación y prosperidad; todo esto fue activado con la muerte de Jesús. Nuestra deuda de pecado fue pagada por completo, para que fuéramos transferidos de las manos del enemigo, nuestro torturador, de vuelta a los brazos de Dios, nuestro Padre celestial, donde hallamos provisión en toda área. Como veremos más adelante, en la cruz ocurrió un intercambio; allí intercambiamos nuestra total pobreza por las riquezas eternas de Jesús, las cuales se manifiestan de manera espiritual, física, emocional, mental, financiera y mucho más.

✦ *Debemos cumplir las condiciones del testamento de Dios.* El asunto de nuestra herencia no depende de Dios; Su voluntad ya fue decretada en la cruz, a través de Jesús. Ahora, depende de nosotros apropiarnos de esa obra completa en nuestra vida. Pero hay un requisito que debemos cumplir o poner en práctica aquí en la tierra para poder recibir esa obra. Ese requisito es obedecer los mandatos de Dios. Sí, es voluntad de Dios que usted sea salvo, sano, libre, transformado y prosperado. Sin embargo, si necesita, por ejemplo, un rompimiento financiero pero no está obedeciendo a Dios en sus diezmos, la voluntad de Dios no se puede cumplir porque usted no está cumpliendo las condiciones de ese testamento.

Jesús inició Su nuevo pacto en la cruz, pero necesitamos llevarlo a cabo en el ahora. Debemos saber, hacer y "ser" la voluntad de Dios.

✦ *Cuando aceptamos nuestra herencia en Cristo, la voluntad de Dios se activa en nuestra vida, en el ahora.* Debemos creer y aceptar todo lo que Jesús pagó y activó en la cruz. Podemos estar confiados en que Dios hará por nosotros lo que ha prometido de acuerdo al nuevo pacto. *"Dios no es hombre, para que mienta, ni hijo de hombre para que se arrepienta. Él dijo, ¿y no hará? Habló, ¿y no lo ejecutará?"* (Números 23:19).

Si Dios fuera a fallar en el cumplimiento de Sus promesas bajo el nuevo pacto, estaría deshonrando Su Palabra, Sus propósitos eternos, y la muerte de Su propio Hijo. Por lo tanto, acerquémonos más al Padre por medio del sacrificio de Jesús, con la garantía completa de que podemos recibir los beneficios de la cruz. Recuerde que la gracia para darnos acceso al Padre fue desatada en la cruz por los méritos de Jesús, no los nuestros. Ya no es necesario que nos preguntemos si es la voluntad de Dios que seamos salvos, sanos, libres, transformados o prosperados, porque Su pacto con nosotros, a través de Jesús, incluye todo esto (véase, por ejemplo, Lucas 4:17–21), y Su voluntad ya fue activada.

Si Dios no fuera a cumplir Su voluntad,
estaría violando Su propia Palabra.

6. El Espíritu Santo es quien revela la cruz y la voluntad de Dios

Cristo ha hecho una provisión completa para todas nuestras necesidades a través de Su muerte y resurrección; por tanto, si los creyentes carecen de algo es porque les falta el conocimiento de la obra terminada de la cruz. Más temprano, hablamos de algunas razones por las cuales muchos cristianos tienen esta deficiencia. Una de esas razones es la dependencia del pensamiento natural y el razonamiento intelectual, en lugar de que sea del poder sobrenatural de Dios. En consecuencia, muchos creyentes no cooperan con la única persona que fue testigo de la obra de Jesús en la cruz, de principio a fin, de adentro hacia fuera, y que luego fue enviada por el Padre y el Hijo a la iglesia para ser nuestro Ayudador. Me refiero a la tercera persona de la Trinidad, el Espíritu Santo. (Véase Juan 14:26).

Jesús nos dijo que cuando Él volviera al Padre en el cielo, nos enviaría al Espíritu, el cual nos guiaría a toda verdad (véase Juan 16:13); incluyendo la verdad de la cruz. Sin el Espíritu Santo, no podemos entender por completo el testamento o voluntad del Padre, vivir de acuerdo al mismo o asegurar su cumplimiento en nuestra vida. Pablo escribió: *"El Espíritu mismo da testimonio a nuestro espíritu, de que somos hijos de Dios"* (Romanos 8:16). Como cumplimiento del nuevo pacto, el Espíritu nos da a conocer la voluntad del Padre, a nosotros Sus hijos, aquellos que son *"herederos de Dios y coherederos con Cristo"* (Romanos 8:17). Él nos revela la obra entera y terminada de Jesús. Si usted no tiene un entendimiento completo de esa obra, entonces comience a trabajar con el Espíritu Santo, y Él se la mostrará.

> *El Espíritu Santo revela lo*
> *que Jesús ganó en la cruz.*

7. La obra de la cruz está terminada y completa

"Cuando Jesús hubo tomado el vinagre, dijo: Consumado es. Y…entregó el espíritu" (Juan 19:30). Yo creo que las dos palabras más poderosas que Jesús haya mencionado fueron *"Consumado es"*. El momento en que Él hizo esta declaración, toda maldición sobre la humanidad fue rota. La depresión, pobreza, enfermedad —todos los poderes del pecado y de la muerte— fueron anuladas. Yo creo que cuando el diablo oyó esas palabras, de repente, comenzó a entender el alcance de lo que Jesús estaba haciendo. Antes, no lo había podido ver; de hecho, había hecho su mayor esfuerzo para asegurarse que de Jesús fuera crucificado, porque creía que si lo mataba podía derrotar al Creador. Entonces, una vez que el Hijo de Dios había sido clavado a la cruz y entregado Su espíritu al Padre, Satanás ya no podía hacer nada al respecto. La obra estaba terminada, completa, consumada y era irreversible. No hay había oportunidad alguna para debates o argumentos acerca de aquel hecho.

Es más, Cristo fue levantado de la muerte y sentado a la diestra de Dios Padre (véase, por ejemplo, Hebreos 10:12) para gobernar y reinar en la tierra a través de la iglesia (véase, por ejemplo, Efesios 1:22–23). Satanás no puede nunca revertir lo que Cristo logró por nosotros en la cruz; no solo nos redimió sino que también nos hizo *"reyes y sacerdotes"* de Dios (Apocalipsis 1:5–6), que podemos destruir los poderes de las tinieblas.

8. A partir del evento de la cruz, todo es en el ahora

¿Por qué esperar hasta mañana para recibir algo que está pagado por completo? La fe es ahora. Si usted cree que tiene que esperar para recibir Su herencia en Cristo, es porque en su mente, la obra no está terminada. La fe no espera por lo que es en el "ahora"; cree en lo que ha sido consumado en la eternidad. Si usted sabe que la obra de Jesús está terminada, no se sentará a esperar, sino que actuará hoy. Reciba su salvación, su sanidad, su liberación, su transformación, su prosperidad o su milagro, ¡ahora!

Los miembros de la corte celestial adoran a Jesús de continuo porque saben que Su obra completa en la cruz es una realidad eterna. (Véase, por ejemplo, Apocalipsis 5:8–12). Todos los seres celestiales viven en medio de una obra terminada, completa y perfecta; adoran al Rey que fue coronado porque venció el pecado, la enfermedad, la muerte y a Satanás. Si la obra no hubiera sido terminada, entonces Jesús no hubiera sido resucitado; no habría ascendido al cielo; no se habría sentado a la diestra del Padre; y no nos hubiera enviado al Espíritu Santo. Hoy, Jesús está sentado en Su trono celestial porque Su tarea está completa. Cuando Dios terminó de crear el mundo, *"reposó."* (Véase Génesis 2:2–3; Hebreos 4:4). Asimismo, cuando Jesús consumó la obra de la cruz, "reposó" sentándose en autoridad a la diestra del Padre.

El mayor halago que la fe le puede

dar a Dios es descansar en Él.

Las conquistas de Jesús en la cruz

Vamos a resumir lo que Jesús conquistó con Su muerte en la cruz.

I. Jesús venció la muerte y el infierno

Después de la resurrección y ascensión de Jesús al cielo, Él declaró: "*Y el que vivo, y estuve muerto; mas he aquí que vivo por los siglos de los siglos, amén. Y tengo las llaves de la muerte y del Hades*" (Apocalipsis 1:18). El sacrificio de Jesús nos ha liberado del miedo a la muerte física y de la realidad de la muerte espiritual; porque fue hecho "*para destruir por medio de la muerte al que tenía el imperio de la muerte, esto es, al diablo, y librar a todos los que por el temor de la muerte estaban durante toda la vida sujetos a servidumbre*" (Hebreos 2:14–15).

2. Jesús venció a Satanás y todas sus obras

En la cruz, Jesús le aplicó a Satanás una derrota total, irrevocable, permanente y eterna. (Véase, por ejemplo, Colosenses 2:15). Repito, no hay nada que el diablo pueda hacer para cambiar este hecho. Lo que él sí puede hacer es tratar de llevar más almas al infierno con él. Por eso trabaja de manera insistente y permanente de robarnos la revelación de la cruz. Si nosotros tratamos de pelear con Satanás fuera del fundamento de la cruz, seremos derrotados; pero si lo hacemos parados en la obra de la cruz, seremos victoriosos.

Satanás es un enemigo desarmado, destronado, derrotado y destruido.

Satanás es un ser creado, con limitaciones. Él no es Dios, por lo tanto, no es omnipotente, omnipresente ni omnisciente. Tampoco tiene ningún poder creativo. En su ignorancia, muchos creyentes suelen sobreestimar el poder de Satanás, y subestimar su habilidad para engañarlos. El diablo no quiere que sepamos que él es un enemigo vencido a quien se le ha quitado toda autoridad legal sobre la tierra.

Debido a la obra de la cruz, el diablo ahora funciona en el mundo bajo un estatus ilegal. Como tratamos en capítulos anteriores, el enemigo ya no tiene ninguna autoridad en la tierra, aunque sí retiene mucho de su poder. La única autoridad que puede usar es la que la gente le ceda a él con su desobediencia a Dios. Dado que no puede cambiar lo que Jesús hizo en la cruz, el enemigo trata de esconder de los creyentes, la verdad de lo que realmente sucedió, para evitar que detengamos sus obras de maldad. Pero Jesús dijo: *"He aquí os doy potestad...sobre toda fuerza del enemigo"* (Lucas 10:19). Si permanecemos ignorantes de la revelación de la cruz, no podremos apropiarnos de la victoria que Jesús ganó sobre Satanás.

La cruz es un recuerdo constante de la derrota de Satanás. Todo creyente tiene poder y autoridad sobre Satanás y sus obras.

3. Jesús venció al mundo

Jesús nos animó diciendo: *"Estas cosas os he hablado para que en mí tengáis paz. En el mundo tendréis aflicción; pero confiad, yo he vencido al mundo"* (Juan 16:33). La palabra *"mundo"* aquí se refiere al orden social, la manera en que opera el sistema del mundo, el cual es controlado por *"el príncipe de este mundo"* (Juan 16:11), en total rebelión contra el reino de Dios. El mundo está bajo la influencia de Satanás. *"Sabemos que somos de Dios, y el mundo entero está bajo el maligno"* (1 Juan 5:19). En la cruz, Jesús conquistó este sistema mundano anti-Dios. Los cristianos debemos vivir en el mundo; por tanto, vivimos en medio de ese orden social, o sistema, pero no debemos conformarnos al mismo. (Véase Romanos 12:2). Estamos en el mundo, pero no somos del mundo. (Véase, por ejemplo, Juan 15:19; 17:14–16).

En este contexto, las Escrituras enseñan que no debemos amar al mundo. He aquí algunos puntos clave que encontramos allí.

+ Amar el sistema del mundo es incompatible con el amor del Padre. *"No améis al mundo, ni las cosas que están en el mundo. Si alguno ama al mundo, el amor del Padre no está en él"* (1 Juan 2:15).

+ Amar el mundo es cometer adulterio espiritual contra Dios. *"¡Oh almas adúlteras!... Cualquiera, pues, que quiera ser amigo del mundo, se constituye enemigo de Dios"* (Santiago 4:4). Todos los planes, estrategias, valores, opiniones, estándares, prioridades, juicios y actitudes, incluyendo sus patrones de pensamiento, discurso y acción, van en contra de Dios y Su reino. Amar el mundo es buscar poder, éxito, fama, posición, prestigio, influencia, riqueza y belleza externa; estas búsquedas contrastan con la prioridad que marca la ciudadanía del reino de Dios. Jesús declaró: *"Mas buscad **primeramente** el reino de Dios y su justicia, y todas estas cosas os serán añadidas"* (Mateo 6:33).

> *La cruz de Cristo traza una línea entre la iglesia y el mundo.*

4. Jesús venció el pecado y sus consecuencias espirituales

Cristo hizo provisión para que nosotros recibiéramos el perdón completo de nuestro pecado y sus consecuencias espirituales, a través de Su muerte en la cruz, *"anulando el acta de los decretos que había contra nosotros, que nos era contraria, quitándola de en medio y clavándola en la cruz"* (Colosenses 2:14). Jesús fue castigado para que nosotros fuéramos perdonados. Cada registro o evidencia de culpa que nos era contraria ha sido borrado. Gracias a que Jesús venció el pecado, *"el pecado no se enseñoreará de vosotros; pues no estáis bajo la ley, sino bajo la gracia"* (Romanos 6:14). Por tanto, en el momento en que creemos en Él, Jesús nos liberó de la desobediencia que había gobernado nuestra vida en el pasado.

Ahora, tenemos que hacer la victoria de Cristo efectiva en nosotros, y vivir por encima del pecado.

En la cruz, tomó lugar una remisión de pecado, lo cual significa que vino a ser como si nunca hubiera existido.

La cruz nos da la victoria sobre todo mal

Toda obra de Satanás ha sido anulada por la cruz. Gracias al sacrificio de Jesús, podemos tener victoria hoy contra todo el mal que antes nos esclavizaba. Esto es posible para todo aquel que cree, dondequiera que esté, como ilustra el siguiente testimonio.

"Mi nombre es Fabiola. Tengo cincuenta y dos años, y soy de Italia. Vengo de un mundo de brujería y ocultismo en el cual estuve envuelto por treinta años. Un día, la pastora Elena, una hija espiritual del apóstol Maldonado, me invitó a un retiro de liberación en su iglesia en Roma. Yo sabía que Dios existía, pero no creía que pudiera ayudarme, así que asistí un tanto escéptica. Por seis años y medio, sufrí depresión y ataques de pánico severos. Los médicos me dijeron que tendría que tomar pastillas por el resto de mi vida. Debido a mi miedo, había llegado al punto de no poder manejar mi automóvil, de no poder ir al supermercado. Soportaba pensamientos terribles que venían a mi mente. Lo único que me impulsaba a seguir era mi hijo.

"Durante el retiro, aprendí acerca de la cruz y de la obra terminada de Jesús. Cuando oraron por mí, comencé a sentir un fuego en mi interior. No podía entender lo que estaba pasando, pero aquel fuego me hizo sentir muy bien. Entonces, comenzó una batalla en mi mente. Empecé a pensar acerca de las pastillas, a sentir que las necesitaba, que sería muy difícil para mí pasar un día sin ellas. Una voz me dijo: "Tú no necesitas más pastillas; estás sana". Pero ante la incertidumbre, decidí tomarlas. Al momento, en lugar de sentirme mejor, me descompuse y me sentí muy mal. Entonces, me di cuenta de que era verdad. ¡Dios me había sanado!

"Desde ese día, no he vuelto a tomar pastillas. Ahora hace un año y medio, y puedo decir con certeza que no las necesito más. Fui al médico y se lo dije, pero él insistió en que las necesitaba para poder sobrevivir. Pero entonces, sentí la osadía del Espíritu Santo dentro de mí, y les dije a mis médicos que me negaba a oírlos más porque yo sabía que estaba sana. Mi psicólogo también dijo que era imposible que estuviera sana, pero también le dije que yo había sido sana por el poder que Jesús desató en la cruz.

"Hoy, le doy gracias a Él porque encontré un trabajo; antes, no podía encontrar ni mantener un trabajo porque me sentía mal todo el tiempo. Pero hoy todo cambió. También dejé de practicar brujería, porque no quiero desagradar a mi Dios. Él está vivo, no muerto, como dicen las otras religiones. Ahora, me levanto feliz; quiero salir y pasar tiempo con la gente. Disfruto de la comunión en mi iglesia. Encontré el gozo de la vida porque la obra terminada de la cruz se manifestó en mi vida".

La ley del intercambio activada en la cruz

La ley del intercambio, que se activó en la cruz, es una de las más poderosas leyes del reino que encontramos en la Biblia. Después de que el ser humano se rebeló contra Dios, el mal gobernó sobre nosotros, y todos cometimos actos de maldad. No había nada que pudiéramos hacer acerca de nuestra condición porque, como dijo Jesús: *"¿qué recompensa dará el hombre por su alma?"* (Marcos 8:37). Solo Jesucristo podía pagar el precio por la redención de nuestra alma; por tanto, toda nuestra maldad y sus consecuencias fueron puestas sobre Jesús en la cruz. Ahora, según la ley del intercambio, todo lo bueno que desató la obediencia perfecta de Jesús, lo cual Él desató en la cruz, ha sido puesto sobre nosotros.

Los siguientes son algunos de los beneficios que recibimos de Jesús a través de la ley del intercambio:

- Jesús fue castigado por nuestro pecado para que fuéramos perdonados. (Véase, por ejemplo, Isaías 53:5–6).

- Jesús se hizo pecado por nosotros para que fuéramos hechos la *"justicia de Dios en él."* (Véase 2 Corintios 5:21).

- Jesús llevó nuestras dolencias para que recibamos Su sanidad. (Véase, por ejemplo, Isaías 53:4–5).

- Jesús murió para que recibiéramos Su vida. (Véase, por ejemplo, Hebreos 2:9; Romanos 6:22–23).

- Jesús se hizo maldición para que recibamos Su bendición. (Véase Gálatas 3:13–14).

- Jesús soportó nuestra pobreza para que nosotros disfrutemos Su prosperidad. (Véase 2 Corintios 8:9).

- Jesús tomó nuestras iniquidades para que recibamos Su ADN espiritual. (Véase, por ejemplo, Romanos 6:7–8).

- Jesús sufrió nuestro rechazo para que podamos recibir Su aceptación. (Véase, por ejemplo, Efesios 1:6).

- Jesús llevó nuestra culpa y vergüenza para que nosotros portemos Su gloria. (Véase, por ejemplo, Colosenses 1:27).

- Jesús se conformó a nuestra naturaleza humana para que seamos transformados a Su imagen. (Véase Filipenses 2:7; Romanos 8:29).

- Jesús cargó nuestras ataduras, cautiverio y opresión para que podamos recibir Su libertad. (Véase, por ejemplo, Gálatas 5:1).

Como apropiarse de los beneficios de la cruz

El mayor obstáculo en la vida de muchos creyentes no es el problema o desafío que tiene en frente sino el hecho de que no sabe cómo apropiarse de la obra terminada de la cruz para vencer ese problema o desafío. Para apropiarse de los beneficios de esa obra, debemos hacer lo siguiente:

1. Conozca el contenido de la voluntad o testamento de Dios

"Pero ahora tanto mejor ministerio es el suyo, cuanto es mediador de un mejor pacto, establecido sobre mejores promesas" (Hebreos 8:6). Si usted fuera a heredar una gran fortuna, pero no supiera lo que está escrito en el testamento de la persona que se lo quiere heredar, y nadie se lo informa, usted nunca podría reclamar su herencia por derecho. Yo lo animo a apropiarse de la obra terminada de Jesús, no solo aprendiendo el contenido de este capítulo, sino también escudriñando las Escrituras para saber más acerca de lo que Jesús ganó al morir en la cruz, así como de las promesas que están escritas en el testamento de Dios. Ahora mismo, pídale al Espíritu Santo que le revele la obra terminada de la cruz al leer la Palabra de Dios.

2. Use la fe como "llave maestra"

La fe es la "llave maestra" que nos permite el acceso a la herencia que tenemos en Cristo Jesús. Repasemos varios aspectos de la fe que nos ayudarán a entender cómo funciona esta llave en relación a los beneficios de la cruz.

+ *La fe nos sirve como entrada al ámbito espiritual.* Nos capacita para sacar cosas del ámbito eterno al presente, hoy, y materializa cosas en el ahora que tendríamos que haber esperado según el ámbito natural.

+ *No hay verdadera fe fuera de la persona de Jesucristo.* Antes de que nuestra fe pueda ejercer resultados sobrenaturales en cualquier situación o asunto, siempre debemos ponerla en la persona de Jesucristo. Si removemos a Jesús de nuestra fe, nos quedamos con una ilusión vacía. Jesús es *"el autor y consumador de la fe, el cual por el gozo puesto delante de él sufrió la cruz"* (Hebreos 12:2). La palabra *"autor"* significa que Él es el originador de nuestra fe. La palabra *"consumador"* indica que Él es Aquel que también completa nuestra fe. Por lo tanto, podemos decir que la fe comienza con la revelación de quién es Jesús realmente; y todo lo que Dios ha prometido y que usted cree, lo puede lograr y completar Jesucristo.

♦ *La fe procede de la obra terminada de la cruz, sobre la cual Jesús vertió Su sangre.* La sangre redentora de Jesús es la base de nuestra fe en Su obra terminada. Si Su sangre no hubiera sido derramada en la cruz, nuestra fe no tendría sustancia (véase, por ejemplo, Hebreos 9:22); entonces, el diablo podría ignorar legalmente nuestra fe. Pero por la sangre, tenemos acceso ahora mismo a la fe sobrenatural que fue soltada en el momento en que Jesús dijo: *"Consumado es"* (Juan 19:30). Siendo una obra terminada, todos nuestros pecados son perdonados; todas nuestras ataduras son rotas; todas nuestras maldiciones generacionales —sea alcoholismo, enfermedad, pobreza o algo más— son anuladas. Recibimos todos los beneficios por la fe en la sangre de Jesús, de acuerdo a la obra terminada en la cruz.

> *Sin la revelación de la obra terminada de Jesús en la cruz, nuestra fe no tiene una base real, y Satanás todavía puede mantenernos legalmente atados.*

♦ *La fe se establece sobre la obra terminada de la cruz.* Hemos visto que la fe comienza con la persona de Jesús y procede de poner la confianza en Su sangre derramada. Pero la fe es algo que se establece sobre la realidad de la obra terminada de Jesús cuando manifestamos lo sobrenatural. Es imposible decir que usted cree en la obra terminada de Jesús, en todo su poder, y no hacer obras sobrenaturales. Pablo escribió: *"Y ni mi palabra ni mi predicación*

fue con palabras persuasivas de humana sabiduría, sino con demos-
tración del Espíritu y de poder, para que vuestra fe no esté fundada
en la sabiduría de los hombres, sino en el poder de Dios" (1 Corintios 2:4–5).

¿Qué quiso decir Pablo con "la sabiduría de los hombres"? Él se refe-
ría a las doctrinas, filosofías y conocimiento intelectual humano. Éstos
son los medios por los cuales la gente que opera de acuerdo al sistema
del mundo determina su destino. Campos como el de la ciencia nos ayu-
dan a funcionar en el mundo natural, pero no pueden activarnos en lo
sobrenatural o brindarnos sanidad milagrosa; asimismo, la educación
nos puede preparar para desempeñarnos en un empleo pero no puede
revelarnos nuestro llamado y propósito en Dios. A veces, la respuesta a
sus problemas no está en el conocimiento intelectual o incluso en el sentido común, sino solo en lo sobrenatural. Yo creo que usted puede hacer
más con la revelación de Dios que con cualquier otro tipo de conocimiento, porque lo sobrenatural está por encima y más allá de todo lo que
el mundo natural puede ofrecer. La cuestión es, ¿en qué está fundada su
fe? ¿Está establecida en la sabiduría humana o en el poder de Dios, al
cual se accede solo por la obra terminada de Cristo?

Cuando su fe no está firmemente establecida en la victoria de la cruz,
usted puede ser sacudido con facilidad, porque está abierto a las opiniones y puntos de vista que lo alejan de la verdad. Pero cuando descansa
en la obra completa de Jesús, puede decir: "Mi sanidad, mi liberación, mi
protección, mi prosperidad y mi libertad están completas. No tengo que
esperar a después para recibirlas. Yo tomo mi autoridad en Cristo para
recibir todos los beneficios de la cruz, ahora". Ahí es cuando su fe tiene la
sustancia para producir milagros. Si usted proclama la obra terminada
de la cruz con esa clase de fe, ¡manifestará el poder sobrenatural!

3. Confiese y testifique de continuo acerca de la obra terminada de la cruz

"Y ellos le han vencido [a Satanás] por medio de la sangre del Cordero
y de la palabra del testimonio de ellos" (Apocalipsis 12:11). Al diablo lo

vencemos cuando confesamos y declaramos de continuo lo que dice la Palabra de Dios y lo que el poder de la sangre de Jesús ha logrado en nosotros y por nosotros. La manera ideal de hacerlo es compartiendo nuestro testimonio personal acerca de lo que Jesús hizo posible en su vida por Su sacrificio en la cruz. Yo lo animo a decirle a la gente cómo fue salvo y libre, cómo su familia fue restaurada, cómo fue prosperado económicamente, y demás. El enemigo no puede discutir contra su testimonio, porque es la evidencia de la obra terminada de Cristo en la cruz, por la cual él ha sido totalmente vencido. Cada testimonio relacionado con la obra de Jesús es una herida espiritual para el diablo; le recuerda que fue vencido y que el poder activado en esa cruz continúa quitándole territorio que antes le pertenecía a sus dominios de tinieblas, hasta hoy.

Nuestro testimonio del poder de la obra completa de la cruz en nuestra vida es lo que nos hace creíbles.

4. Tome la decisión de obedecer; luego actúe en la obra de la cruz y hágala efectiva aquí y ahora

"Así también la fe, si no tiene obras, es muerta en sí misma" (Santiago 2:17). Usted es un creyente en Dios, señalado por Él en esta tierra para hacer Su voluntad, para hacer cumplir esa obra de la cruz aquí y ahora. Por tanto, a partir de hoy, active la salvación, sanidad, liberación, transformación y prosperidad en su vida y en la vida de aquellos a su alrededor. Todo lo que Jesús ganó en la cruz está disponible para usted, pero usted debe manifestarlo ahora. ¡Aprópiese de esa obra! Tome la decisión de obedecer a Dios manifestando el poder de la cruz a través de la fe; luego, actúe sobre la obra terminada de Jesús, trayendo la voluntad de Dios a la tierra como es en el cielo.

El siguiente testimonio de la bendición de una mujer a través de la obra terminada de la cruz puede sobrepasar todo lo que usted haya imaginado. María asistió a la Conferencia Apostólica y Profética (CAP) de nuestro ministerio. Allí recibió una palabra profética que cambió radicalmente el estado de sus finanzas.

"Yo vine a CAP desde Brasil. Allí el apóstol Maldonado profetizó que Dios me había ungido con riquezas y que me daría ideas creativas en sueños para un nuevo negocio. Esa noche, soñé con una serie de fórmulas. Como no las entendía, las escribí y desperté a mi hijo para que me ayude a buscar en Internet y averiguar qué podía hacer con ellas. Necesitaba saber qué significaban esas fórmulas y cómo desarrollarlas. Investigando, nos dimos cuenta de que eran fórmulas cosméticas. Mi hijo y yo saltamos de gozo porque sabíamos que Dios estaba cumpliendo lo que había profetizado a través del apóstol. Tan pronto volvimos a casa, empezamos a desarrollar estas fórmulas, y resultaron ser un producto de queratina para tratamientos capilares. ¡Este producto revolucionó la industria del cabello y la belleza alrededor del mundo!

"De inmediato, pensé en rentar un lugar para instalar el negocio, pero me faltaba el dinero para hacerlo y no podía conseguir un préstamo porque mi crédito era malo. Sin embargo, declaramos la obra de la cruz sobre este proyecto, donde todo ya fue provisto, y seguimos trabajando para completarlo. Dios abrió todas las puertas y nos dio los contactos necesarios. Por Su gracia, establecimos nuestra fábrica, y mi sueño se hizo realidad. Las fórmulas resultaron tan excelentes que, dentro de un año, estábamos en treinta y dos países, con ventas de $2,3 millones de dólares. ¡Y eso fue solo el primer año! Entonces, recordé las palabras del apóstol, que nos enseñó que cuando Dios nos da riquezas, no solo son para nosotros sino para el reino y el propósito de servir a otros. Cada día, la gente me decía que debería tener una hermosa casa y un auto de lujo, pero yo le dije a Dios: 'No aún, Señor. Primero, quiero que la iglesia a la que asisto tenga su propio terreno y un edificio donde adorarte'. Y así sucedió. Donamos el dinero a la iglesia, y Dios nos ha seguido bendiciendo financieramente. Hoy, tenemos todo lo que necesitamos en abundancia porque creímos y desatamos el poder que Jesucristo desató en la cruz".

Aprópiese de la liberación

Hemos visto que, en la cruz, por la ley del intercambio, Jesús llevó sobre sí todo nuestro pecado y maldiciones; al mismo tiempo, desató todas las buenas dádivas asociadas con Su perfecta obediencia, para que fueran aplicadas a nosotros. Por lo tanto, si usted necesita alguna forma de liberación, no espere para recibirla; aprópiese del poder de la cruz ahora mismo. ¿Necesita perdón de pecados y una nueva vida en Cristo? ¿Le hace falta algún tipo de sanidad física de alguna enfermedad o dolencia, como asma, síndrome de fatiga crónica, enfermedad coronaria, cáncer, diabetes, la restauración de un órgano, o algo más? ¿Padece alguna maldición generacional como pobreza, adicciones, infertilidad o abuso? ¿Está oprimido por un espíritu de miedo, ira, mentiras o comportamientos compulsivos? ¿Algún trauma emocional o mental ha descarrilado su vida? ¿Se siente controlado por un poder destructivo, como una lujuria de la carne o un deseo de venganza? ¿Tiene ataduras a la brujería o el ocultismo? Su vida, ¿está llena de frustración y estancamiento, de modo que siente que empuja y lucha pero nunca logra ningún progreso? Sus pensamientos, ¿están arraigados en un patrón de razonamiento y argumentos mundanos, incredulidad u obstinación que bloquean su crecimiento espiritual?

Sea lo que sea que necesite, ¡reciba su liberación ahora! Arrepiéntase de todos sus pecados, incluyendo la rebelión, iniquidad, inmoralidad sexual, brujería, ataduras del alma, celos, falta de perdón, miedo, auto-lástima, o cualquier otra. Luego, active el poder desatado por la obra terminada de la cruz repitiendo la siguiente oración:

Oración de activación

Padre celestial, yo vengo a Ti a través del sacrificio de Cristo en la cruz. Por fe, me apropio de Su obra terminada. Creo que Jesús llevó mi pecado para que yo pueda ser perdonado, y recibo ese perdón hoy. Creo que Jesús se hizo maldición para que yo pudiera recibir Sus bendiciones, y yo recibo esas bendiciones hoy. Creo que Jesús se hizo pobre para que yo pudiera ser enriquecido, y recibo Su abundancia hoy. Yo declaro la obra de Cristo en mi salud física, mental y emocional; la establezco en mis finanzas, mi trabajo, mi empresa y mis proyectos. La confieso en todas mis relaciones familiares y ministeriales. Declaro la prosperidad en cada área, porque Cristo tomó la maldición para que yo pudiera ser bendito en todo. Yo creo que recibiré esta prosperidad por fe en la obra terminada de la cruz. En el nombre de Jesús, ¡amén!

Si usted aún no tiene una relación personal con el Cristo viviente, quien se dio a Sí mismo en la cruz por amor a usted, acéptelo en su corazón y reciba Su vida diciendo esta oración en voz alta:

Padre celestial, yo reconozco que soy un pecador y que mi pecado me separa de Ti. Hoy, yo creo que Jesús murió en la cruz por mí y que Tú lo levantaste de la muerte. Creo que Jesús murió por todos mis pecados, y voluntariamente lo confieso como mi Señor y Salvador. Rompo todo pacto que haya hecho con el mundo, con mi carne y con el diablo, y ahora entro en un nuevo pacto contigo, el cual Cristo ha hecho posible. Jesús, te pido que entres a mi corazón y cambies mi vida. Sé que si hoy muriera, estaría en tus brazos. ¡Amén!

¡Gloria a Dios por su salvación y liberación! Cuando Jesús sanó a los diez leprosos, solo uno volvió a adorarlo y expresarle su gratitud. (Véase Lucas 17:11–19). Toda vez que recibimos liberación o sanidad, tenemos que darle la gloria a Dios y agradecerle Su gracia sobrenatural en nuestra vida.

Ahora que usted es libre

Al cerrar este libro, quiero animarlo en tres áreas específicas en cuanto a su liberación, porque éste es solo el primer paso en el plan de Dios para salvarlo y liberarlo de los poderes de las tinieblas.

1. Mantenga su liberación

Yo quiero que usted retenga todos los beneficios de su liberación y sanidad. Veo tanta gente que es liberada y que luego pierde lo que ha recibido porque no supo mantenerlo, o porque creyó que podía volver a sus viejos hábitos sin sufrir ninguna consecuencia. Para mantener su liberación y sanidad, usted debe permanecer alerta espiritualmente. Siga en constante comunicación con Dios a través de la oración, y comprométase a obedecerlo a Él en todo. Estudie la Palabra y renueve activamente su mente en la misma. Niéguese de continuo a la carne, resista al enemigo, camine en perdón, y sea lleno del Espíritu Santo.

No permita que el "viejo hombre" controle más su vida. Esté alerta para no abrir un punto de entrada para que los demonios que lo vengan a oprimir. A medida que someta su carne a la obra terminada de Jesús en la cruz, usted recibirá la gracia de Dios para vivir en Su justicia. De esta manera, el reino de Dios será totalmente establecido en su vida. Ésta es mi oración por usted: "*Y el mismo Dios de paz os santifique por completo; y todo vuestro ser, espíritu, alma y cuerpo, sea guardado irreprensible para la venida de nuestro Señor Jesucristo*" (1 Tesalonicenses 5:23).

2. Empodérese para liberar a otros

Desde el principio de la creación, Dios bendijo al hombre para ser de bendición. Él bendijo a Adán y a Eva para que fueran fructíferos, se multiplicaran y llenaran la tierra con Su gloria. Dios bendijo a Abraham para que a través de él y de sus descendientes, todo el mundo pudiera ser bendito, con la obra de Jesucristo, nuestro Salvador y Libertador de por medio. Y Dios nos ha bendecido a nosotros para que ahora podamos ser portadores de la autoridad y poder de Cristo para bendecir al mundo.

Usted ha sido liberado para ser un liberador. Ha sido sanado para ser un sanador. Ha sido libre para hacer libres a otros. Ha sido prosperado para sembrar en el reino de Dios. Jesús dijo: "*De gracia recibisteis, dad de gracia*" (Mateo 10:8). Todo lo que usted ha recibido, debe dárselo a otros. Eso significa que cada vez que somos bendecidos, debemos ser de bendición. Éste es el propósito por el cual Dios nos ha llamado.

Sea la bendición que está llamado a ser. Reconozca que ha sido empoderado para ser una bendición al mundo. Usted tiene la autoridad gracias a lo que Cristo logró a través de la cruz y Su resurrección. Ésta es mi declaración para usted: "Reciba todas las bendiciones que Jesús ganó en la cruz para el ser humano. Sea de bendición con salud en su espíritu, su mente, su alma, sus emociones, su cuerpo, sus finanzas, y todas las otras áreas de su vida, para que pueda bendecir y liberar a otros".

3. ¡Adelante!

Ahora que entiende que ha sido bendecido para ser de bendición, debe hacer algo al respecto. Usted ha sido empoderado, pero ahora debe usar ese poder; de otro modo, quedará solo en potencial. Yo quiero que usted ponga todo ese potencial en acción. No solo reciba la bendición de Dios y luego "la entierre" hasta que Cristo vuelva. (Véase Mateo 25:14–30). Más bien, entréguela a otros; invierta en la vida de otros. Tome la autoridad y el poder que el Señor le ha dado, y destruya las obras del diablo dondequiera que las vea. Lleve liberación y sanidad a su familia, a sus amigos, a su vecindario, sus compañeros de trabajo, su comunidad y su nación. Ésta es mi declaración para usted: "Avance con todas las bendiciones de Dios. ¡Sea fructífero y multiplíquese! ¡Llene la tierra con Su gloria!"

ACERCA DEL AUTOR

El apóstol Guillermo Maldonado es un hombre llamado a traer el poder sobrenatural de Dios a esta generación, a nivel tanto local como internacional. Activo en el ministerio por más de veinticinco años, es el fundador del Ministerio Internacional El Rey Jesús —una de las iglesias multiculturales de mayor crecimiento en los Estados Unidos—, el cual ha sido reconocido por su desarrollo de líderes de reino y las manifestaciones visibles del poder sobrenatural de Dios.

El apóstol tiene una Maestría en Teología Práctica de la Oral Roberts University y un Doctorado en Divinidades de la Vision International University; es un hombre de Dios que se para firme en la visión que el

Padre le dio de evangelizar, afirmar, discipular y enviar. Su misión es enseñar, entrenar, equipar y enviar líderes y creyentes para que lleven el poder sobrenatural de Dios a sus comunidades, con el fin de dejar un legado de bendiciones para las futuras generaciones. Esta misión es mundial. El apóstol Maldonado es un padre espiritual para una creciente red de más de doscientas iglesias, la Red Apostólica Vino Nuevo, fundada por él.

El apóstol Maldonado es autor de incontables libros y manuales, de los cuales muchos han sido traducidos a varios diferentes idiomas. Sus libros anteriores con Whitaker House son *Cómo Caminar en el Poder Sobrenatural de Dios*, *La Gloria de Dios*, *El Reino de Poder*, y *Transformación Sobrenatural*, todos los cuales están traducidos al inglés. Además, predica el mensaje de Jesucristo y Su poder redentor en su programa internacional de televisión *Lo Sobrenatural Ahora*, que sale al aire por muchas cadenas televisivas, alcanzando a millones de personas alrededor del mundo.

El apóstol Maldonado reside en Miami, Florida, con su esposa y compañera en el ministerio, Ana, y sus dos hijos, Bryan y Ronald.